GUIGNOL

LIVRE DE LA JEUNESSE

PARIS. — IMPRIMERIE TYPOGRAPHIQUE DUFRAY DE LA MAHÉRIE
Boulevard Bonne-Nouvelle, 26, (impasse des Filles-Dieu, 5.)

GUIGNOL

LIVRE DE LA JEUNESSE

RÉDIGÉ PAR M. ALFRED DES ESSARTS

avec le concours de

MM. Théodore de Banville, A. Carteret, Cénac-Moncaut, Augustin Challamel,
Jules Claretie, Charles Coligny, Karl Daclin
Ferdinand Denis, Émile Deschamps, Emmanuel des Essarts, E. Dionysis
Ernest Fillonneau, Théophile Gautier,
Albert Glatigny, Victor Luciennes, Paul Malézieux,
Amédée Pommier, Auguste Robert, Jules Rostaing, Edmond Texier, et de
Mesdames Adèle Caldelar et Anaïs Segalas.

PARIS
LIBRAIRIE PARISIENNE
DUPRAY DE LA MAHÉRIE, ÉDITEUR
14, RUE D'ENGHIEN, 14.

1863-1864

CAUSERIE-PROLOGUE

Brrr!... quel froid!... quelle brume!... Tous les éléments sont-ils donc déchaînés contre mon pauvre petit théâtre, et le ciel a-t-il décidé que je ferais *relâche* durant six mois?

O mes quatre planches, mes deux coulisses, mes murs de toile et mes gentilles poupées, comment résisteriez-vous à la rafale qui siffle, à la pluie qui vient vous battre horizontalement?

Le meilleur parti à prendre, c'est de fermer pour « cause de giboulées. »

C'est un motif sérieux et honnête, s'il en fut jamais. Combien de directeurs seraient heureux de pouvoir l'invoquer, afin de masquer la pénurie de leur caisse et de dissimuler l'absence du public !

Moi, je suis fier de le proclamer, le public ne me faisait pas défaut. Tant qu'il existera des mères, des enfants, des bonnes et des tourlourous, Guignol aura des spectateurs et des enthousiastes.

Le succès du passé l'encourage pour l'avenir. Pourquoi Guignol, parce qu'il ne peut jouer ses pièces, renoncerait-il à en fabriquer ? Pourquoi, à ses acteurs de carton et de bois, ne substituerait-il pas des acteurs de chair et d'os ? Pourquoi n'enverrait-il pas à domicile ses élucubrations et celles de ses amis ? Pourquoi enfin ne deviendrait-il pas un journaliste, doublé d'un *impresario* ?

Aujourd'hui, chacun écrit son journal ; et quand un simple barbier, un Figaro, a si bien réussi à raser le ridicule, je ne vois pas quelle témérité il y aurait, pour l'inoffensif Guignol, à s'adresser d'une manière nouvelle au jeune public qui l'a tant applaudi.

Chers sociétaires, ce rôle actif que je m'impose vous consolera de votre inaction forcée. Vous êtes là, rangés autour de moi ; vous me contemplez avec vos yeux d'émail ; vous me montrez vos faces vivement coloriées, vos costumes à passequilles, vos manteaux à paillettes. Rassurez-vous : parfois je vous évoquerai ; vous reverrez le jour, douce Colombine, galant Léandre, gentille Marinette, beau Pomponio, malin Mistigris, épais Pandolphe ; et vous aussi, Trufaldin, Sganarelle, Trivelin, Polichinelle, héros du vieux théâtre de la Foire, masques joyeux du passé, vous qui fîtes si bien rire nos pères, quand on prenait encore le temps de rire.

Vous serez fiers des efforts de votre directeur. Il y aura bien du malheur si le public, qui si souvent vint me chercher aux Champs-Élysées, ne prend pas le chemin de mon journal.

Donc plus de *relâche*, et soyons d'autant plus actif que le travail réchauffe. Il n'y a que les fainéants qui aient besoin de brûler du bois.

En outre, j'ai couru la ville en tous sens pour recueillir mes observations au sujet de ce premier jour de l'An, qui approchait à grands pas.

1863 est né, et, selon l'usage, on s'est embrassé. Le monde a donc vingt-quatre heures de tendresse universelle ; ce n'est pas trop sur les huit mille sept cent soixante heures dont se compose une année. Ah! que ne pouvons-nous éterniser ce jour de l'An, si chér à la concorde! Que ne pouvons-nous respirer constamment cette rose d'hiver, qui a de si doux parfums!

Quand le digne Janus ouvre l'année, il devrait bien fermer son temple, ce qui signifie l'état de paix.

On n'entendrait plus le tambour appeler des soldats à la manœuvre.

La voix stridente des avocats cesserait d'ébranler les voûtes des palais de justice.

Les huissiers resteraient chez eux, occupés à faire des lectures édifiantes.

Les journalistes ne commettraient plus de polémique qu'au restaurant.

Les Chambres de députés travailleraient tranquillement aux affaires et laisseraient l'éloquence dormir dans le *Conciones*, ce grand recueil des harangues.

Bref, l'agape du premier jour de l'An cesserait d'être un simple usage.

« Heureuse année! — Bonne santé! — Réussite. »
Chacun dit cela.

Eh! bon Dieu! ne détruisez pas, dès le lendemain, ce que vous avez souhaité la veille.

Si Janus, le portier de l'année, a deux faces, ne regardez que la face souriante, et modelez-vous sur elle.

Mais me voilà lancé bien loin, à la suite du vieillard olympien, que les Romains avaient cru devoir transformer en une femme, sous le nom d'*Anna Perenna*, la mère des Saisons. Vous aimerez mieux, mes chers lecteurs, que je vous parle des merveilleuses surprises que l'industrie parisienne avait préparées pour vos joies.

Que vous dire de neuf, dans un moment où ces surprises sont des réalités, où les beaux livres sont déjà dévorés, où plus d'une poupée a déjà reçu des meurtrissures, où plus d'un pantin a perdu soit ses jambes, soit ses bras? Quand j'ai commencé à écrire, j'étais au milieu du brouhaha des étrennes, des compliments et du chassez-croisez des vœux: ce qui se rattache au premier de l'an date presque de l'an passé. Rococo! 1862! fi donc! c'est de l'histoire...

Eh bien, ce sera, si vous voulez, de l'histoire que cette millième représentation de la *Dame blanche* qui se célébrait à la fin de décembre, mais une histoire touchante et digne de marquer dans les fastes de l'art. Vous me permettrez d'en être ému, moi, vieux directeur de théâtre.... surtout au point de vue des recettes. Ah! je n'ose espérer qu'aucune de mes saynètes atteigne ce chiffre respectable. Il n'a pas fallu moins de trente-six ans pour que le chef-d'œuvre de Boïeldieu arrivât à un tel nombre de représentations. Cela fait la vie de deux générations au moins; pendant ces trente-six années, il y a eu pas mal de rois qui ont couru après leur couronne sans la rattraper, il y a eu des tremblements de terre, des tempêtes, des villes incendiées, des guerres, des écoles littéraires élevées et renversées, les Romantiques et mademoiselle Rachel, les *Burgraves* dans leur tour, *Lucrèce* dans sa chlamyde; il y a eu les chemins de fer, le télégraphe électrique, la *potichomanie*, la *décalcomanie*, la crinoline, les spirites, M. Babinet, et, ce qui va *crescendo*, M. Matthieu (de la Drôme), le prophète des pluies. Que dis-je? il n'y avait pas alors les fortifications de Paris, les navires à hélice, les chaussures en caoutchouc; le macadam se contentait de creuser ses ornières dans les chemins vicinaux; le public ne s'égarait pas encore dans le labyrinthe de ces romans-feuilletons plus longs que le siége de Troie. O Ponson, tu n'existais pas! ô Féval, tu faisais ta première dent!...

La Bataille (Voir page 25.)

Ainsi le monde s'est renouvelé de fond en comble depuis le soir où se leva un rideau de théâtre, laissant voir des Écossais qui chantent :

Sonnez (ter), cors et musettes!

Et voilà que cette gracieuse légende, empruntée par feu Scribe à feu Walter Scott, et si admirablement mise en musique par feu Boïeldieu, est toujours fraîche et vivante, aussi jeune peut-être qu'au début; la millième représentation a eu lieu avec une pompe toute spéciale. On a couronné le buste du maëstro; on a apporté la bannière « des chevaliers d'Avenel ; » on a lu des vers de circonstance de Méry l'enchanteur, Méry, le seul, avec Deschamps, qui sache faire pour une fête d'un jour de la poésie qui dure.

Elles dureront moins, les joies des étrennes. C'est fini pour 1863 ; mais il faut convenir que jamais il ne fut plus agréable de donner aussi bien que de recevoir. L'acheteur n'a plus d'autre embarras que de choisir parmi les merveilles qu'on lui offre. La librairie s'est surpassée : si l'on n'avait pas tant abusé de l'épithète : *splendide*, je l'appliquerais sans hésiter à ces livres qui, pour la beauté de l'impression, la richesse des dessins, sont autant d'œuvres d'art. Morizot, Furne, Hetzel, Magnin-Blanchard, Vermot, Plon, Hachette, Lahure, Hautecœur (et j'en oublie), voilà les généraux de la grande bataille des illustrations : ils luttent entre eux avec autant d'ardeur que les États *désunis* ; mais ils se font une bonne et profitable guerre qui tourne au bénéfice de l'art. L'un vous appelle son aide de camp Gavarni : — « Prends-moi *Gil Blas* et décore-le! » — L'autre invoque Gustave Doré : — « Empoigne-moi les *Contes de Perrault* et donne-leur une vie nouvelle! » C'est fait. Les écrivains ne s'endorment pas non plus : Louis Énault, qui trouve moyen d'être toujours visible à Paris tout en faisant d'immenses voyages, s'en va explorer les *Côtes de la Méditerranée* ; un livre sort de sa valise. X. Marmier revient de la Suisse : aussitôt une *Suisse pittoresque* où il ne manque ni un lac, ni une montagne. Alfred des Essarts avait taillé un solide monument appelé : les *Célébrités françaises*, il y a ajouté les *Grands Peintres*. Notre ami des Essarts veut devenir le Plutarque du coin du feu. — Et Henry Berthoud, qui vous intéresse si fort à la science avec les *Aventures des Os d'un géant!*... — Et Jules Rostaing, qui a enroulé toute la féerie autour de son *Mirliton merveilleux !*

Non, les fées et les enchanteurs ne sont pas morts. Ce sont tous ces gens ingénieux, féconds, inventeurs; ces libraires, ces artistes, ces littérateurs, ces Giroux, ces Tahan, ces Susse, qui multiplient les chefs-d'œuvre du goût pour plaire au public. J'ajouterai que c'est ce spirituel éditeur Flaxland qui va révolutionner la musique avec les *Échos de Pologne*, promis aux chanteurs pour la semaine prochaine. J'oubliais : c'est Pasdeloup, l'homme-orchestre, qui a fait accepter par la foule Mozart, Beethoven, Haydn. Comptez-vous beaucoup de miracles comparables à ce dernier prodige ?

En 1843 la foule allait entendre *Musard* à la salle Vivienne : en 1863, elle va savourer Mozart au Cirque Napoléon. Niez le progrès, taupes de l'humanité ! GUIGNOL.

Théâtre de Guignol

LE BONHOMME JANVIER

Comédie en trois tableaux

PERSONNAGES

Le bonhomme JANVIER.
PIERROT, sage.
GORGIBUS, savant, oncle de PIERROT.
LÉANDRE, fils, } douze ans.
ARLEQUIN, fils, }
JACQUES LABOR, lithographe.
PAULIN, son fils, treize ans.

PARIS, *une maison de la rue de* . . . .

PREMIER TABLEAU

Au deuxième étage, un cabinet d'étude.

LE BONHOMME JANVIER. — PIERROT. (Ils entrent furtivement.)

LE BONHOMME JANVIER. — Décidément, vous êtes un mauvais plaisant, mon cher Pierrot. Chargé par madame la Lune de me guider parmi les merveilles du jour de l'an, vous ne me laissez faire qu'un tour de rue, et, crac, voilà qu'encore ébloui par le va-et-vient des voitures, la hâte des passants, les splendeurs des boutiques, vous me poussez sous une porte cochère et me faites gravir de force l'escalier d'une maison.

PIERROT. — Là s'arrêtera notre voyage, puisque les longues courses vous font peur.

LE BONHOMME JANVIER. — Comment donc ? mais ce n'est pas pour si peu que je me suis dérangé de mon bienheureux repos, un repos de vingt siècles. Oh ! dans le monde des fées et des sylphes, mon indolence était proverbiale. On disait : « Paresseux comme le bonhomme Janvier, » et l'on n'avait pas tort. Oui, moi, le bonhomme Janvier, l'éternel introducteur des années, je laissais mon tour venir sur le calendrier et ma besogne se faire par les employés invisibles de mon ministère, sans jamais paraître ici-bas comme les autres mois mes collègues, des intrigants, des travailleurs, des gâte-métier. Je gouvernais à ma manière en restant dans mon coin à me chauffer, à absorber du pudding et de grandes tasses de thé, n'intervenant dans les affaires des hommes que pour leur envoyer de la pluie ou du soleil, selon les caprices de ma digestion.

PIERROT. — Mais, un jour, une semonce providentielle vous a fait comprendre qu'il fallait un peu voir par soi-même. Vous avez pris le train express de l'infini jusqu'à la station de la terre. Arrivé, vous commencez votre tournée en surveillant la distribution des étrennes. Grosse besogne pour le début. Or, tout immortel que vous êtes, vous sembliez embarrassé comme un simple mortel. Cela se comprend. Un être divin qui n'a pas revu la terre depuis la prise de Carthage doit y retrouver quelques changements. Il y a eu tant d'expropriations ici-bas ! Jupiter de retour à Athènes s'y égarerait comme un Scythe et y serait reçu comme un Allemand. A Paris, vous n'aviez pas même l'air d'un Japonais. Avouez, mon cher mois, que vous avez été heureux de rencontrer l'ami Pierrot ; sans la lettre de recommandation que vous avait donnée pour moi la Lune, ma pâle cousine, où en seriez-vous, maintenant ?

LE BONHOMME JANVIER, *à part*. — Soyons ingrat. *(A Pierrot)* En tout cas, je ne serais pas ici. Que venez-vous faire dans cette demeure ? Est-ce là que je préparerai mon fameux rapport sur les étrennes ?

PIERROT. — Certainement, et sans y ajouter un mot, vous pourrez l'envoyer d'ici à a *Revue de l'autre monde.*

LE BONHOMME JANVIER. — Ah ! vous me croyez bien simple.

PIERROT. — Je vous crois assez naïf, et voilà tout. Dites-vous une bonne fois qu'un monde tient dans un pays, un pays dans une ville, une ville dans une maison. Une maison a généralement cinq étages, quand elle n'en a pas sept, avec nos inventions d'entre-sol et de sous-sol. Autant dire quatorze familles. Et vous doutez que quatorze familles suffisent à vous donner la comédie des étrennes ! Quant vous en aurez visité huit, vous direz : « C'est assez, » et vous croirez en avoir trop vu.

LE BONHOMME JANVIER. — Le fait est que l'on peut beaucoup voir, surtout invisible comme je le suis, comme vous l'êtes, grâce au partage de mon privilége.

PIERROT. — Oh ! nous surgirons à propos ; mais à l'avenir, de la confiance ! Car moi, Pierrot, je suis celui qui, vingt fois pendu pour n'avoir pas restitué des livres ou mieux encore, a toujours nargué le gibet en se sauvant avec la corde qui porte bonheur ; je suis celui qui, sans avoir jamais le sou, a constamment mieux dîné qu'un millionnaire. Saluez-moi, céleste bonhomme ; car je m'appelle l'Expérience !

LE BONHOMME JANVIER, *à part*. — L'Expérience est enfarinée aujourd'hui. *(A Pierrot)* Cependant...

PIERROT. — A notre poste. J'entends mon oncle Gorgibus, un savant de première volée qui vient poser devant nous. Attention !

(Entre Gorgibus.)

LE BONHOMME JANVIER, *à part*. — Un savant ! quel attrait pour sa curiosité que le retour d'une année ! Cet homme va être enchanté.

GORGIBUS, *se parlant à lui-même.* — Oh! si l'année pouvait commencer au 2 janvier.

PIERROT, *à part.* — Bon début!

GORGIBUS. — Poëtes, philosophes, et moi comme les autres, nous avons fait tous des phrases sur cette heure mystérieuse où, du linceul de l'année morte, s'échappe, à l'appel de minuit, souriante, ingénue comme la rose Aurore, l'année nouvelle, — l'espérance sur le front, les promesses sur les lèvres, — enfant timide et charmante de l'Éternité. Ces phrases, nous serions toujours prêts à les refaire, Mais que ces idées sont loin de nous!

LE BONHOMME JANVIER. — Ah! quel découragement!

PIERROT, *au bonhomme Janvier.* — Dame! pour être moins vieux que vous, il en a vu des jours de l'an dans sa vie.

GORGIBUS. — Peut-on croire qu'il y ait chez des peuples civilisés vingt-quatre heures où tout le monde s'arroge le droit de déranger un homme comme moi, auteur de plusieurs livres de six cents pages, membre de trois académies? Et ne pouvoir les mettre à la porte! Être obligé d'entendre comme un refrain ces mots persécuteurs : « Je vous souhaite une bonne année! » O jour vulgaire! Voilà déjà trois ou quatre importuns qui m'ont réveillé avec leurs compliments banaux. Hélas! j'ai déjà essuyé mon portier. Dans quelques minutes il me faudra subir le tambour de la garde nationale. Ah! si je n'avais pas été obligé de rester à Paris!

LE BONHOMME JANVIER, *à Pierrot.* — Le voyez-vous souvent cet homme ennuyé?

PIERROT. — Mon oncle! oui, quelquefois. *(A part)* Quand j'ai des dettes trop criardes.

LE BONHOMME JANVIER. — Et bien! tout n'est pas mauvais dans le jour de l'an. Car il aura bientôt la joie de vous revoir. Un oncle et un neveu, c'étaient un père et un fils autrefois. Je me souviens qu'à Carthage...

PIERROT. — Carthage, département du passé... Nous ne sommes plus à Carthage.

GORGIBUS. — Ennuis sur ennuis. Je n'ai pas compté les visites qu'il me faudra attendre de pied ferme, et quelles visites intéressées : des solliciteurs qui visent à ma protection, des candidats à l'Académie, un tas de gens qui ont besoin de moi, et, en première ligne, des parents. Quelle engeance! Il est entre autres un certain Pierrot, mon neveu par je ne sais quelle erreur du destin, que j'aimerais bien mieux voir dans quelque bonne maison de correction qu'à Paris le jour de la saint Sylvestre. Un bien triste sujet, ma foi! un garçon qui passe sa vie à l'Opéra, au bois de Boulogne, sur le boulevard, vagabondant par les ateliers et les musées, un jeune homme qui n'a pas de position, qui n'est rien en ce monde, pas même buraliste. Ah! la mauvaise affaire que mon frère m'a léguée là.

PIERROT, *au bonhomme Janvier.* — Eh bien!

LE BONHOMME JANVIER. — Eh bien! apparaissons.

(Ils redeviennent visibles.)

GORGIBUS. — Encore s'il n'en voulait pas à ma bourse, le scélérat! mais aujourd'hui ce sont ses étrennes qu'il viendra chercher. Trente francs qu'il m'extorquera, le gueux. Il n'y a pas de danger qu'il les oublie. Je gage qu'il sonne à la porte de la rue, s'il ne monte déjà l'escalier.

PIERROT, *tapant sur l'épaule de Gorgibus.* — Bonjour, mon oncle.

GORGIBUS. — Encore vous, monsieur! J'en étais sûr *(Il aperçoit Janvier et radoucit le ton).* Ah! mon cher neveu, tu ne sais quel plaisir me cause ta venue. Je me disais tout à l'heure : — « Il n'arrivera donc pas, Pierrot, mon Pierrot. *(A Janvier)* Ah ! monsieur, les parents, on n'aimera jamais assez les parents ! *(A Pierrot)* Mon enfant, laisse-moi verser des larmes d'allégresse, de bien douces larmes.

LE BONHOMME JANVIER, *à part.* — Quel crocodile !

PIERROT. — Monsieur est de mes amis. Attiré par votre réputation, il désirait beaucoup vous connaître.

GORGIBUS. — Je suis extrêmement flatté de cette démarche. Elle peut ne pas me surprendre, mais elle m'honore.

LE BONHOMME JANVIER, *à part.* — Quel paon !

GORGIBUS. — Seulement je vous avouerai que d'ordinaire je n'admets qu'en députation mes admirateurs ; mais, en faveur de mon neveu, je puis faire une exception à la règle.

LE BONHOMME JANVIER, *à part* — Quelle oie !

PIERROT. — Recevez, mon oncle, tous mes vœux à l'occasion de ce grand jour.

GORGIBUS. — Et tu ne serais pas fâché de recevoir tes étrennes. *(A Janvier)* C'est bien naturel, un jeune homme a besoin d'argent. Il faut comprendre les jeunes gens. Je les comprends, parce que je les aime.

PIERROT, *à part.* — Saltimbanque, va !

GORGIBUS. — Mon cher neveu, mon bon neveu, tiens, voici la faible épargne de ton oncle, la modeste obole de l'homme d'études. *(Il tire une pièce de vingt francs de son porte-monnaie.)*

PIERROT. — Vingt francs ! Ah ! fi donc ! mon oncle, et cet étranger que dirait-il de vous, cet ambassadeur ?

GORGIBUS. — C'est un ambassadeur ! j'oubliais cette autre pièce de vingt francs que je te destinais encore.

(Pierrot prend le porte-monnaie et le met dans sa poche.)

GORGIBUS. — Tu te trompes, je crois !

PIERROT. — A mon avantage, toujours.

LE BONHOMME JANVIER, *ironiquement.* — Monsieur, vous êtes le modèle des oncles.

GORGIBUS. — Ah ! monsieur, je dois à mon siècle l'exemple de toutes les vertus. Mais permettez-moi de vous demander ce qui me vaut l'honneur de votre visite ?

PIERROT. — Monsieur n'est pas de ce monde. C'est un prodige ambulant, un demi-dieu descendu sur la terre.

GORGIBUS. — Qu'est-ce à dire ? Je suis un homme éclairé ; je ne crois pas aux demi-dieux.

LE BONHOMME JANVIER. — Comment donc ! mais je suis Janvier en personne.

GORGIBUS. — Pas le mois, à coup sûr.

LE BONHOMME JANVIER. — Eh oui ! le mois !

GORGIBUS, *à part.* — L'un m'a escroqué mon porte-monnaie ; l'autre voudrait me crocheter mon coffre-fort. *(A Janvier)* Monsieur, je ne connais de mois de Janvier que dans l'almanach. Vous seriez un fourbe si vous n'étiez un fou. Détalez avec votre compère, sinon je ferai conduire l'un à Clichy, l'autre à Charenton.

LE BONHOMME JANVIER. — Ah çà ! Pierrot n'est donc plus votre *cher* neveu ?

GORGIBUS. — Mon neveu ! un filou qui m'a subtilisé quatre-vingts francs ! je le déshérite. Mais vous, enfin, Janvier, Avril ou Novembre, que veniez-vous faire ici ?

LE BONHOMME JANVIER. — Parbleu ! vous réclamer mes étrennes. Je vous en ai assez procuré depuis soixante ans.

GORGIBUS. — Vos étrennes! allez les demander à ce bâton, *(Il saisit un bâton. Janvier fait un signe, Gorgibus reste immobile.)*

LE BONHOMME JANVIER. — Et maintenant vous pouvez rester dans cette position, à l'état de momie, pendant les huit premiers jours de l'année. Tous vos admirateurs seront sûrs de vous trouver.

GORGIBUS. — C'est une mauvaise plaisanterie. Mais c'est vrai tout de même. Grâce, bonhomme Janvier; et toi, Pierrot, aie pitié de moi.

Pierrot fredonne : « Au clair de la lune, etc. » *Gorgibus reste cloué en se débattant. Pierrot sort en gambadant, suivi du bonhomme Janvier, qui adresse à Gorgibus des salutations d'une politesse ironique.*

DEUXIÈME TABLEAU

Au troisième étage, un salon, table garnie de livres et de jouets.

PIERROT. — LE BONHOMME JANVIER.

LE BONHOMME JANVIER. — Oh! nous serons désensorcelés ici, ou je me trompe fort.

PIERROT. — Prenez garde, vous vous êtes souvent trompé aujourd'hui. Quatre appartements parcourus, quatre déceptions.

LE BONHOMME JANVIER. — Pauvres dieux que nous sommes! je comptais entendre mon nom fêté par toutes les bouches. Sot espoir! autant de locataires, autant de Gorgibus dans cette maison. Ce sont les petits Fortunatus qui s'endorment sur les pyramides de bonbons et les architectures de joujoux. Il leur faudrait la lune, et Giroux ne l'a pas encore prise avec les dents. C'est le sieur Osiris, employé à douze cents francs, qui va tous les soirs dans le monde et calcule avec effroi les visites chez Siraudin que lui imposent ses succès de valseur. C'est le peintre Tiburce qui se plaint d'avoir à courir par la ville, et se déclare condamné au supplice de la cravate blanche et de l'habit noir. C'est l'envieuse Stéphanie qui déplore le petit nombre de ses étrennes, en les comparant aux magnifiques cadeaux que recevront ses amies. C'est toute une ligue de mécontents et d'ennuyés qui cherchent querelle au nouvel an, et crieraient volontiers : « A bas Janvier ! »

PIERROT. — Ici, devant ces nombreux joujoux, vous vous attendez à un meilleur accueil. Souvenez-vous des petits Fortunatus.

LE BONHOMME JANVIER. — Je ne sais quel souffle de contentement circule dans cette pièce. Toute une fête se déroule sur cette table : petits villages avec des arbres d'un beau vert, soldats de toutes les tailles et de toutes les armes, jeux de patience à lasser les saints, théâtre peuplé de marionnettes, cerfs-volants aux ailes de papillons, voilà bien la féerie de l'enfance. Vous qui savez tout, Pierrot, dites-moi les noms de ces heureux, afin que j'emporte au moins le souvenir d'une joie sans mélange.

PIERROT. — N'allons pas si vite en besogne. En attendant la fin, sachez que vous aurez affaire aux fils de deux amis de mon illustre père, le Pierrot de la grande époque. Ces deux amis eurent aussi de belles heures. La gloire les appelle Arlequin et Léandre. Es-tu content, Janvier?

LE BONHOMME JANVIER. — Content! mais je suis enchanté! Voir deux fils de héros dont vos meilleurs poëtes parlent dans leurs ouvrages; contempler Arlequin fils, Léandre fils! ô félicité que je ne croyais pas promise à mon voyage!

PIERROT. — Eh bien! contemplez.

LE BONHOMME JANVIER. — Ils paraissent extasiés.

(*Entrent Léandre fils et Arlequin fils.—Janvier et Pierrot deviennent invisibles.*)

LÉANDRE *fils*. — Au diable les étrennes!

ARLEQUIN *fils*. — Maudit Janvier!

LE BONHOMME JANVIER, *à Pierrot*. — Pas possible.

PIERROT, *de même*. — Oh! vous avez mal entendu.

LÉANDRE *fils, à Arlequin*. — Ma foi, mon bon, si j'avais prévu que je serais si mal partagé, j'aurais dit à notre grand'mère, madame Cassandre : « Reprenez vos étrennes, » et la même chose à tous ceux qui m'ont donné de si piètres cadeaux. Je ne suis pas un mendiant, moi!

ARLEQUIN *fils*. — Volés, mon cher, nous sommes volés. Des bonbons en veux-tu, en voilà! des joujoux à foison. La belle affaire! on nous prend pour des enfants.

LE BONHOMME JANVIER, *à Pierrot*. — Veulent-ils donc qu'on les prenne pour des vieillards?

ARLEQUIN *fils*. — Je commence à le craindre, et je serais d'avis de protester.

LÉANDRE *fils*. — Et comment? par des plaintes, par du tapage?

ARLEQUIN *fils*. — Fi donc! gardons notre dignité d'homme. Mais puisque nos étrennes sont là, marquons par notre mépris le peu de cas que nous en faisons; nos parents inquiets finiront par céder et par subir nos exigences, raisonnables d'ailleurs.

LÉANDRE *fils*. — Oui, raisonnables. Moi, ce matin, je voyais tout arriver : bonbons, jouets, livres. Personne n'a songé au cadeau de mes rêves : un petit rouleau de pièces de vingt francs. Ah! nous autres jeunes gens du XIXe siècle, nous apprenons de bonne heure à connaître la valeur de l'or.

ARLEQUIN *fils*. — Moi, je n'en demandais pas tant. L'or, c'est très-vulgaire. Sois original, mon cher. J'ai mieux en tête : une passion, le croirais-tu? une passion qui s'irrite de ne pas être absolument satisfaite.

LÉANDRE *fils*. — Parle, parle. Les parents sont bien coupables de pas deviner ces choses-là.

ARLEQUIN *fils*. — Tu me comprendras, toi. As-tu vu les nouveaux albums à la mode cette année?

PIERROT, *à part*. — Encore une victime de la photographie!

LÉANDRE *fils*. — Quels albums?

ARLEQUIN *fils*. — Oh! je ne veux pas parler des portraits-cartes. C'est usé. On n'en veut plus. C'était charmant d'avoir tant de grands hommes que l'on ne connaissait pas. Mais ce fut mon caprice de l'année dernière. Ma toquade de cette année 1863, ce sont les albums de timbres-poste.

LÉANDRE *fils*. Allons donc!

ARLEQUIN *fils*. — Les timbres-poste valent bien l'argent.

PIERROT, *au bonhomme Janvier*. — Manie pour manie, l'une vaut l'autre.

LE BONHOMME JANVIER, *qui n'a cessé de donner des signes de stupéfaction.* — Incroyable !

ARLEQUIN *fils*. — Ton argent, tu le dépenses ou tu le serres. Mes timbres, je les garde et je les ai toujours devant moi. Je puis, à toute heure, les montrer à tout venant. Quel beau coup d'œil que cette suite de petites images où tous les souverains se donnent rendez-vous ! Tous mes camarades de pension en possèdent par douzaines. On en vend par centaines à la petite bourse des Tuileries. Et moi, qui, pour un timbre-poste de Cochinchine, ferais le voyage, j'ai pour toute mise de fonds quelques étiquettes bleues détachées furtivement des lettres de mon père. Il fallait qu'on me mît une centaine de timbres entre les mains, qu'on me fît un commencement de collection. J'ai crié, supplié, menacé, hurlé, rien n'y faisait. Parents, amis, tous ont traité de folie mon plus beau rêve. Oh ! les tyrans !

LÉANDRE *fils*. — Les idiots !

ARLEQUIN *fils*. — Quand serons-nous majeurs ?

LE BONHOMME JANVIER, *visible*. — Et voilà ce qu'on appelle des enfants !

(Pierrot redevient également visible.)

ARLEQUIN *fils*. — Quel est cet ancêtre !

LÉANDRE *fils*. — Tiens, Pierrot, l'ami Pierrot ! Ah ! nous allons te raconter notre histoire.

PIERROT. — En partie double. Argent et timbres-poste, connu.

LE BONHOMME JANVIER. — J'ai tout entendu, moi, et je vous le dis : Vous êtes d'étranges petits êtres. Comment ? vous avez autour de vous le bonheur de vingt enfants, et, dédaigneux, dégoûtés, vous délaissez ces charmantes surprises pour des convoitises mauvaises ou stupides. Voyez-les, l'un avec son rêve d'argent, l'autre avec sa manie de timbres-poste. De l'argent, — réponds, Léandre, — à quoi cela te servirait-il ? enfant gâté dont tous les caprices sont des lois. A thésauriser ou à jeter l'or par les fenêtres, à faire l'avare ou à jouer le prodigue, à préparer en toi un imbécile qui se ruinerait ou un usurier qui ruinerait les autres. *(A Arlequin fils)* L'amour des timbres-poste est plus inoffensif. Mais quand on a devant soi, dans une boîte de soldats, toute une petite guerre, et des chemins de fer en miniature, et de quoi bâtir des palais de carton flexible, et ces *Contes de Perrault*, où le crayon de Doré se joue en mille prodiges, et tous ces beaux livres d'Hetzel, illustrés pour la joie des yeux ; quand on est le maître de ce paradis enfantin, s'en aller volontairement à la poursuite de petits carrés de papier salis par la gomme et souillés par l'encre, ce serait bête à faire rire si ce n'était triste à faire pleurer, comme tout ce qui veut dire : « Il n'y a plus d'enfants ! l'enfance s'en va, la rieuse, l'insoucieuse enfance ! »

ARLEQUIN *fils*. — C'est qu'alors nous sommes des hommes.

PIERROT. — C'est que vous êtes de petits vieux. A votre âge, vos pères ne pensaient guère à l'or ou aux timbres-poste ; ils avaient bien d'autres idées en tête. Léandre ne rêvait que parures, parfums, ajustements exquis ; c'était déjà le beau Léandre. Arlequin ne songeait qu'aux niches, aux bons tours, aux malices spirituelles, son œil semblait toujours en éveil et toujours sa batte en jeu. Ah ! c'était déjà le poëte de grand chemin, l'aventurier héroïque. Mais vous, un Arlequin, un Léandre ! vous leur ressemblez comme des oisons à des cygnes.

ARLEQUIN *fils*. — Sur quel sermonneur as-tu marché aujourd'hui, Pierrot ? Tu n'es pas drôle. Mais je te trouve encore plus égayant que ce ci-devant que tu as amené avec toi.

LÉANDRE *fils*. — C'est pour le moins M. Prudhomme.

LE BONHOMME JANVIER. — C'est tout simplement celui à qui vous devez vos étrennes, à qui vous devriez les porte-monnaie bien garnis et les albums de timbres-poste s'il avait la faiblesse de vous les faire donner; c'est le bonhomme Janvier, qui se réconciliera pourtant avec vous, si de ces cadeaux que vous rejetez vous daignez lui en céder quelques-uns pour fêter sa venue parmi les hommes.

ARLEQUIN *fils*. — Il est complet, le bonhomme. Qu'on l'empaille. Rien n'y manque. Il croit que nous allons lui donner nos livres et nos joujoux. Mais ils sont trop beaux pour ce vagabond.

LE BONHOMME JANVIER. — Ah! vous y tenez, maintenant.

LÉANDRE *fils*. — Est-il jeune! Nous nous en moquons pas mal. Mais tous ces objets sont à nous. Achète-les, si tu veux; nous serions très-sots de t'en donner un seul.

LE BONHOMME JANVIER. — Et si je les prenais tous?

ARLEQUIN *fils*. — Essaie!

Le bonhomme Janvier fait un signe. Tous les cadeaux disparaissent. Les deux enfants crient : A la garde! au voleur! Janvier sort impassible, inexorable, austère. Pierrot adresse à ses petits amis ce geste dont les gamins de Paris ont le secret traditionnel.

TROISIÈME TABLEAU

Au sixième étage, une mansarde.

LE BONHOMME JANVIER. — PIERROT, invisibles. — PAULIN, assis près d'une table.

PAULIN. — Mon père est parti de grand matin. Je ne l'ai pas entendu sortir. Quel dommage! j'aurais eu tant de plaisir à lui souhaiter la bonne année en me levant! Il me semble qu'à deux ou trois heures ce ne sera pas la même chose. Pauvre père! il est en course pour chercher de l'ouvrage. En ce moment il est bien triste, bien malheureux.

LE BONHOMME JANVIER, *à Pierrot*. — Encore un qui n'aura guère le courage de bénir ma venue.

PIERROT. — Pourquoi pas?

LE BONHOMME JANVIER. — Que peut lui faire le retour de l'année? Pour les pauvres, tous les mois se ressemblent.

PIERROT. — Pour les cœurs simples et droits, le premier de l'an sera toujours le premier de l'an, et Pâques toujours Pâques, et Noël toujours Noël, autant de jours de fête, et, comme on disait autrefois, de trèves de Dieu!

PAULIN. — Une nouvelle année commence aujourd'hui. Tant mieux. Il semble que toutes les peines s'en vont avec l'année qui part; avec celle qui vient arrive l'espérance. Le passé n'est plus; l'avenir s'ouvre bien vaste, bien grand. Malgré lui mon père aura de la gaieté au cœur, et sa gaieté sera la mienne. La fin de la journée s'annonce moins triste. Des souhaits, des projets, des rêves, c'est si bon.

LE BONHOMME JANVIER. — Ah! voilà enfin un véritable enfant.

PIERROT. — Et qui sera plus tard un véritable homme, car il a la vraie précocité, celle du cœur. *(Entre Jacques Labor.)*

PAULIN. — C'est toi, père; es-tu content?

JACQUES LABOR. — Oui, fils, j'ai trouvé de l'ouvrage, et de l'ouvrage assuré pour longtemps. Dans quelques mois je serai presque riche. Et tu ne me souhaites pas la bonne année?

PAULIN. — Ah! ma première pensée, c'était de te demander si la journée avait été bonne.

JACQUES LABOR. — Je t'ai bien compris, et je sais que, pendant mon absence, bien des souhaits s'étaient échappés de ton cœur. Est-ce toi qui m'a porté bonheur? Je ne sais; mais enfin je suis relevé du guignon où m'avait jeté Décembre, et je dirais presque: « Vive Janvier! »

PAULIN. — Oh! oui, c'est un beau mois, et le jour de l'an est un beau jour.

JACQUES LABOR. — Pauvre petit, tu dis cela, et tu n'es pas un des invités de la fête qu'il donne à l'enfance. En passant près des magasins, je regardais, non pas d'un œil d'envie, — car l'envie est mauvaise, — mais d'un œil triste, ces joujoux, toutes ces friandises dont tu n'auras point ta part. Il te serait si naturel de désirer ces joies de ton âge. Tu y songes peut-être. J'ai tort de t'en parler. Si tu t'en attristes, mieux vaut s'attrister ensemble. Une tristesse à deux, c'est presque une consolation.

PAULIN. — Mais je ne suis pas triste. Vois, je ris. Je n'ai pas besoin de joujoux, moi, j'ai de nouveaux livres. Je relis les bons livres que tu m'as donnés dans un meilleur temps. Ils sont toujours bien intéressants, va. J'ai encore des joujoux de l'année dernière, propres, en bon état. J'ai de quoi m'amuser. Et puis, je suis avec toi, je te cause, je te sais content; voilà ma fête; mon jour de l'an, tout à toi, sera plus gai qu'avec des joujoux muets. Tu me suffis!

JACQUES LABOR. — Cher enfant! Je n'ai pas voulu pourtant que tu fusses un déshérité. C'est bien peu de chose que je t'apporte, et si je ne te connaissais, je craindrais ton mépris pour cet humble cadeau. Sur mon premier argent, je t'ai pris un livre; puis à deux pas de chez nous, un joujoux bien modeste. J'ose à peine t'offrir ce volume et cette boîte de jonchets. Ce sont de pauvres étrennes.

PAULIN. — Moi, je les trouve charmantes, ces étrennes-là! Oh! le beau livre, et qu'il paraît amusant! Je le lirai dès demain et je le relirai souvent. Et quel joli jou-

jou! c'est celui que j'avais toujours désiré. J'y reviendrai tous les jours, à mes jonchets, et je deviendrai adroit, mon cher père.

JACQUES LABOR. — Que tu es bon d'être content!

PAULIN. — Je suis bien heureux, et, si tu le permets, je crierai comme toi : « Vive Janvier ! »

(Janvier et Pierrot redeviennent visibles.)

LE BONHOMME JANVIER. — Tu as raison de m'aimer, mon enfant.

JACQUES LABOR. — O ciel! qui donc êtes-vous, monsieur?

LE BONHOMME JANVIER. — Janvier lui-même, un bonhomme qui aime les braves gens et qui les favorise. Seulement je suis un pauvre bonhomme, presque aussi pauvre que vous. Figurez-vous que moi, qui fais tous les heureux d'aujourd'hui, je suis descendu sur la terre pour demander mes étrennes aux hommes.

JACQUES LABOR. — Et c'est ici que vous les viendriez chercher! Hélas! vous choisissez mal. D'abord, vous ne nous avez pas gâtés, seigneur du jour de l'an, et puis, qu'avons-nous à vous offrir! Des pauvres ne partagent pas.

PAULIN. — Ne parle pas ainsi, mon père. Tous nous devons quelque chose au bonhomme Janvier. S'il ne trouve que des ingrats, montrons-nous reconnaissants. Avec le peu que j'ai, je ne paierai pas à Janvier la dette de tout le monde, mais je m'acquitterai pour nous, n'est-ce pas mon père? Tu m'autorises à offrir au bonhomme Janvier la moitié de mes étrennes?

JACQUES LABOR. — Comment donc? mais tu es meilleur que moi, cher enfant.

PAULIN. — Bonhomme, voulez-vous mes jonchets ou mon livre?

LE BONHOMME JANVIER. — Je prends le livre, cher petit, mais pour te rendre au centuple ton don généreux.

(La table se couvre de jouets, de sacs de bonbons et de livres.)

PIERROT, *à part.* — Grrrande confiscation sur mes amis Arlequin et Léandre, dans l'intérêt de la morale.

PAULIN. — Oh que c'est beau!

JACQUES LABOR. — C'est trop à la fois.

LE BONHOMME JANVIER. — Pour tout ce que vous méritez, ce n'est pas assez, mon brave enfant. J'ai tous les saints du ciel dans ma manche, et je vous montrerai que je ne suis pas un mauvais protecteur. Je retourne là-haut, ami Pierrot, et je te remercie de ta clairvoyance, qui m'a appris tant de choses en si peu de temps. Il ne me reste rien à apprendre.

PIERROT. — Montaigne dit : « Que sais-je? » et Pierrot dit : « Peut-être ! »

LE BONHOMME JANVIER. — Seulement, je vous préviens que deux justes ne sauveront pas tant de méchants. Comment! moi le bienfaiteur universel, j'ai visité tous les étages de cette maison sans trouver, autre part qu'ici, la moindre marque de gratitude. Je me vengerai de vous, messieurs les hommes, et de vous aussi, messieurs les enfants. Pour l'année prochaine, je sévis, je décrète la suppression des étrennes.

PIERROT. — Tra, la, la! belle vengeance! mon bonhomme. Et tous les petits marchands que tu ruinerais, et tous les employés que tu priverais d'un congé, et tous les vrais enfants que tu consternerais, et les lycéens dont tu découragerais les efforts studieux! Laisse les choses comme elles sont. Je me suis amusé, pour rabattre tes illusions, à te promener à travers une maison hantée d'égoïstes. J'aurais pu te faire connaître des rues entières peuplées de braves gens. Je t'aurais montré dans plus d'un endroit le jour de l'an présidant aux réconciliations de bon aloi, aux loyales effusions, aux allègres rendez-vous de l'amitié. Je t'aurais fait sentir, ailleurs que chez cet honnête Jacques Labor, tout ce qu'il y a de respect solide et de franches tendresses dans plus d'une famille. Je t'aurais indiqué la charité se mêlant bien souvent à ces fêtes, et le pauvre ayant sa part à ce grand banquet de la richesse et de la fantaisie. Mais Pierrot est né malin, quoiqu'il n'ait jamais inventé le vaudeville. Pierrot a préféré te faire un petit cours de misanthropie, pour te réserver au dernier moment un doux spectacle, un spectacle vrai, et qui, dans notre siècle, n'est pas aussi rare que tu le crois maintenant. Ne supprime pas le bien pour empêcher le mal, et surtout, afin de n'avoir plus besoin de mon expérience, n'attends pas vingt siècles pour revenir, ô mon cher bonhomme Janvier!

EMMANUEL DES ESSARTS.

PROVERBES ESPAGNOLS

A bonne chambre mauvais plancher.

Couche-toi sans souper, et tu te trouveras au matin sans dette.

A chair de loup, dent de chien.

Que celui qui a donné se taise, que celui qui a reçu parle.

A chaque méchant son mauvais jour.

Un petit pot qui va souvent à la fontaine y laisse l'anse ou le fond.

Tout coq chante sur son fumier.

Ferme la bouche et ouvre la bourse.

Là où tu as été page, ne sois écuyer.

Deux oiseaux de proie n'entretiennent pas compagnie.

Où le fleuve est plus profond, il fait moins de bruit.

Quand la mauvaise fortune dort, que personne ne l'éveille.

Voyages en France

LE MONT-SAINT-MICHEL

Pendant la belle saison, la Normandie est envahie par des nuées d'Anglais, c'est la contre-partie de la conquête de l'Angleterre par les Normands; dans tous les hôtels on ne rencontre que des hommes blonds et des jeunes filles dont les dents blanches mais longues trahissent l'origine britannique. A Caen, la table d'hôte se composait d'une trentaine d'Anglais et d'une volée de miss qui se dirigeaient vers Luc et Trouville. A Avranches, les sujets de S. M. Victoria ne se comptent plus. On les voit passer dans toutes les rues par bandes de dix et de quinze personnes. Toute la carrosserie du pays est confisquée par ces intrépides touristes, qui sillonnent du matin au soir la route d'Avranches au Mont-Saint-Michel.

Cette petite ville d'Avranches, soit dit en passant, est bien une des plus aimables et des plus pittoresques de la Normandie. De quelque côté qu'on regarde, le point de vue est immense et superbe. D'un côté, la campagne découpée en damiers de toutes couleurs, des cimes couronnées de forêts, et de l'autre, une vaste baie de sable au tons d'or lamée de rubans d'argent. C'est du haut des remparts d'Avranches qu'il faut d'abord contempler le Mont-Saint-Michel. Quand le soleil illumine ce rocher battu par les flots, le vieux Titan apparaît dans toute sa grandeur et sa majesté sauvage. Ce colossal vaisseau de pierre, qui se dresse isolé sur l'Océan, semble, au premier aspect, une cathédrale flottante. Un peu plus loin, à droite, on voit courir parallèlement à la côte un rocher nu, aride, revêtu d'une espèce de pelage fauve, et qui apparaît comme un monstre des temps primitifs respecté par le déluge. C'est le mont Tombelaine, qui s'élève à quarante mètres au-dessus des grèves. A l'horizon, pas une voile. Le regard est forcément ramené vers ce Mont-Saint-Michel, dont la nef arrondie, surmontée d'un clocher qui figure le mât, produit, quand on le regarde longtemps, l'effet d'un gigantesque navire à l'ancre.

Les excursions au Mont-Saint-Michel sont d'autant plus suivies qu'elles ne sont pas sans quelque petit danger. On sait qu'il faut traverser des sables mouvants que la mer roule à chaque marée ; si, par aventure, on va se promener un peu loin sur les grèves, on sait qu'on peut être cerné par le flot, qui accourt plus rapide que le galop d'un cheval. On a aussi à redouter la *lise*, un sable déliquescent et sans fond qui s'ouvre tout à coup comme une tombe. Grâce aux guides, qui connaissent tous les secrets de cette grève perfide, le péril est des plus minces ; mais, l'imagination aidant, on peut avoir une émotion de quelques minutes et se donner sans trop de peine l'illusion d'un danger réel.

Il faut deux bonnes heures pour aller d'Avranches au Mont-Saint-Michel. A mesure qu'on approche de la grève, les chevaux tirent avec plus de difficulté à travers des routes creusées dans la tangue, et cette lenteur irrite le voyageur, qui craint de manquer l'heure du bateau. De la plage, on distingue les maisons couchées au pied de la vieille abbaye transformée en prison. A l'aide d'une longue-vue, on voit se promener, sur le roc qui descend de la porte de la ville vers la mer, quelques soldats mélancoliques — ces prisonniers de la discipline chargés de garder les prisonniers de la société ; — puis des hommes et des femmes aux jambes nues attendent que le flot se retire pour aller à la pêche de la coque, cette maigre providence des pauvres familles du Mont-Saint-Michel. Quand la mer aura abandonné les grèves, quand il ne restera plus que des flaques d'eau salée dans cette baie immense, vous verrez ces pêcheurs et ces femmes se répandre par troupes et courir, ceux-ci à leurs filets, celles-là à leur coquillage. Elles ont un bâton armé d'une pointe de fer recourbée qui leur sert à sonder le sable et à pêcher la coque. Un petit trou cylindrique presque imperceptiblement dessiné sur le sable leur indique le séjour de la coquille aux valves rebondies, et d'un seul coup de pic elles la découvrent et la jettent dans la résille à mailles serrées qui pend sur leurs épaules. Ce petit gibier de mer est excellent; il a à peu près le goût de l'huître. C'est là le seul gagne-pain des femmes et des enfants de ces parages désolés, et quel gagne-pain! Je demandai, le soir, à une femme qui revenait avec sa résille pleine de coques, combien lui rapporterait sa pêche : « J'irai demain à Avranches, me répondit-elle, et si de tout ça on me donne six sous, je ne serai pas malheureuse! » Six sous pour passer toute une journée, les pieds dans l'eau, la tête au soleil, et pour braver tous les périls de ces grèves qui engloutissent chaque année tant de victimes!

Cette vaste baie de sable est pleine de sinistres légendes. Ici, c'est un pêcheur qui a été enveloppé par un brouillard subit, un de ces brouillards si épais qu'ils tombent comme un voile noir; on marche alors au hasard, et l'on devient bientôt la proie de la *lise*; là, c'en est un autre qui n'a point assez prêté l'oreille au lointain mugissement de la mer, et qui a été devancé par le coursier d'écume. Le flot, débordant tout à coup par le canal des rivières, cerne de toutes parts la victime, l'enlève, la ballotte, et rejette, au bout de vingt-quatre heures, un cadavre sur la plage. Ces grèves sont un vaste cimetière. Malheur à qui s'y égare ou s'y oublie!

Quand nous arrivâmes sur la plage qui fait face au Mont-Saint-Michel, nous ne vîmes que trois jeunes Anglaises assises sur des pierres et qui attendaient le bateau. Ces jeunes miss, sans cavaliers, étaient venues d'Avranches dans un cabriolet. Bientôt d'autres voyageurs vinrent grossir la caravane, qui se composait, au moment où les deux bateaux abordaient, d'une quarantaine de personnes. « Embarquons vite! cria le batelier, voilà le flot qui se retire. » Les deux bateaux s'éloignent et voguent de conserve pendant cinq minutes. Mais bientôt le nôtre reste en arrière; les rameurs se jettent à l'eau, font tous leurs efforts pour le pousser : le bateau ne bouge pas, il est ensablé, et c'est ici que commence la comédie.

A moins d'avoir de l'eau jusqu'au ventre, il fallait bien, pour regagner le rivage, grimper sur les épaules des rameurs; mais les trois miss ne voulaient point admettre une pareille proposition, et elles poussaient les plus formidables *shocking* que j'aie jamais entendus. Nous avions beau leur dire qu'elles ne pouvaient rester; comme trois Arianes, sur cet îlot de sable, elles répondaient qu'elles mourraient plutôt que de se laisser emporter par ces hommes à demi nus. Voyant que notre éloquence n'y faisait rien, nous prîmes le parti de les abandonner, et nous enfourchâmes nos tritons, qui nous menèrent à l'autre bateau. Nous fîmes encore signe aux trois miss de venir nous rejoindre, mais elle ne prenaient même pas la peine de répondre à nos signaux. Adieu donc, pudiques filles d'Albion; puissiez-vous être délivrées avant le retour de la prochaine marée!

Après une traversée de vingt minutes, nous abordions au Mont-Saint-Michel.

A peine débarqué, je pris ma longue-vue et je jetai un regard désolé vers le bateau des trois miss. O surprise! il ne contenait plus que deux passagères. Qu'était devenue la troisième? « Pardieu, me dit un guide qui se trouvait là, on a été chercher la mère la Tulipe, celle qui passe les Anglaises qui ne veulent pas monter sur les épaules des hommes. » Je respirai. Sauvées, mon Dieu!

Quatre francs et quatre sous. (Voir page 26.)

Que le lecteur se rassure, je ne lui ferai pas la description du Mont-Saint-Michel, je ne le conduirai pas de voûtes en cellules, de souterrains en cachots; l'émotion involontaire qu'on éprouve en pénétrant dans ce noir édifice ne laisse d'ailleurs que bien peu de place à la curiosité archéologique. Voilà bien la prison complète, la prison du moyen âge, avec ses voûtes sombres, ses escaliers aux marches inégales, ses corridors obscurs, ses piliers énormes et ses mille portes de chêne vérouillées et cadenassées. Là, il y a des cachots qui étouffent les soupirs, comme dans la *Tour de Nesle,* et, avant la Révolution, il y avait des oubliettes et des cages dites de fer qui étaient en bois. La dernière fut démolie, en 1777, par le duc de Chartres, plus tard Louis-Philippe. Le concierge était furieux qu'on eût brisé cette cage, qu'il montrait aux étrangers : « C'était mon gagne-pain, » s'écriait-il tout consterné. Si bien que le duc de Chartres lui dit, en lui donnant dix louis : « Dorénavant, tu ne montreras plus la cage, mais la place qu'elle occupait, et tu gagneras tout autant. » Et le duc de Chartres avait raison, car il ne vient pas au Mont-Saint-Michel un seul Anglais qui ne demande à voir la fameuse place où était la fameuse cage.

Cette place est au-dessus d'une énorme voûte, au bout du promenoir. Le gazetier Dubourg, qui avait écrit contre le grand roi, mourut là littéralement rongé par les rats, ce qui prouve une fois de plus qu'il est très-malsain pour un gazetier de n'être pas de l'avis des gouvernants. En redescendant dans la grande voûte par où nous avions déjà passé, il me semblait que je n'aurais pas été trop surpris d'y rencontrer le spectre classique chargé de chaînes qui se promène dans tous les romans d'Anne Radcliffe, et qui gémit depuis vingt ans dans la *tour du Nord.* Je ne vis pas le spectre d'Anne Radcliffe, mais en sortant de la voûte j'aperçus cinq détenus attablés devant un broc rempli d'eau; ils trinquaient entre eux, et évoquaient sans doute par ce simulacre d'une bonne humeur rétrospective, le souvenir des boissons moins insipides qu'ils avaient savourées autrefois.

Le travail est la loi de la prison. On aperçoit, à travers un petit trou percé dans les portes, les détenus occupés sous l'œil du gardien. Il y a des ateliers de cordonniers et de chapeliers. L'atelier des tisserands est installé dans la salle des Chevaliers, dans cette salle où le nouveau frère d'armes de l'ordre recevait du roi le collier d'or orné de coquilles et d'un médaillon représentant la lutte de l'archange et du démon, avec la célèbre devise : *Immensi tremor Oceani*. Plaignons le sort des vieux châteaux qui ont survécu à leur gloire. Celui-là, un des plus illustres de la féodalité, a supporté tant d'assauts qu'on n'en sait pas le nombre; il fut pendant des siècles la sentinelle perdue de la France, et, pour le récompenser d'avoir été le plus glorieux des donjons, on le transforme en bagne sur ses vieux jours. Mieux vaudrait pour lui n'être qu'une ruine, il serait la ruine la plus majestueuse et la plus poétique de l'Océan !

Je ne sais plus qui a proposé de faire du Mont-Saint-Michel un musée. C'était une idée noble et généreuse. Oui, cette superbe forteresse, debout au milieu de la mer, devrait être, en effet, le Panthéon du moyen âge. Rassemblez les tombeaux dispersés, les armures, les écussons, tout ce qui se lie au passé chevaleresque et religieux de la France, peuplez ces voûtes de précieuses reliques, et vous aurez un monument unique, un monument que l'on viendra contempler de partout dans sa solitude et sa grandeur.

On doit bien penser que ces noirs souterrains, où l'on palpe les ténèbres, où l'on se guide de la main et du pied, ont leurs légendes comme les grèves dont je parlais tout à l'heure. Dans cette cellule, un prisonnier s'est suicidé ; dans ce couloir, un gardien a été étranglé ; par ici, un détenu a voulu s'échapper, et son corps, roulé de rocher en rocher, a été trouvé broyé sur la grève. Sombres histoires, lugubre épopée qui tient une place énorme dans le *boniment* du gardien chargé de diriger le visiteur à travers ce redoutable labyrinthe !

En sortant de la prison, je vis dans le vestibule de la conciergerie une dizaine de soldats à l'air si triste et si ennuyé, que je me disais qu'il fallait peut-être les plaindre plus encore que les prisonniers. Je m'approchai d'un jeune sergent pour allumer mon cigare à sa pipe, et je lui demandai s'il était depuis longtemps au Mont-Saint-Michel. « Il y a bientôt un an. — Je croyais que la garnison ne restait ici que trois mois ? — Ordinairement, me répondit-il en souriant avec tristesse, mais il paraît qu'on nous a oubliés. — Et comment passez-vous votre temps ? — Quand nous ne sommes pas de garde à la prison, nous allons à la porte du village, et nous voyons entrer et sortir les voyageurs ; quelquefois nous nous lançons sur la grève pour aller au secours des voitures et des chevaux enlisés ; cela nous occupe. — Est-ce que cela arrive souvent ? — Deux ou trois fois par semaine. Hier encore, une calèche était enfoncée de trois pieds dans les sables mouvants ; il a fallu vingt soldats pour la retirer. »

Je pris congé du sergent, et je descendis vers le village. La mer étant partie pendant notre visite à la prison, notre voiture avait pu traverser la baie, et était venue nous chercher. Le guide se lança en avant ; les chevaux le suivirent dans tous ses détours, et, la grève franchie sans obstacle, nous reprîmes au grand trot la route d'Avranches. Je me détournai pour jeter un dernier regard sur le fier édifice noyé dans les flots d'or du soleil couchant, et je murmurai ces vers d'un poëte anglais :

« Tes tours étaient tes gardes; ton trône de renommée était ta pyramide de rochers qui prend son essor vers le ciel, et sur ton front est encore la riche mitre gothique d'autrefois. Adieu, roi-ermite de la mer; adieu, baie sauvage et bleue de la Normandie! »

EDMOND TEXIER.

Cet article est extrait du délicieux livre d'Edmond Texier : *Les Choses du Temps présent* (chez Hetzel), livre bien nommé; car il est impossible de trouver ailleurs plus d'idées actuelles, des aperçus plus fins et plus justes. Parfois le moraliste se fait voyageur, et c'est au voyageur que nous avons demandé quelques-unes de ses pages charmantes.

A. D.

HISTOIRES D'ENFANTS

LA POUPÉE QUI PARLE

Elle est en cire : elle a des yeux d'un bleu céleste,
Une robe à volants, une toque et le reste.
Sa bouche aux dents de perles est ouverte à demi;
Son sourire est naïf et son regard ami.
Ce n'est qu'une poupée... Oh! non, c'est une femme,
Et l'artiste en son œuvre a su glisser une âme.
En doutez-vous? Habile à faire un compliment,
Elle modulera soit *Papa*, soit *Maman*,
D'une voix dont le son velouté vous pénètre,
A l'égal de la flûte ou du haubois champêtre,
Et, sans se fatiguer, elle répétera
Ces mots sous le ressort que le doigt pressera.

De ce charmant objet tout rempli de mystère
L'heureuse Léontine est la propriétaire.

D'abord, elle a cherché vingt noms à lui donner...
Aucun n'est assez beau. — Puis, elle veut l'orner
D'un collier de corail, d'un manchon et d'un voile,
Elle saute de joie et bénit son étoile.
Avoir une poupée — où plutôt une sœur,
Une compagne ayant un langage, ô douceur!
Ce n'est pas un inerte et stupide automate
Qui porte du carmin sur une face plate,
Et qui, sous le pinceau d'un obscur artisan,
A la hâte ait reçu l'affront d'un teint luisant...
C'est mieux : c'est la Beauté qui respire la vie!
L'enfant s'enorgueillit d'exciter de l'envie.
Hélas! petits ou grands, c'est notre faible à tous ;
Chacun n'aime rien tant qu'à faire des jaloux.

Cependant, toute joie humaine est passagère,
Et l'heure du plaisir a l'aile bien légère.
D'où vient que Léontine a des larmes aux yeux
Et laisse s'incliner son front tout soucieux?
La poupée est gisante... on ne lui fait plus dire
Les mots qu'accompagnait son innocent sourire.
L'enfant, d'un regard morne, embrasse cet objet
Qui de ses vifs transports fut le digne sujet.
— Qu'as-tu donc? lui demande avec bonté sa tante.
— Rien. — Mais encore? — Eh bien, je ne suis pas contente.
— Quoi nous t'avons donné ce cadeau d'un tel prix...
Ta poupée! En est-il de semblable à Paris?
— Sans doute ; mais hier mon petit cousin Charle
M'a dit : « Tu ne sais pas, toi, comment elle parle? »
Je voudrais le savoir, et je le saurai, na !

La tante, qui riait sous cape, s'éloigna,
Mais Léontine avait juré de tout connaître...
Elle prend des ciseaux... l'acier tout droit pénètre
Jusqu'au milieu du corps de la poupée, et fait
Un dégât furieux dans cet être parfait.
Léontine, en pressant le ressort, examine
Ce chef-d'œuvre amputé, cette triste ruine ;
Le ressort n'agit plus... Ni *Papa* ni *Maman*
Ne résonneront plus dans un gazouillement...
C'est fini! L'âme a fui, la parole est éteinte,
Et l'enfant court cacher et ses larmes et sa crainte.

Tout n'est autour de nous que mystère et secrets.
Ne portez pas au loin des regards indiscrets ;
Ne soulevez jamais, d'une main téméraire,
Le voile mis par Dieu ; la trop vive lumière

Éblouirait vos yeux ; et c'est par le savoir,
Par le travail, que Dieu vous ordonne de voir.
Votre attente, par là, ne sera point trompée,
Et vous ne ferez pas de mal à la poupée.

ALFRED DES ESSARTS.

LA BATAILLE

La bataille, c'est la vie : *Vita hominis militia est;* traduisez, vous qui apprenez le latin, et faites votre profit de cet axiome qui, par malheur, sera éternellement vrai.

A peine les jeunes garçons sentent-ils leurs jarrets solides et leurs poings fermes, qu'ils inaugurent les jeux de la guerre. Voyez ces deux camps formés de bambins résolus ; un air belliqueux se lit sur tous les visages ; des cris de défi sont jetés au vent ; des appels sonores retentissent ; on s'observe, on se mesure. Presque toujours il y a les Français et les Anglais, — quand il n'y a pas les Prussiens.

— Moi, je serai le général. — Non, ce sera moi. Querelle équivalente aux escarmouches qui précèdent le combat. Après le général, on nomme les capitaines. Personne ne veut être caporal.

Et alors s'engage l'action. Hourrah ! en avant ! Des bousculades ont lieu, des charges à fond de train ; les sabres de bois cognent d'estoc et de taille ; il y a des meurtris qui pleurent et se souviennent d'invoquer leur maman ; il y a des prisonniers qui gémissent ; il y a des victorieux qui chantent : *Eh ! allez donc, Turlurette !*

Ce serait un miracle si les Français n'étaient pas vainqueurs sur toute la ligne.

Pendant ce temps, les demoiselles, plus paisibles, jouent aussi à la *bataille.* Ici, le champ de la lutte est la table de famille ; les armes sont des cartes.

Mais parce qu'on est assise, parce qu'on tient seulement des cartes dans ses petites mains, s'ensuit-il qu'on ait moins d'ardeur et d'opiniâtreté ? Oh ! là aussi l'affaire est chaudement menée ; il suffit de voir comme les yeux brillent, comme les jeunes cœurs palpitent lorsque, sur un monceau de cartes, va tomber à l'improviste un as qui emportera le tout !

Cette bataille-là est encore l'image de la vie.

Les cartes vulgaires cèdent au *Valet*; le valet est un officier subalterne qui a bien son mérite, mais qui doit céder le pas lorsqu'arrive une *Dame* ou princesse. La dame, à son tour, s'efface devant un *Roi*. Le roi est en effet un bien grand sire, et malheur à qui lui résiste. Pas du tout : l'*As* vient fondre sur ces valets, ces dames et ces rois; ils disparaissent dans une débâcle commune.

L'As représente les événements qui triomphent de la volonté humaine et renversent aussi bien les trônes que la tempête fait écrouler la cabane du pauvre.

Donc, mesdemoiselles, votre jeu de la *Bataille* n'est pas un simple amusement : c'est une leçon de philosophie. Quel est le sage qui a inventé ce jeu? Son nom nous échappe, mais son œuvre est restée. Profitez-en, riez, amusez-vous..... mais n'oubliez pas que l'As n'est jamais bien loin.

PALAMÈDE.

QUATRE FRANCS ET QUATRE SOUS

Fable en prose

Il y avait à Paris deux petits garçons de dix à douze ans, dont l'un était si aimable que tout le monde l'appelait le *bon petit Jean,* et l'autre si méchant qu'on ne le nommait que le *mauvais petit Jacques*. Or, la marraine de Jacques était riche, et celle de Jean était pauvre, et il arriva que, chacun d'eux étant allé souhaiter la bonne année à sa chère marraine, le premier eut quatre francs pour ses étrennes, et le second quatre sous seulement.

Les deux enfants se rencontrèrent un moment après avoir reçu ces cadeaux, et Jean, qui était d'un caractère gai et ouvert, aborda Jacques et lui montra joyeusement ses quatre sous, fort charmé d'un tel présent; mais Jacques se moqua de lui, et tirant de sa bourse ses quatre francs, les étala avec orgueil, et lui demanda ce qu'il pourrait faire de quatre sous et quels plaisirs, avec une pareille somme, il espérait se procurer? Puis, sans attendre sa réponse, il fit une pirouette et lui tourna le dos, le plantant là fort peu poliment. Jacques n'était pourtant pas foncièrement méchant; mais c'était un enfant très-gâté, et il paraît que sa subite opulence venait encore de lui endurcir le cœur, car il avait fait cette réflexion : que s'il emmenait Jean se promener et se divertir avec lui, il serait obligé de lui donner une part de tout ce qu'il achèterait de beau et de bon, au lieu que son petit compagnon ne pourrait rien lui offrir en retour. Aussi, comme on vient de le voir, s'était-il empressé de le quitter, se promettant bien de s'amuser seul de toutes façons.

Il commença par entrer à un spectacle qui se trouva sur sa route ; mais il y en avait deux tout près l'un de l'autre, et, par malheur, croyant aller à des marionnettes, où, pour dix sous, il eût réellement pris un peu de plaisir, il entra dans un endroit où l'on jouait des choses si fort au-dessus de sa portée qu'il s'y ennuya extrêmement, sans compter que le prix des places était moitié plus considérable : deux désagréments qu'il n'eût pas eus avec Jean ; d'abord parce que celui-ci était bien moins étourdi, ensuite que, plus savant, il eût mieux lu l'affiche. Toutefois, en sortant de ce théâtre, notre richard entra aux vraies marionnettes ; mais on baissa le rideau un moment après, en sorte qu'il en fut encore pour dix sous sans avoir presque rien vu (1) ; ce qui le dégoûta tellement et le mit de si mauvaise humeur qu'il passa devant des salons de figures de cire, des chevaux de bois et bien d'autres jeux, sans vouloir s'en donner le divertissement.

Il y avait déjà quelque temps qu'il cheminait assez tristement par les rues quand il vit venir à lui une troupe de petits mauvais sujets qui lui demandèrent l'aumône. Aussitôt il prit dans sa poche une poignée de menue monnaie, et la jeta au milieu de ces garnements, lesquels se précipitèrent dessus et se livrèrent bataille pour la ramasser, et comme le résultat de ce combat fut des genoux meurtris, des yeux pochés et des mains égratignées, tous se répandirent en malédictions contre l'auteur de leurs maux, et l'un des pires de la bande lui lança, en s'enfuyant, une pierre qui, fort heureusement, ne fit que lui effleurer l'épaule. Jacques, bouillant de colère, se mit à la poursuite de son agresseur ; mais il ne put parvenir à l'atteindre et fut obligé d'y renoncer après s'être mis en nage. Cette aventure fut cause qu'il se promit de ne plus faire la charité à personne. — « Certes, se dit-il, je ne serai pas si bête une autre fois, et des trente sous qui me restent, je vais m'acheter des joujoux et des gâteaux ; en cela, du moins, je ne trouverai pas de mé-

---

(1) Si l'auteur était jamais venu à mon théâtre, il saurait que j'ai toujours eu la délicatesse de ne faire payer les places que dix centimes. *(Note de Guignol.)*

comptes. » Il marcha donc dans ce dessein jusqu'à ce qu'il rencontrât un magasin de jouets où, étant entré, il fit emplette d'un tambour qui lui coûta quinze sous ; puis il s'en alla battant dessus de toutes ses forces. Il n'avait pas fait cent pas que le tambour était déjà tout crevé ; aussi, quelques minutes après, le jeta-t-il de dépit, et, charmé de se trouver près d'un pâtissier, il y acheta pour ses derniers quinze sous une tarte à la confiture qui avait une mine tout à fait appétissante. Il la portait à ses lèvres, quand, apercevant au travers des vitrines, le mauvais petit garçon qui l'avait frappé, il la laissa retomber sur le comptoir et s'élança d'une telle impétuosité qu'il en cassa un carreau.

Or, chers lecteurs, vous savez le proverbe : « *Qui casse les verres les paie.* » Il paraît que la pâtissière le savait aussi. Elle arrêta M. Jacques par sa blouse et lui dit que, s'il ne payait pas le carreau, elle le ferait mettre en prison. — « Quel en est le prix ? demanda-t-il tout tremblant. — Vingt sous. — O mon Dieu ! je n'en ai que quinze. — Je m'en contenterai ; heureusement que vous n'aviez pas encore touché à ma tarte. Allez, je vous fais grâce du surplus. »

Jacques s'en alla en effet, bien triste, bien humilié. Il s'assit sur une borne, où il se mit à pleurer de chagrin et de honte. Ce fut là que petit Jean le retrouva.

En le voyant si affligé, ce charmant enfant oublia tout de suite combien il avait à s'en plaindre, et s'étant approché, il lui demanda amicalement la cause de sa peine. Mais Jacques le pressa auparavant de lui dire ce qu'il avait fait depuis le matin, et comme, par modestie, il ne le fit que très-brièvement, c'est moi qui vais, mes petits amis, vous le raconter à sa place plus en détail.

Le pauvre enfant était d'abord, comme vous le pensez bien, resté un peu étourdi de la façon dont Jacques l'avait quitté ; mais il en avait pris son parti promptement, et s'étant assis sur un banc qui se trouvait à quelques pas, ils s'était mis à réfléchir à la manière dont il emploierait son trésor.

« Voyons, dit-il, pour commencer : un sou au premier pauvre infirme que je trouverai... maman dit toujours qu'il faut avant tout mettre de côté la part des pauvres, d'abord parce que c'est un devoir, puis aussi parce que cela porte bonheur. Ensuite, trois centimes de mouron pour mon petit moineau. Pauvre pierrot ! il n'en a pas souvent ! Oh ! comme il va être content ! Et moi, donc, comme je le serai en lui voyant agiter de plaisir ses petites ailes !... »

Jean allait passer au troisième article de son budget, quand, levant les yeux, il vit une petite fille qui pleurait à chaudes larmes en cherchant quelque chose dans la poussière. « Qu'avez-vous perdu? lui demanda-t-il. — C'est, dit-elle, une plume métallique avec laquelle j'écris à l'école. Je n'en ai point d'autres; elle était dans ma poche; apparemment qu'en tirant des dragées que l'on venait de me donner, je l'aurai fait tomber par terre. C'est congé aujourd'hui; mais demain il faudra aller en classe, et bien sûr je serai mise en pénitence. » Puis elle recommença à pleurer, et petit Jean, ne pouvant venir à bout de la consoler, lui demanda ce que coûtait cette plume. « Je crois, dit-elle, que c'est deux centimes. » Alors il lui mit deux centimes dans la main, et la petite fille ne pleura plus, et elle le remercia tant que ce fut presque lui qui pleura de joie.

Dès qu'elle se fut éloignée, il songea à ce qu'il ferait des deux autres sous, et s'étant rappelé que sa maman disait qu'il fallait garder quelque chose pour les dépenses imprévues, il en mit un en réserve à cette intention; après quoi, il décida que le dernier serait employé à son plaisir.

Petit Jean ayant ainsi tout réglé, se mit à se promener, et comme le premier malheureux qu'il rencontra fut un pauvre vieillard aveugle, il alla déposer bien respectueusement la part du pauvre dans son chapeau, et l'aveugle le bénit; et la voix de ce brave homme était si émue, et ses paroles si paternelles, qu'elles remplirent l'âme de son jeune bienfaiteur de la plus douce émotion. L'heure sonna dans ce moment. Petit Jean l'écouta avec attention, puis, ayant remarqué que celle où sa mère lui avait dit de revenir approchait, il reprit le chemin de son domicile, car petit Jean n'oubliait jamais les recommandations de sa mère.

Il revenait tout doucement, en pensant combien il avait été heureux ce jour-là, quand il se trouva près du pont des Arts, et entendit une pauvre femme, qui semblait au désespoir, s'écrier : « Oh ! mon Dieu ! mon Dieu ! si j'avais un sou, j'arriverais peut-être » à temps pour le voir ! Oh ! mon Dieu ! il sera mort quand j'arri- » verai ! »

Petit Jean devina tout de suite que cette femme avait un fils, que ce fils se mourait à l'hôpital, qu'elle ne le verrait peut-être pas, faute d'un sou, et il s'élança comme un trait, en jeta un sur le bureau du receveur, et la pauvre femme passa ; et petit Jean eut une joie si vive qu'il n'en avait jamais senti de pareille.

C'était quelques minutes après, ainsi que nous l'avons dit plus haut, qu'il avait rencontré petit Jacques se lamentant sur une borne.

Quand tous les deux se furent fait leur confession, ils se mirent ensemble à cheminer pour retourner chez leurs mères. Dans ce trajet, le hasard les fit passer devant une marchande de galette. Petit Jean, qui avait encore un sou, y entra, en acheta une belle part, et vint en offrir la moitié à petit Jacques. « Non, dit celui-ci, ce sou a été destiné à votre plaisir. — C'est précisément pour cela, répondit petit Jean, que je veux partager ce gâteau avec vous. » Alors Jacques lui sauta au cou et lui dit : « Vous êtes cent fois meilleur que moi ; eh bien ! puisque vous êtes l'ami du bon Dieu, priez-le pour qu'il me rende bon comme vous. » Jean le lui promit, et ils s'embrassèrent, et s'étant passé leurs petits bras autour de la taille, ils revinrent chez leurs mamans les meilleurs amis du monde.

Et depuis, chacun les a appelés le *bon petit Jean* et le *bon petit Jacques*.

N'oubliez pas, chers petits lecteurs, qu'avec quatre francs, Jacques n'a réussi qu'à faire du mal aux autres et à lui-même ; qu'avec quatre sous, Jean a empêché qu'une petite fille ne fût punie, assisté un pauvre vieillard, adouci le sort d'une malheureuse mère, corrigé un camarade, et, de plus, acquis un ami. Imitez-le, mes chers petits, imitez-le : il n'y a de vrai plaisir qu'à être bon et à faire le bien.

Mme ADÈLE CALDELAR.

POÉSIES

NE TOUCHEZ PAS A L'ENFANT

La foi, la loyauté, la pudeur, l'innocence,
Sont dans le cœur humain comme une exquise essence.
Que par le moindre choc le flacon soit fêlé,
Le précieux parfum est bien vite envolé !
Oh ! laissons à l'enfant sa candeur jeune et fraîche,
Cette fleur qui veloute ou la prune ou la pêche,
Ce duvet délicat, virginité du fruit,
Qu'on ne saurait frôler sans que tout soit détruit.
Ce glacis de vapeur de la grappe dorée,
Cet éclat de pastel, poussière colorée,
Voile mince et subtil, à s'en aller tout prêt,
Réseau fin et ténu qu'un souffle enlèverait,
Enveloppe si frêle et si bien nuancée
Qu'on tremble d'y toucher, même de la pensée !

Amédée POMMIER

Menneval

Pas de neige encor, pourtant c'est l'hiver.
La colline, au loin, se découpe nue
Sur un ciel épais couleur gris de fer,
Où, frileuse, passe une maigre nue.

Une feuille jaune apparaît dans l'air
Comme un papillon de forme inconnue ;
Les pas, sur le sol, rendent un son clair
Qui fait tressaillir la noire avenue.

L'église plus loin montre son clocher
Où tourne, en grinçant, un vieux coq de fonte
Qu'un vent un peu fort pourrait décrocher.

C'est par le sentier rocailleux qui monte
Au pauvre clocher penchant, qu'autrefois
Nous allions cueillir les fraises des bois.

Albert GLATIGNY.

PETIT DICTIONNAIRE

DES ORIGINES ET DES INVENTIONS

S'il est une chose essentielle, c'est de pouvoir fixer ses idées sur une foule de faits qui échappent à la mémoire, ou qu'on ne rencontre qu'au hasard des lectures.

De ce nombre sont les *découvertes*, les *origines*, les *inventions*.

Qu'on demande brusquement à un savant : « Quand s'est-on servi d'épingles pour la première fois ? »

Ou bien : « Quand l'ananas a-t-il été introduit en Europe ? » Notre homme hésitera peut-être à répondre.

Donc, nous qui voulons être utiles et instruire tout en amusant, nous aborderons ce chapitre, et, sans nous y étendre outre mesure, nous ne le laisserons cependant qu'à la lettre Z. Tout l'alphabet y passera. PAMPHILE.

Rédacteur en chef : M. ALFRED DES ESSARTS.
Propriétaire gérant : M. DUPRAY DE LA MAHÉRIE.

THÉATRE
DE GUIGNOL

LE NAUFRAGE D'ARLEQUIN
Comédie en un acte.

(La scène se passe dans une île non marquée encore sur les cartes géographiques.)

PERSONNAGES

ARLEQUIN.
ASDRUBAL, chambellan.
PIED-DE-BICHE, grand-veneur.
PIERROT, cuisinier royal,
RAIL-WAY, pourvoyeur.
FARIBOLETTE, jeune parisienne.
SCARAMOUCHE.
TAPE-DUR.
FOUILLE-AU-POT, marmiton.
OGRES et OGRESSES

Un rivage. — De côté des rochers. — Au fond la mer, dans laquelle on voit Arlequin accroché à une planche.

SCÈNE PREMIÈRE

ARLEQUIN.

ARLEQUIN. — *(Il prend terre et se secoue comme un barbet.)* Ouf!... me voilà au port. Merci, grand Neptune : au plaisir de ne pas te revoir de sitôt. Hélas! mes amis n'auront pas eu ma chance... Il n'y a pas de planches pour tout le monde... Qu'es-tu devenu, intrépide Scaramouche; et toi, brave Tape-Dur, si renommé aux Jeux olympiques pour la boxe et la savate... Le flot qui t'emporta recule épouvanté. Tiens, je deviens tragique... Ce que c'est que d'être mouillé et d'avoir une faim de chien... *(Il regarde de tous côtés.)* Eh! mais, à propos de caniche, voilà une peau de chat qu'on semble avoir mise ici à sécher... Oui, mais quel chat!... un tigre domestique... *(Il s'approche en tremblant.)* Si ça griffait encore!... Soyons prudent; la prudence est la cuirasse des poltrons. *(Il prend la peau.)* Magnifique fourrure. Sangodemi! Cela me ferait un bon mac-ferlane... et pas de tailleur à payer. Oui, décidément, je vais mettre cette peau sur la mienne : les animaux sauvages me croiront un des leurs ; et comme ce ne sont pas des hommes, ils respecteront leur semblable.

SCÈNE II

ARLEQUIN, UN CHAT SAUVAGE.

Le chat sauvage apparaît au haut d'un rocher. A la vue d'Arlequin qui s'est couvert de la peau, il descend et va à lui.

ARLEQUIN, *épouvanté.* — O poveretto mi! Perdu, mon Dieu, perdu!

LE CHAT, *d'un air amical.* — Miaou, miaou, miaou.

ARLEQUIN, *à part.* — Ce chat me fait des avances. Je vais le flatter. *(Il s'approche du chat et dit d'une voix flûtée :)* Mimi, mimi, mimi.

LE CHAT, *se frottant contre Arlequin.* — Miaou, miaou, miaou.

ARLEQUIN, *à part.* — Est-ce que ça va durer longtemps? S'il m'adresse une question, je suis croqué !

Le chat mord doucement la peau d'Arlequin, puis il bondit vers un arbre où il grimpe.

ARLEQUIN, *à part.* — Imitons-le, de peur qu'il ne se fâche. Grimpons au mât de cocagne comme cet auvergnat océanien.

Il grimpe à son tour. — *Arlequin et le chat font plusieurs tours de passe-passe.*

SCÈNE III

ARLEQUIN, LE CHAT, ASDRUBAL, PIED-DE-BICHE. (Ils sont armés.)

ASDRUBAL, *à demi-voix.* — Le chat dont la tête a été mise à prix, ne doit pas être loin de ces parages. Poursuivons ce désagréable quadrupède; grand-veneur, à vous de tirer le premier.

LE CHAT. — Miaou, miaou.

ARLEQUIN. — Mi...mi...aou!

PIED-DE-BICHE. — Sac à papier !... est-ce que je vois double?... Le chat s'est donné un frère !...

ASDRUBAL. — Mille caroubiers ! c'est vrai. Deux primes pour une. En joue.....

ARLEQUIN, *criant.* — Pas feu !... ou bien visez l'autre !... c'est son état d'être tué.

PIED-DE-BICHE. — O merveille !... un chat qui parle !

ARLEQUIN. — Oui, messieurs, je parle... Je *blague* même au besoin.

ASDRUBAL. — Ne tirons pas. Ce chat savant fera notre fortune.

PIED-DE-BICHE. — Quoi ! renoncerais-tu à être chambellan ?

ASDRUBAL, *avec fierté.* — J'aime mieux être saltimbanque !

Arlequin descend de l'arbre. — *Le chat l'imite et se sauve.* — *Arlequin s'approche des deux insulaires et les caresse.*

PIED-DE-BICHE. — Oh ! le gentil animal ! l'aimable bête !

ARLEQUIN, *se dressant sur ses jambes.* — Bête vous-même. Nous n'avons pas brouté ensemble.

ASDRUBAL et **PIED-DE-BICHE,** *stupéfaits.* — O ciel !... en croirai-je mes yeux ?... — Un homme, un homme dans ces lieux !...

ARLEQUIN, *se débarrassant de sa peau et sautant.* — Dites-moi si jamais un chat — a fait un semblable entrechat.

ASDRUBAL. — Homme, il est vrai, mais pas très-beau. — D'où viens-tu donc, par Salammbô ?...

ARLEQUIN. — Messieurs, je m'appelle Arlequin.

ASDRUBAL. — Quelle bonne rime à coquin !

PIED-DE-BICHE. — Tu vivais?

ARLEQUIN. — A Paris.

PIED-DE-BICHE. — Qu'y faisais-tu?

ARLEQUIN. — Un peu de tout.

PIED-DE-BICHE. — C'est beaucoup.

ARLEQUIN. — Jamais, crois-moi, je n'ai travaillé que par amour de l'humanité.

ASDRUBAL, *riant.* — Ah ! le bon chat !...

ARLEQUIN. — Tantôt j'interrogeais le lit du ruisseau, pour voir s'il ne s'y trouvait pas de métal égaré ; tantôt j'assistais un bourgeois trempé par l'averse, en courant lui chercher un fiacre ; tantôt j'obligeais quelque curieux de spectacle en lui vendant une contremarque — plus cher qu'au bureau. Oui, j'ai fait de tout, et je m'en honore. Ma veste bariolée vous indique que j'eusse pu concourir à plus d'une rédaction politique. Enfin le gouvernement avait conçu à mon égard un zèle si paternel, que pour ne me laisser manquer de rien désormais, on m'avait embarqué avec deux cents braves garçons recommandés comme moi. Nous filions vers Cayenne !... délicieux voyage plein de chiourme... *(se reprenant)* plein de charme !... Crac, la tempête nous a crié : « Halte-là ! » Le vaisseau a fait la culbute ; mes amis ont fait le plongeon... J'ai aperçu une planche, je l'ai empoignée, comme ça... *(Il serre Asdrubal.)*

ASDRUBAL. — Eh ! eh ! pas si fort...

ARLEQUIN. — C'est pour vous faire sentir la chose. Je me suis mis à califourchon, et hop !... *(Il imite un écuyer qui fait galoper son cheval.)* Mais cette maudite planche bondissait avec une rage... Je suis sûr qu'elle avait le mors aux dents. Sangodemi ! j'aurais quelque peine à m'asseoir...

ASDRUBAL, *riant*. — Ha ! ha ! ha !

PIED-DE-BICHE, *riant*. — Hé ! hé ! hé !

ARLEQUIN. — Ho ! ho ! ho ! — Attendez ! voici le plus terrible. Des monstres marins voulaient me dévorer ; j'étais entouré de régiments de merlans qui ouvraient des gueules à faire trembler mes jambes.

ASDRUBAL et **PIED-DE-BICHE**, *riant*. — Hu ! hu ! hu !

ARLEQUIN. — Bref, j'ai abordé. Quelle chance ! Je salue vos dieux lares... et sans calembour, je saluerais volontiers aussi votre lard ; la faim me consume ; je désirerais bien m'annexer au moins un bouillon.

ASDRUBAL, *avec enthousiasme*. — Cet homme a faim ! cet homme veut dévorer ! c'est un glouton, un engloutisseur ! Il sera notre roi, le roi que nous attendions !

PIED-DE-BICHE, *du même ton*. — Il sera appelé à régner !

ARLEQUIN. — Oui, si vous m'offrez une couronne de galette, j'accepte avec ferveur.

ASDRUBAL. — Ecoute-moi attentivement.

ARLEQUIN. — Hélas ! ventre affamé...

ASDRUBAL, *le menaçant de son fusil*. — Ecoute, dis-je !... *(avec respect)* O mon roi. — Notre souverain est parti pour ne plus revenir ; tu comprends. L'homme a tellement besoin d'un maître, que notre liberté nous pèse. Donc, comme les prétendants voulaient se manger réciproquement...

ARLEQUIN. — Se manger... au figuré?

ASDRUBAL. — Non, à la croque-au-sel, nous sommes convenus de mettre sur le trône le premier étranger qui aborderait ici. Par conséquent vous devez être notre roi.

ARLEQUIN. — J'y consens, s'il y a des vivres.

PIED-DE-BICHE, *avec un sourire mystérieux*. — S'il y en a !... Tant qu'il existera des hommes, il y aura de quoi manger. Ici, nous faisons chaque jour des repas... de corps.

ARLEQUIN. — Ce logogriphe m'échappe.

ASDRUBAL. — Ne perdons pas de temps. Pied-de-Biche, courez aux cabanes, et annoncez que la mer nous a envoyé un roi.

(Pied-de-Biche s'éloigne.)

SCÈNE IV

ASDRUBAL, ARLEQUIN

ARLEQUIN. — Reviendra-t-il avec mon dîner?

ASDRUBAL. — Soyez donc tranquille, Majesté. Dans ce pays on ne vit que pour manger.

ARLEQUIN. — Quelle chance !... Mais comment s'appelle votre peuple?

ASDRUBAL. — Les Ogres.

ARLEQUIN. — C'est baroque ; et vos femmes, quel est leur nom?

ASDRUBAL. — Ogresses.

ARLEQUIN. — Cela sonne mal.

ASDRUBAL. — Ecoutez !... voilà qui sonne mieux !...

Bruit de tambour, fifres, crécelles et mirlitons.

CHŒUR D'OGRES, *au dehors :*

Loula ! loula ! tapanira !
Loulou ! loulou ! Ieraguïou !

ASDRUBAL. — Quelle douce harmonie!
ARLEQUIN. — Oui, ça fait frémir.

SCÈNE V

LES MÊMES, OGRES ET OGRESSES, coiffés de plumes et costumés en sauvages (comme à Paris au Mardi-Gras). Ils chantent et dansent tout à la fois.

CHŒUR.

Loula! loula! tapanira!
Loulou! loulou! Ieraguïou!

ARLEQUIN, *les contrefaisant*·

Tapanira!.... Ieráguïou!....

Les Ogres se prosternent devant Arlequin ; puis, en signe de joie, ils se frottent mutuellement le nez.

UN VIEILLARD S'AVANCE :

Nimakmaula, Kir Oghima.

LE CHŒUR.

Nimakmaula, Kir Oghima.

ARLEQUIN. — Que diable me chantent-ils là? on dirait du *Tannhauser*.
ASDRUBAL. — Cela signifie : « O Roi, nous te saluons. »
ARLEQUIN. — Messieurs mes sujets, votre très-humble serviteur. (*A Asdrubal*) Quand dînerai-je?
ASDRUBAL. — Minute... L'air n'est pas fini.
ARLEQUIN. — Prendre l'*air* c'est bien, mais......·

LE CHŒUR.

Chinchita, nimita!
Nimita, chinchita!

Les Ogres enlèvent Arlequin et le posent sur un brancard. Sortie solennelle exécutée avec des danses folichonnes et des hurlements de joie.

SCÈNE VI

PIERROT, revêtu des insignes de cuisinier. — DEUX MARMITONS

PIERROT. — Fouille-au-pot, vas avertir le pourvoyeur que nous jouissons d'un nouveau roi. Or comme tout roi nouveau demande à être engraissé, ledit pourvoyeur n'a qu'à mettre au plus vite ses bottes de sept lieues pour courir à la recherche de la chair fraîche.
FOUILLE-AU-POT. — Où doit-il l'aller prendre? en Espagne?
PIERROT. — Non. Je n'ai pas été content de l'Andalouse qu'il rapporta l'autre jour: elle sentait trop l'ail.
FOUILLE-AU-POT. — Ira-t-il en Hollande?
PIERROT. — Non. C'est trop gras.

FOUILLE-AU-POT. — En France?

PIERROT. — Non : il y a pêché, la semaine dernière, un boursicoteur véreux et un poëte élégiaque d'une maigreur transparente.

FOUILLE-AU-POT. — En Russie?

PIERROT. — Non, non. Il y a enlevé un cosaque qu'il a fallu faire bouillir quarante-huit heures, tant il était coriace. Tenez, j'entends le roi qui a déjà fait le tour de l'île. Sa Majesté indiquera elle-même le menu à Rail-way.

SCÈNE VII

PIERROT, ARLEQUIN, qu'on rapporte sur le brancard, ASDRUBAL, PIED-DE-BICHE OGRES et OGRESSES

ARLEQUIN. — Assez, assez. J'étais encore mieux sur ma planche. — O ciel! cet homme ne s'est-il pas appelé Pierrot?

PIERROT. — Oui, Sire, dans le temps où je bâillais « au clair de la lune ; » un temps où mon maître me nourrissait à coups de bâton. Maintenant je suis cuisinier royal ; je me nomme Crocodillos, et j'ai rompu avec la civilisation européenne pour passer à la douce condition d'ogre ; j'ai fui ces pays inhospitaliers où les prisons poussent comme du chiendent, où depuis le garde-champêtre jusqu'aux gendarmes, il y a toujours quelqu'un pour arrêter l'honnête homme qui veut s'instruire.

ARLEQUIN. — Comment?

PIERROT. — Sans doute. J'étais épris de la botanique : eh bien, on trouvait mauvais que j'allasse étudier de près les fruits des vergers. Un jour, j'eus fort affaire parce que, dans mon esprit d'examen, j'avais voulu comparer avec la forme de mon porte-monnaie avec celle de quelques autres que des bourgeois recélaient dans leurs poches. On ne m'a pas rendu justice..... Ou plutôt je n'ai pas attendu qu'on me la rendit.

ARLEQUIN. — Pauvre garçon! mais comment avez-vous fait le voyage?

PIERROT. — Par le firmament. Je me trouvais un jour près de M. Godard qui allait monter en ballon et demandait un compagnon d'aventures, un brave à trois poils. Je m'élance dans la nacelle, je coupe la corde et me voilà parti tout seul. Pour me désennuyer j'ai dormi dans les nuages..... et je suis tombé ici où j'occupe enfin une position sociale digne de moi.

ARLEQUIN. — Cet homme est fort. Mais en voici bien un autre?... Quel est cet obélisque?

SCÈNE VIII

LES MÊMES, RAIL-WAY, géant qui a deux boîtes immenses. Il bondit par dessus la tête d'ARLEQUIN, qui, de frayeur, tombe à la renverse.

RAIL-WAY. — Je suis le pourvoyeur de Votre Majesté, Rail-Way l'infatigable.

ARLEQUIN. — Il m'a pourvu d'un fier frisson.

PIERROT. — Rail-Way, le roi a faim. Courez chercher quelque morceau digne de sa bouche.

RAIL-WAY. — Si. Yes. Ya.

ASDRUBAL. — Que ce soit délicat.

RAIL-WAY. — Oui.

PIED-DE-BICHE. — Frais et appétissant.

RAIL-WAY. — *Ita, bene.*

ASDRUBAL. — Sire, que choisissez-vous?

ARLEQUIN. — Eh! pardieu, ce qu'il voudra, pourvu que ce ne soit pas long.

ASDRUBAL. — Le temps de donner un coup de pied en Europe, et il revient. Pars, Rail-Way, imprime un train *express* à tes bottes.

(*Le pourvoyeur sort en deux enjambées, Pierrot et les marmitons le suivent de loin.*)

SCÈNE IX

ARLEQUIN, ASDRUBAL, PIED-DE-BICHE

ARLEQUIN. — Ah! çà, m'avez-vous fait votre souverain pour vous moquer de moi? Prétendre qu'il va chercher mon dîner en Europe!

ASDRUBAL. — Certainement. La Chine ne lui aurait demandé que dix minutes de plus.

ARLEQUIN. — Messieurs les Ogres, vous êtes des farceurs.

PIED-DE-BICHE. — Se peut-il que Votre Majesté n'ait pas remarqué qu'il porte les bottes de sept lieues?

ARLEQUIN. — O ciel! les aurait-il prises à mon chat de tout à l'heure?

PIED-DE-BICHE. — Tel est le secret de sa célérité. D'un bond il franchit l'Océan.

ARLEQUIN. — Quel bond! quelles bottes!

ASDRUBAL. — Cet homme nous est indispensable : grâce à lui, nous n'avons jamais à craindre la disette. La disette n'est connue que des misérables qui travaillent. Il nous apporte de toutes les parties du monde ce dont nous avons besoin. Et tenez, que vous disais-je! Le voilà déjà de retour.

SCÈNE X

LES MÊMES, RAIL-WAY, tenant FARIBOLETTE; PIERROT

RAIL-WAY. — Chair fraîche! chair fraîche!

ARLEQUIN. — Qu'est-ce que c'est que ça?

RAIL-WAY. — Une jeune parisienne qui flânait. Voyant qu'elle n'avait rien à faire, je l'ai enlevée pour le service de Votre Majesté.

FARIBOLETTE, *pleurant.* — Maman..... maman.....

ARLEQUIN. — Elle m'émeut. Pauvre petite, rassurez-vous; j'aurai soin que vous ne manquiez pas de bonbons. On vous reconduira chez vous par l'omnibus.

PIERROT. — Sire, comment la trouvez-vous?

ARLEQUIN. — Gentille à croquer.

PIERROT. — C'est ça. A quelle sauce la mettrai-je?

ARLEQUIN, *lui appliquant un coup de pied.* — Impertinent! je t'apprendrai à rire avec ton maître.

PIERROT, *se frottant la place contusionnée.* — Jamais je n'ai eu moins envie de rire.

ASDRUBAL. — Votre cuisinier est très-sérieux. Il vous demande comment vous voulez manger cette demoiselle?

ARLEQUIN. — La manger? moi!... suis-je donc un *femmophage?*

ASDRUBAL. — Mais ici on n'a pas d'autre aliment que le bifteck humain.

ARLEQUIN. — Horreur!... Vous vous entre-mangez, scélérats?

ASDRUBAL. — Non, Sire; nous sommes trop bien élevés pour ça; on ne sert sur nos tables que de la chair étrangère.

FARIBOLETTE, *joignant les mains.* — N'est-ce pas, seigneur, vous ne me mettrez pas sur votre table?

ARLEQUIN. — Dieu m'en garde, et pour être sûr qu'on ne vous hachera point, j'ordonne à celui qui vous a prise de vous rapporter chez vous. (*A Rail-Way*) Va.

RAIL-WAY, *grommelant.* — Belle commission!... Me voilà compromis.

FARIBOLETTE. — Quel bonheur!... moi qui avais une stalle à la Gaîté pour ce soir! (*Rail-Way emporte Faribolette.*)

ARLEQUIN, *à Pierrot.* — Et toi, cuisinier de malheur, apprête-moi un bon haricot; et afin que je sois sûr de la viande que tu y mettras, apporte ici la marmite.

PIERROT, *d'une voix sombre.* — Oui, Sire, on l'apportera. (*A part*) Cet homme est encore trop civilisé.

(*Il sort.*)

SCÈNE XI

ARLEQUIN, ASDRUBAL

ASDRUBAL. — Sire, je suis inquiet, je suis consterné.

ARLEQUIN. — Pourquoi cela, mon cher chambellan?

ASDRUBAL. — Vous faites de l'innovation en méprisant la chair fraîche; c'est mal débuter.

ARLEQUIN. — Quoi! lorsque je rencontre un usage barbare.....

ASDRUBAL. — Qui donc est barbare, nous ou les Européens? Nous vivons en paix; vous n'estimez que la guerre. Nous mangeons quelques hommes, vous vous entre-tuez par cent mille, et vous élevez des monuments pour qu'on s'en souvienne. Quant à vos animaux domestiques, vous les faites servir à vos repas lorsqu'ils ont bien travaillé pour vous. Allez, sire, les Ogres sont les vrais philanthrophes.

SCÈNE XII

ARLEQUIN, ASDRUBAL, PIED-DE-BICHE, PIERROT, OGRES et OGRESSES

(*Quatre Ogres apportent une énorme marmite qu'ils placent au milieu du théâtre et sous laquelle ils mettent du feu.*)

ARLEQUIN. — Ah! je vais donc enfin dîner!

CHŒUR.

Ni Sakjamin Ohkima
Ni gorouskin ou nugma!

ARLEQUIN. — Encore du Wagner!... Quel est le sens de ce nouveau chœur?

PIED-DE-BICHE. — Il signifie que vos sujets vous révèrent.....

ARLEQUIN. — C'est leur devoir.

PIED-DE-BICHE. — Et que pour témoigner à quel point ils désirent être unis à vous, ils viennent ici avec l'intention de manger Votre Majesté.

ARLEQUIN. — Me manger ! moi !... Dites donc, grand-veneur, je comprends la plaisanterie ; mais celle-là est trop forte : je ne l'avale pas.

PIED-DE-BICHE. — Non, mais c'est vous qui allez être avalé. Ah ! vous ne savez pas quelle marque d'estime ils vous donnent.

ARLEQUIN. — Voulez-vous bien vous taire !... C'est stupide et illogique. S'ils mangent leur roi, qui les gouvernera ?

PIED-DE-BICHE. — Son souvenir... surtout s'ils l'ont trouvé tendre.

ARLEQUIN. — Je suis très-dur, messieurs ! Je suis maigre !... O ciel ! ils me flairent..... Ils me touchent..... Les gredins ! ils choisissent d'avance leur morceau !

LES OGRES.

Ni Sakjamin Ohkima !
Ni gorouskin ou nugma !

(Les Ogres enlèvent Arlequin et le plongent dans la marmite.)
ARLEQUIN, *criant.* — Au secours ! à la garde !

SCÈNE XIII

LES MÊMES, SCARAMOUCHE, TAPE-DUR, DEUX MATELOTS (ils ont le sabre au poing).

SCARAMOUCHE. — Fonçons sur les sauvages !... V'li ! v'lan ! j'cogne partout.

TAPE-DUR. — Gare que je passe !...

(Ils tombent sur les Ogres et les mettent en fuite.)

ARLEQUIN, *reparaissant au bord de la marmite.* — Grâce ! grâce ! ça chauffe !

TAPE-DUR. — Attention ! v'là un de ces drôles qui risque sa tête.

SCARAMOUCHE. — Je vais la lui abattre proprement d'un coup de sabre.

Il veut couper la tête d'Arlequin qui esquive le coup en faisant le plongeon. Ce lazzi se répète trois ou quatre fois.

TAPE-DUR, *le reconnaissant.* — Eh mais..... cette binette..... c'est Arlequin.....

SCARAMOUCHE. — C'est vrai... ton *objectif* ne t'a pas trompé. *(A Arlequin.)* Que fais-tu donc là, camarade ?

ARLEQUIN. — Je règne... mais si vous ne me tirez de ma marmite, je serai bientôt un sire cuit.

SCARAMOUCHE et **TAPE-DUR,** *riant.* — Ah ! ah ! ah !...

(Ils l'enlèvent de la marmite.)

ARLEQUIN. — Soyez bénis !...

(Il veut les embrasser.)

SCARAMOUCHE. — A bas les pattes !... Il est trempé !...

ARLEQUIN. — Hélas ! dans un seul et même jour, l'eau froide de la mer et l'eau bouillante des ogres...

SCARAMOUCHE. — Quoi ! il y a des ogres ici !... Je croyais les avoir tous laissés à Paris où l'on se dévore par la concurrence...

ARLEQUIN. — Ils m'avaient fait leur roi : j'étais flatté, espérant vivre des sueurs du peuple ; mais dès que c'est de moi qu'on veut vivre, le métier ne vaut plus rien.

SCARAMOUCHE. — A pas peur. Tout va changer. Tape-Dur, attention à la manœuvre. *(Il enfle sa voix.)* Mille millions de cartouches ! Ogres et ogresses, avancez à l'ordre !... Le premier qui mangera de son semblable périra de ma main !... Pour être sûr que vous ne toucherez plus à de la chair fraîche, le roi et moi vous abonnons aux restaurants à trente-deux sous du Palais-Royal!...

(Les ogres arrivent en se courbant.)

ASDRUBAL et **PIED-DE-BICHE**. — Pardon, sire! pardon, nobles étrangers!

ARLEQUIN, *avec dignité*. — Je vous amnistie ; mais... renversez la marmite. . Pierrot, je te confirme dans ton emploi...

PIERROT, *fièrement*. — Et moi, je donne ma démission. *(A part.)* Il va manger du veau et de la salade!... Les rois s'en vont !...

Deux ogres renversent la marmite. — Les autres s'agenouillent devant Arlequin et ses amis. Pierrot dans son coin fait mine de vouloir tuer le roi avec son couteau de cuisine, mais le chat sauvage reparaît, image visible de la Providence; il bondit sur le féroce cuisinier et emporte ce traître, — afin que le crime soit puni tandis que la vertu est récompensée. — TABLEAU.

FANTASIO.

CAUSERIE

Comment osons-nous, chroniqueurs que nous sommes, — et le nombre en est grand, — inscrire ce mot fallacieux? Qui donc aujourd'hui songe à *causer*, si ce n'est les pauvres donneurs de nouvelles, lesquels s'escriment à causer avec le papier ?

Ils s'imaginent engager un dialogue. Ils ne font que du monologue, comme les héros de tragédie.

Ils mettent devant eux la lanterne de Sosie : allez voir que la lanterne use sa mèche à leur répondre.

Chers confrères, regardons-nous sans rire, — si c'est possible, — et avouons-nous mutuellement que le mot de *causerie* est dépourvu de sens, à moins qu'on ne l'applique à l'aimable et incessant duo de la bouche et du cigare.

Les soirées de famille ennuient nos jeunes gens; il y a toujours ce boulevard des Italiens avec ses mille amorces et ses cafés qui sont le caravansérail du monde entier. Jadis on se formait aux belles façons et à l'honnête langage dans la conversation des douairières... Fi donc ! maintenant les douairières en sont réduites à jouer le whist avec des notaires et des colonels en retraite, ou à converser avec leur king's Charles. La causerie, telle qu'on la pratiquait au siècle dernier dans les salons de madame Geoffrin et de madame du Deffant, est morte, à moins que vous ne décoriez de ce noble titre, un jargon impossible qui s'est introduit partout.

Ainsi, écoutez ce jeune homme en cravate blanche et gants paille, disant à cette jeune femme élégante : — C'est *chic!*

Traduction : — C'est beau.

Cet autre dit, d'un de ses amis qui a bu trop de vin de Champagne : — Il est *paf!*

Traduction : — Il est gris.

Cet autre, apercevant un monsieur grave et décoré, mais dépourvu de cheveux, s'écrie : — Oh ! c'te *balle!*

Traduction : — Oh ! cette tête !

Un petit théâtre s'appelle un *bouig-bouig.*

Les Délassements-Comiques sont devenus les *Délass-Comes.*

Et puis, par surcroît, est arrivé l'idiome *turf.*

On ne s'amuse plus, on *entraîne*; on ne se livre plus au plaisir, mais au *sport*. La vie n'est plus un voyage, mais un *steeple-chase*. On ne montre plus ses talents, on en fait l'*exhibition*. Polichinelle lui-même y a perdu son nom : il est baptisé *Punch*. C'est bien plus anglais.

Sont venus enfin les chemins de fer, pour achever de nous *britanniser*. La ligne ferrée, c'est le *rail*; la voiture, c'est le *waggon*; la locomotive s'accouple au *tender*; le chargement s'appelle *ballast*; et le dépôt des marchandises, le *dock*.

Deux livres sont urgents : 1° le dictionnaire de l'argot parisien ; 2° le *Pocket* du langage franco-anglais, à l'usage des *entraîneurs, sportmen, riders, countrydancers, eaters, waiters, footmen, stablemen, jockeys,* etc., etc. Les *milliners* en ont besoin ; les *taylors* ne peuvent plus s'en passer. L'Académie fondera, pour ces ouvrages de linguistique, des prix qui étonneront l'ombre de feu M. de Montyon ; mais M. de Montyon en a vu bien d'autres.

Tout jeune *dandy* qui n'a pas deux idées en français aura la ressource de s'écrier poétiquement : *Finest indeed! oh! very beautiful!*

Cependant déclarons, à la honte du sexe faible, qu'aujourd'hui il préfère le langage *chic*, et que même il se le permet !...

Ici j'autorise mes lecteurs et lectrices à se voiler la face.

Art des transitions, si familier à Henry de Pène, Albéric Second, Jules Lecomte, Edmond Texier, et autres causeurs réduits à causer avec eux-mêmes, viens à mon secours.

Si je parlais *mariages* comme ces messieurs si bien informés ? Ils sont de toutes les noces ceux-là. Autrefois ils n'y eussent pas suffi, quand il y avait encore des noces ; c'est-à-dire quand la *self-respectability* permettait aux familles de dépenser largement de l'argent pour fêter à la gauloise un jour de joie et de bonheur ; quand on était encore assez naïf pour croire que les amis devaient être conviés, et qu'il n'était pas malsain de danser par dessus un grand repas.

Oh ! le bon temps où l'on s'amusait tous ensemble, une fois dans sa vie !

Aujourd'hui, après la cérémonie nuptiale, les invités montent en voiture ; les amis s'en retournent chez eux ou à leurs affaires : on s'est complimenté, salué, on se sépare. Bonsoir aux violons ! et vous, bouchons, vous pouvez dormir tranquilles.

C'est le genre suprême, — *genuine superior fashion*; — mais c'est diablement gobseck... Tiens, je commets aussi de l'argot : *gobseck*, traduisez : avare.

Cependant Henry de Pène, Albéric Second, Jules Lecomte, Edmond Texier ne se découragent pas. L'orgue suffit à leur constance ; la vue du bedeau remplace agréablement pour eux celle du restaurateur. Bien plus, ils se complaisent à annoncer des unions aristocratiques : Mademoiselle L... et M. le comte E... de B.... — Lady S. W. C... et le vicomte R.... — M. le chevalier d'A... et mademoiselle G... Millions sur millions, Pélion sur Ossa... Fortunes solides, d'autant plus solides qu'elles pratiquent l'économie dès le premier jour et que l'article *noces et festins* est rayé du budget.

Seulement, je prie mes honorables confrères de se laisser moins éblouir par l'or... d'autrui, et de daigner parfois annoncer quelque mariage où la future ait dans sa corbeille 500,000 francs de vertus et de talents.

Voilà la fortune solide...

Il est vrai qu'elle ne permet que d'être heureux et non de mener le genre *high life*.

GUIGNOL.

MONSIEUR MAYEUX

I

Il y a bien longtemps de cela — (il semble qu'il y a cent ans), — au mois de juillet 1830, on se battait dans les rues de Paris. Nous connaissons l'histoire d'Abel et de Caïn, mais elle ne nous a pas désappris la guerre civile. Les balles sifflaient, le canon grondait, les hommes tombaient.

Les Suisses et la garde royale se défendaient dans le Louvre, que les révoltés attaquaient. Mais ce n'est pas de l'histoire que je raconte, c'est une histoire. Il faut que je vous présente mon héros.

Mon héros est un triste héros, direz-vous ; mon héros est un petit homme laid et difforme, un bossu, quelque chose comme un Quasimodo de la rue ; mon héros est M. Mayeux.

M. Mayeux était dans sa chambre, pendant les journées de Juillet. Il habitait, je crois, la rue des Prêtres, à côté de l'église Saint-Germain-l'Auxerrois : c'est dire qu'il se trouvait bien près de la fusillade. Il entendait les cris des blessés et les râles des mourants. Cela lui faisait peine, en vérité. Il marchait vivement, allait et venait par sa chambre. Il fronçait le sourcil, frappait du pied, s'arrêtait parfois et disait :

— Les malheureux ! les malheureux ! Sont-ils devenus fous ? Pourquoi ce sang ? Et pourquoi ces meurtres ? Maudites soient les révolutions !

M. Mayeux se parlait ainsi, à lui-même, lorsqu'il réfléchit qu'il pourrait peut-être, en descendant dans la rue, porter secours à quelque blessé. C'était un brave et digne homme. Il n'hésita pas longtemps, il quitta sa chambre, et le voilà, sans armes, un peu étourdi, au milieu de la mêlée.

Il entendit des gens qui criaient : « Victoire ! » il vit des soldats, vêtus d'un uniforme rouge, qui se sauvaient de toutes parts. Le peuple avait triomphé des gardes-suisses, et M. Mayeux arrivait pour assister à la prise du Louvre.

Il n'avait pas fait dix pas hors de sa rue, qu'un garde du roi, poursuivi par une bande d'insurgés, hommes, femmes, enfants, se précipitait avec terreur de son côté. Le pauvre soldat courait de toutes ses forces, lorsqu'un coup de feu l'abattit. M. Mayeux le vit tournoyer sur lui-même et tomber la face contre terre.

La bande des vainqueurs se précipitait pour l'achever, mais M. Mayeux se mit devant le corps du soldat, un cadavre peut-être.

Il était petit et grêle, bossu, mal planté, le pauvre Mayeux. Il croisa ses longs bras sur sa poitrine creuse, et dit :

— Allons donc ! on ne frappe pas les blessés !

Il suffit, ainsi, d'un homme de cœur pour imposer à toute une foule furieuse ! La bande s'arrêta.

— Laissez là cet homme, continua Mayeux. Que vous a-t-il fait ? Maintenant, vous êtes vainqueurs. Tout est fini !

— Qu'est-ce que c'est que ce petit vieux ? dit une femme. Je parie que c'est encore un royaliste !

— Non, dit un enfant, c'est M. Mayeux !

Et s'avançant vers le bossu :

— Me reconnaissez-vous ? Je suis le petit Pichon, qui demeure au-dessus de vous ?

Puis il ajouta :

— Bonjour, monsieur Mayeux !

Il eût fallu entendre alors les éclats de rire de toute cette foule, tout à l'heure hurlante et farouche. Une minute auparavant, c'étaient des cris et des menaces. Et maintenant, voilà des rires et des moqueries sans fin.

— Monsieur Mayeux !... c'est M. Mayeux !... Bonjour, monsieur Mayeux ! O le beau défenseur des soldats tombés !... M. Mayeux !

Et M. Mayeux se disait avec joie :

— Ils rient ; ils *le* laisseront.

La foule, en effet, se dispersa bientôt. Elle avait assez plaisanté. M. Mayeux fit transporter chez lui le blessé, qui reprit bientôt connaissance.

On appela un médecin. Il déclara que la blessure n'était pas grave.

— Ce sera, dit-il, l'affaire d'une semaine.

Au bout de huit jours, le garde-suisse était debout. Il remercia son sauveur avec effusion, il lui répéta combien serait grande sa reconnaissance.

— Oh ! dit-il, je n'oublierai jamais votre nom !

Puis il partit, — et M. Mayeux ne le revit plus. Mais M. Mayeux aimait à dire :

« Les ingrats mêmes sont utiles. Ils vous aident à faire le bien sans intérêt. »

II

M. Mayeux était, depuis tantôt vingt ans, employé dans les bureaux du ministère de la Guerre. Il gagnait peu, mais ce peu lui suffisait. M. Mayeux n'était plus jeune et n'avait pas longtemps à vivre. Il avait assez fait d'économies pour attendre, sans crainte de la misère, le jour où, comme il disait, il lui faudrait « aller là-bas. » M. Mayeux n'avait ni parents, ni amis. Les parents, il les avait perdus les uns après les autres ; des amis ? M. Mayeux se consolait en songeant qu'il n'avait point d'ennemis.

Les souvenirs sont les amis de ceux qui n'en ont pas. M. Mayeux aimait ses souvenirs. Ils étaient tous, pour la plupart, bien tristes et bien amers. Mais cette amertume semblait douce au pauvre solitaire, qui la savourait comme une chère liqueur.

M. Mayeux songeait souvent à un moment de sa vie où il avait bien souffert.

— C'est le seul moment où j'aie vécu, pensait-il, pour se consoler.

En ce temps-là, le pauvre Mayeux avait une cousine. Elle s'appelait Madeleine, et il l'aimait bien. Il n'eût osé, le malheureux, lui avouer qu'il l'eût voulue pour femme. Il avait peur. Il se disait : « Elle se moquera de moi ! » Il la voyait et lui parlait tous les jours. Lorsqu'il la quittait, il se sentait accablé. Il allait s'enfermer dans sa chambre et pleurait.

Madeleine voyait bien que souvent son cousin Mayeux était triste, et cependant elle ne devinait pas pourquoi.

Mayeux se dit un jour :

— Madeleine sait que je ne suis pas méchant, et que je l'aime. Pourquoi, malgré ma laideur, Madeleine, qui est si bonne, ne m'aimerait-elle pas ?

Il s'habilla de ses habits neufs, et, tout d'un coup, alla chez la mère de Madeleine.

Arrivé à la porte, il s'arrêta ; il était pâle, il tremblait et son cœur battait à lui faire mal.

Il allait frapper, lorsqu'il entendit des voix.

C'était Madeleine et sa mère qui parlaient.

— Mon Dieu, mais, disait Madeleine, tu ne sais donc pas combien il est laid! Je le regardais l'autre jour. C'est un monstre. Ah! pauvre Mayeux!

Elle riait, alors, Madeleine. Mayeux crut qu'il allait mourir.

Il étouffa les sanglots qui l'oppressaient et descendit en toute hâte.

Il se répétait:

— Imbécile!... Tu ne t'es donc pas regardé?... Pauvre fou, tu es laid à faire peur, ne le sais-tu pas?... Tu es laid, entends-tu bien. Et, dans le monde, il ne suffit pas d'être bon et honnête, il faut être beau, sache-le. — Paraître beau suffirait, au besoin, car on se paie des seules apparences. Allons, cache ta bosse, bossu!

En parlant ainsi, il arriva sur les quais, sans savoir quel chemin il avait pris. Il s'arrêta, regarda l'eau un moment, fut saisi de vertige, sans doute, et se jeta dans la Seine.

On le sauva.

Lorsqu'il reprit ses sens, il dit simplement:

— J'allais être si heureux! Mais je vous remercie. C'est peut-être un crime!

Quelques mois après, Madeleine épousait un riche négociant. Mayeux était là. A l'église, après la messe, il demeura, un moment, agenouillé, le front dans ses mains, pendant que défilait le cortége.

— Eh bien! Mayeux, lui dit-on.

— Laissez-le, dit quelqu'un, il prie.

Mayeux priait, en effet: il pleurait.

III

A partir de ce jour, Mayeux devint le triste et solitaire employé que nous avons dit. Il régla sa vie comme une montre. Il devint vraiment une machine; mais cette machine pensait et souffrait.

Chaque matin, il se rendait à son bureau, à la même heure. Il lui fallait traverser le jardin des Tuileries. Mayeux emportait son déjeuner avec lui. Bien souvent, il partageait son pain avec les cygnes du grand bassin.

Les cygnes finirent par le connaître. Ils accouraient à sa voix et venaient prendre dans sa main le pain qu'il leur tendait. Ils se laissaient même caresser par le pauvre bossu, qui passait, en souriant, sa main maigre sur leur plumage blanc et lisse.

— Au moins, se disait-il, ils m'aiment et ne me trouvent pas laid !

Il leur avait donné des noms qui lui rappelaient de vieux souvenirs.

L'un d'eux s'appelait Jacques, du nom d'un frère aîné que Mayeux avait bien aimé et qui était mort.

Une fois au bureau, Mayeux songeait et souriait silencieusement :

— A quoi pensez-vous, Mayeux ? lui demanda-t-on.

Il répondit :

— Je pense à mes cygnes.

On le crut fou et l'on se mit à rire.

IV

Un matin, en se rendant à son ministère, Mayeux aperçut à la porte d'un marchand de gravures une grande foule. Il s'approcha. Cette foule riait. Mayeux crut s'être trompé en entendant son nom. Il se haussa sur la pointe des pieds et put voir enfin ce que regardait la foule.

Pauvre Mayeux !

Ce que cette foule regardait, ce qui la faisait rire, ce qui la rendait si bruyante et si railleuse, c'était, hélas ! son portrait à lui, Mayeux, sa propre image, sa caricature et son nom.

Le malheureux se reconnut. C'était bien lui.

L'artiste, — un artiste qui l'avait aperçu, sans doute, le jour de la prise du Louvre, — l'avait représenté armé d'un parapluie rouge et frappant à tour de bras sur un garde-royal, étendu mort.

Lui, Mayeux, qui avait défendu ce blessé contre ses meurtriers !

Vraiment, oui.

Et de sa propre figure amaigrie, le dessinateur avait fait un masque crispé, méchant et railleur, et le caricaturiste n'avait oublié ni la culotte courte, ni les maigres mollets, ni les longs bras du pauvre Mayeux ! Et cette gravure avait, au bas, une légende : « M. Mayeux, petit-neveu de Polichinelle, tuant les morts pendant les glorieuses journées de Juillet ! (Première série des *Aventures de M. Mayeux*.) »

M. Mayeux ne put retenir un cri. On se retourna. On vit ce bossu ridicule, et l'on rit de plus belle.

— Ah ! mon Dieu, dit-on, mais c'est lui, c'est M. Mayeux !

Puis, comme Mayeux, suffoqué, éclatait en larmes :

— Il enrage!... il pleure! Ne pleure pas, Mayeux!

M. Mayeux rassembla ses forces, et se mit à courir, poursuivi par les huées. Il reprit le chemin de son logis et s'y enferma. Il était brisé.

Les Animaux en wagons.. (Voir page 54).

V

Dès ce moment, ce fut un supplice ; la caricature de l'artiste avait fait fortune. Les dessins se multiplièrent. *M. Mayeux* devint illustre. Caprice du peintre! *M. Mayeux* représenta le plus laid, le plus méchant, le plus grotesque, le plus cynique des bossus! Il précéda Robert-Macaire. Enfant des barricades, puis garde national, *M. Mayeux* vit se dérouler son histoire dans le *Charivari,* à la grande joie de tout un pays. Puis on le chansonna. En France, *tout finit par des chansons.*

Et cependant, Mayeux, notre Mayeux, n'osait plus se risquer dans les rues. Son malheur était devenu illustre.

Les gamins le suivaient en l'appelant : Mayeux ! On le prenait pour un masque. — Eh ! lui disait-on, monsieur Mayeux, nous ne sommes pas encore en carnaval !

Mayeux se dit enfin :

— Eh bien ! je ne sortirai plus !

Il donna sa démission au ministère et se renferma dans sa chambre. Il ne la quittait plus que le soir, à la nuit sombre. Encore n'allait-il pas bien loin. Il ne regrettait qu'une chose, en tout cela : ses cygnes. Le pauvre homme, il les aimait !

Un jour, comme il montait chez lui, il entendit le petit Pichon, cause innocente de la persécution de Mayeux, qui disait à sa mère :

— J'ai trouvé un chien ! Dieu qu'il est laid ! Mais, tout de même, je le garderai. Comment l'appellerons-nous ?

— Puisqu'il est laid, dit M. Mayeux, appelez-le Mayeux !

L'enfant répondit :

— C'est une idée !

VI

M. Mayeux était vieux déjà. Il n'avait plus de but dans sa vie. Depuis qu'il n'allait plus au ministère, il était devenu malade. Il s'affaiblissait.

— Enfin, disait-il, j'en aurai bientôt fini !

Un jour, il s'alita. Il toussait beaucoup. Sa poitrine se déchirait.

— Enfin ! enfin ! répétait-il.

On ne s'occupait guère de lui, dans la maison. On le laissa mourir seul.

Il se sentait « partir, » comme il disait.

— Je vais donc être heureux, pensait-il. Là-haut, il n'y a pas de bossus, sans doute ? — J'avais le cœur droit et bien fait ! Pourquoi m'ont-ils fait tant de mal ? Mourir seul !... seul !...

De grosses larmes lui venaient. Il répétait sans cesse :

— Ma mère !... Jacques !... Madeleine !... Mon Dieu !

En ce moment, on gratta à la porte.

M. Mayeux dit d'une voix faible :

— Qui est là ?

Pas de réponse.

Il répéta : — Qui est là ?

M. Mayeux entendit un aboiement plaintif.

— Oh ! fit-il, avec un triste sourire, c'est ce pauvre Mayeux !

Il voulut se lever pour ouvrir, retomba anéanti, poussa un long soupir et mourut.

Il avait été doux et bon. Son nom demeura le synonyme de cynisme et de méchanceté. Et voilà cependant comment naissent les légendes.

Jules CLARETIE.

FABULISTES CONTEMPORAINS

Les Animaux en Wagon

« Voici du neuf ! voici du neuf ! » Sans cesse
Dans ce siècle à grands mots, où pourtant l'on progresse,
Ce cri retentit et s'étend.
Faut-il, aussitôt qu'on l'entend,
Battre des mains ou lever les épaules ?
Faut-il ne prendre aucun de ces deux rôles ?
Je vais à ce sujet vous faire un court récit
D'où vous déduirez bien comment le sage agit.

N'ayant jamais été bien loin de leur demeure,
Un âne, un bœuf, un cheval pétulant,
Cheminaient en wagon depuis une grande heure,
Sans le savoir à quelque foire allant.
Les volets tout ouverts laissaient passer leurs têtes.
Aux gares, on riait de l'étonnement peint
Dans les gros yeux de ce trio de bêtes.
L'âne était morne. Un incident survint,
Chose de rien, mais par lui bien perçue
Qui le fit quelque peu de cet état sortir :
Près d'un faubourg, soudain resplendit à sa vue
Un grand carreau de choux d'une énorme venue.
« Ah ! dit-il, ne pouvoir seulement les sentir !
» Courir ainsi, sur ma parole,
» N'a pas le sens commun ; je n'aurais jamais cru
» Qu'il fût au monde une chose aussi folle.
» Tout tourne ; ce qu'on voit n'est que tohu-bohu.
» Puis cet affreux char se détraque :
» Ça balotte, ça souffle et ça siffle et ça craque ;

» C'est absurde, en un mot. » — « Hé ! saprebleu ! non pas, »
S'écria le cheval ; « c'est merveilleux, sublime !
» Comme l'oiseau, l'on vole et l'on franchit l'abîme.
» Les chevaux de traîner d'ailleurs étaient bien las ;
» Il est fort bon vraiment qu'à leur tour on les traîne.
» Que de choses ainsi l'on voit sans nulle peine !
» Même l'on en voit tant que c'est un peu brouillé !
 » Oh ! je suis tout émerveillé ! »
 « — Moi, par mes oreilles je jure,
Reprit l'âne, « que là tout est sottise pure ! »
 « — Voilà s'exprimer carrément,
Répliqua le cheval, « voyons le jugement
» De notre ami bœuf sur la chose. »
Le ruminant leur dit : « Camarades, je n'ose
» Vous répondre à présent. Mon silence a pour cause
» Que de me fourvoyer je courrais le danger.
» J'attends d'avoir compris quelque peu pour juger. »

Antoine Carteret.

PETIT DICTIONNAIRE

DES ORIGINES ET DES INVENTIONS

ABATTOIRS. — Ce premier mot n'est pas des plus gracieux, mais il vient à sa place. Qui le croirait ? jusqu'à l'année 1810 on ne s'était pas préoccupé de la nécessité de créer les établissements spéciaux où tombent les malheureuses victimes de l'appétit humain (style académique). Le public était témoin de ces hideuses exécutions, et trop souvent un bœuf furieux s'échappait et se plaignait aux passants à grands coups de cornes. Un décret (du 9 février) ordonna l'érection des cinq Abattoirs de Montmartre, de Ménilmontant, du Roule, de Grenelle et de Villejuif. Chaque édifice se compose de plusieurs pavillons construits sur le même plan : une forte muraille et des grilles protègent le tout. — Des bergeries, des écuries sont dans d'autres corps de bâtiments. Le gouvernement prélève un droit modique sur chaque tête de bétail.

ABBÉ. — Ce mot vient du latin : *abbas*, et *abbas* est venu du syrien et du chaldéen en passant par l'hébreu, ce qui dénote une antiquité respectable. Qui dit abbé, dit père : c'est ainsi que ce nom a été conféré aux supérieurs des monastères. Les abbés s'étant mis à porter la mitre, cette usurpation choqua les évêques. Pour satisfaire ces derniers, le pape Clément IV ordonna que la mitre des abbés fût seulement brodée en or, et que les pierres précieuses fussent réservées à celle des prélats. Le titre d'*abbé* a été souvent conféré à des laïques : ainsi, à Gênes, l'un des principaux magistrats s'appelait l'*abbé du peuple*. Dans les divertissements du Comtat-Venaissin, il y avait, à la tête des danses, l'*abbé de la jeunesse*.

ABEILLES. — Au dire de Justin, ce fut Aristée, roi d'Arcadie, qui enseigna aux Grecs l'art précieux d'élever ces insectes, de les rassembler dans des ruches et de leur dérober leur miel. Les anciens avaient sur les abeilles une quantité de croyances absurdes; mais ils jugeaient ces mouches si utiles, qu'ils les avaient dédiées à Apollon. Les abeilles ont eu beaucoup d'historiens, ce qui n'a pas empêché qu'elles ne fussent détrônées par la canne à sucre et la betterave.

ABRACADABRA. — Abraca ou Abracas fut le plus ancien dieu des Syriens. Son nom resta en vogue parmi les faiseurs de sortiléges; ils en prirent les lettres pour en former une sorte de mot auquel on attribuait un pouvoir magique, dans les temps de superstition où le bon peuple croyait à la magie et avait peur des sorciers. Voici la forme qu'on donnait à ce mot, que les écoliers disent parfois pour s'amuser :

```
        ABRACADABRA
         ABRACADABR
          ABRACADAB
           ABRACADA
            ABRACAD
             ABRACA
              ABRAC
               ABRA
                ABR
                 AB
                  A
```

C'est une pyramide renversée.

ABRICOTIER. — Cet arbre, dont les fruits savoureux doivent compter de nombreux amis chez mes lecteurs, fut apporté d'abord d'Arménie en Grèce; de là il émigra en Italie, puis se répandit dans toute l'Europe.

ACACIA. — L'arbre épineux de ce nom a été introduit de l'Amérique septentrionale en France, vers l'année 1600, par Vespasien Robin, professeur de botanique au Jardin de Paris, ce qui le fit d'abord appeler le *Robinier*. On sait que sa feuille est menue, et que ses fleurs, dont la couleur est blanche, ont une odeur très-agréable.

ACADÉMIE. — Un riche citoyen d'Athènes, contemporain de Thésée et nommé *Académus*, possédait un beau jardin à six stades (un quart de lieue) de la ville. Ce lieu plut à Platon qui, avec ses disciples, y conversait de sujets philosophiques. Le jardin fut agrandi et décoré de fontaines et de statues par les soins de Cimon, l'illustre général athénien; hommage rendu aux lettres. Ce fut depuis ce temps qu'on prit l'habitude d'appeler *Académies* les réunions de savants et les endroits où elles avaient lieu. Alors on ne donnait pas de jetons de présence. Ptolémée Soter, étant devenu maître de l'Egypte, fonda la fameuse Académie d'Alexandrie, laquelle possédait une magnifique bibliothèque que le farouche Omar s'amusa à brûler, pour épargner à la postérité la peine d'apprendre à lire. Parmi les modernes, on attribue à Charlemagne la création de la première Académie; à Alfred le Grand, roi d'Angleterre, celle de l'Académie d'Oxford; vers cette époque brillait l'Académie de Cordoue, instituée par les Maures qui, pour la civilisation, en auraient remontré à tous les chrétiens. Au XIVe siècle naquirent les *Jeux Floraux* de Toulouse;

eurs membres, les *mainteneurs de la gaie science*, s'étaient donné la mission de distribuer aux poëtes lauréats des fleurs d'or et d'argent. Grâce aux libéralités de Clémence Isaure, ce parterre émaillé est demeuré constamment fleuri. Lors de l'époque dite la Renaissance, aux xve et xvie siècles, il se produisit des Académies dans tous les coins de l'Italie. Chez nous, l'Académie française ne prit naissance qu'en 1635. On fait honneur de sa fondation au cardinal de Richelieu, qui la chargea de perfectionner la langue. L'Académie française se compose de quarante membres; sa devise un peu ambitieuse est : *A l'Immortalité*. Les Quarante sont immortels, par la raison qu'on se dépêche de remplacer ceux qui viennent à décéder. Cette assemblée couronne, chaque année, soit l'éloquence, soit la poésie ; M. de Montyon l'a, par ses legs, chargée de récompenser en outre la vertu. Une foule de grands écrivains n'ont pas appartenu à l'Académie française, et ils n'en sont pas moins célèbres. Il y a encore l'Académie des inscriptions et belles-lettres, fondée en 1663 ; l'Académie des sciences (1666), établie par les soins de Colbert; l'Académie des beaux-arts (an IV) ; l'Académie des sciences morales et politiques (1832). C'est l'ensemble de ces classes qui forme l'Institut.

ACAJOU. — L'anacardier, arbre des Indes, fournit ce bois précieux qui, de nos jours, partage avec le chêne le privilège d'orner nos maisons. Vers le commencement du siècle dernier, le frère du célèbre docteur Gibbons rapporta des Indes occidentales, en guise de lest, plusieurs madriers de ce bois qu'il envoya à son frère, lequel se faisait alors construire une habitation dans Covent-Garden. Mais les ouvriers ayant trouvé l'anacardier trop dur pour leurs outils, on relégua les madriers au fond du jardin. Quelques années après, le docteur eut la fantaisie de faire confectionner une boîte à chandelles avec une planche dudit bois, qui se trouvait par hasard parmi les madriers. L'épreuve réussit, et si bien, que le docteur Gibbons, enchanté de la beauté de sa boîte, voulut avoir un bureau d'acajou. On y travailla avec des outils spéciaux. Le bureau se trouva être superbe ; tout le monde l'admira ; la duchesse de Buckingham désira en avoir un semblable. De là la vogue de l'acajou, qui nous est arrivé par l'Angleterre, et qui, depuis, a fait le tour de l'Europe.

ACCOLADE. — Dans l'ancienne chevalerie, c'était une cérémonie qui consistait à baiser à la joue gauche le récipiendaire et à lui donner sur l'épaule un coup du plat d'une épée nue. Les princes et seigneurs *accolaient* ceux qu'ils armaient chevaliers et sur qui ils prenaient ainsi une sorte d'autorité morale. Après la bataille de Marignan, on vit François Ier demander à Bayard cette consécration de sa valeur. « Bayard, » mon amy, lui dit le monarque, je veux aujourd'huy soye fait chevalier par vos » mains, parce que celui qui a combattu à pied et à cheval, entre tous aultres, est » tenu et réputé le plus digne chevalier. » Bayard s'excusant avec modestie : « Faictes mon vouloir et commandement, » ajouta le roi. Donc Bayard obéit, et, frappant du plat de son épée sur le col du monarque à genoux : « Sire, dit-il, » autant vaille que si c'estoit Roland ou Olivier, Godefroy ou Baudouin, son frère; » certes, vous êtes le premier prince que onques fis chevalier. » Contemplant ensuite son épée et la baisant avec une joie noblement ingénue : « Tu es bien heureuse, » mon espée, d'avoir, à un si vertueux et si puissant roy, donné l'ordre de chevalerie !... Ma bonne espée, tu seras moult bien comme relique gardée, et sur toutes » autres honorée. »

ACCOMPAGNEMENT. — L'art précieux d'accompagner les voix paraît dû à

Lodovico Viadana, maître de chapelle de la cathédrale de Mantoue, né à Lodi en 1580.

ACIER. — Fer perfectionné et dégagé par le feu des parties salines ou sulfureuses. C'est par la trempe qu'on lui donne la dureté qui le caractérise. L'opération consiste à faire chauffer fortement le morceau lorsqu'il a été travaillé, puis à le plonger vivement dans de l'eau froide. On ne saurait préciser l'époque à laquelle ce secret fut découvert. Il n'était pas ignoré des anciens, car Aristote l'indique clairement. La France a longtemps payé un tribut à l'Angleterre pour l'acier fondu ; mais aujourd'hui ses mines lui suffisent, et sa fabrication égale celle de l'étranger.

ACROSTICHE. — Petite pièce de poésie dont chaque vers doit commencer par une des lettres du nom de la personne ou de la chose qui en fait l'objet. Ce genre de difficulté puérile fut en grande vogue à l'époque de la Renaissance. Sous Louis XIV même, l'acrostiche régnait encore. Aujourd'hui cela fait partie des jeux de société. En voici un exemple... qui n'est pas un modèle :

> Guignol est bon enfant, bien que par caractère
> Un peu vers la malice il soit, dit-on, porté.
> Il est franc, voilà tout ; vive la vérité !
> Gentil public, reçois sa leçon salutaire ;
> Ne crains pas d'apporter tes deux sous au parterre.
> On ne solde d'ailleurs qu'en sortant, et tu vois
> L'esprit loger surtout chez les acteurs en bois.

Pamphile.

(La suite à un prochain numéro).

POÉSIE

DEUX PAQUERETTES

Simples petites fleurs, semblables et jumelles,
Savez-vous mes chagrins et mes espoirs voilés ?
La tristesse et la nuit vous ont faites comme elles,
Souriantes parmi les rayons étoilés.

Délices de l'aurore et de l'herbe arrosée,
Frêles astres de neige aux fragiles couleurs,
Le coteau frissonnant vous baignait de rosée,
Vous vous réveillerez peut-être sous des pleurs.

Car, pour porter remède à nos douleurs secrètes,
Grâce aux larmes du ciel qui vous ont fait fleurir,
Au fond de vos cœurs d'or, naïves paquerettes,
Vous gardez le secret qui fait vivre et mourir.

Je pourrais le savoir en brisant vos pétales ;
Mais non, sœurs de la brise errante du matin,
Qu'un autre vous l'arrache avec ses mains fatales
Et vous déchire au vent pour savoir son destin !

Qui sait si pour Dieu même, humble offrande accueillie
Mieux que le diamant à l'éclat précieux,
Le cœur d'une fleurette à son matin cueillie
Ne vaut pas une étoile orgueilleuse des cieux ?

Pauvre bouquet des champs, rassure-toi, respire,
Haleine, que je sens frémir sous mon baiser !
Je souffre, j'ai pitié de tout ce qui soupire
Et de tout ce qu'il est facile de briser.

Théodore de Banville.

PENSÉES ET MAXIMES

Le flatteur n'a pas assez bonne opinion de soi ni des autres. *(La Bruyère.)*

Les plus grandes vérités sont ordinairement les plus simples.
(La Rochefoucauld.)

L'espérance est une étourdie qui a plus d'imagination que de jugement. *(Boiste.)*

Les plus savants des hommes, les Socrate, les Platon, les Newton, ont été aussi les plus religieux. *(Bernardin de Saint-Pierre.)*

C'est des contrastes que résulte l'harmonie du monde. *(Idem.)*

Vainement l'homme élève des palais et des arcs de triomphe ; le temps les use en silence. *(Aimé-Martin.)*

A raconter ses maux souvent on les soulage. *(Corneille.)*

Pour conserver un ami, il faut devenir soi-même capable de l'être.
(Jean-Jacques Rousseau.)

Les hommes consomment leur jeunesse à se former un esprit que les femmes apportent en naissant. *(Idem.)*

La porcelaine est la propreté du luxe. *(Esménard.)*

Les trois Vernet

Une dynastie vient de s'éteindre. Celle-ci, sans dater de Pharamond, avait compté trois générations d'illustres. C'est quelque chose : et si nous avons perdu Horace Vernet, il y a et il y aura toujours les *trois Vernet*.

Sublime privilége de la gloire, on dit : les Carrache, les Miéris, les Téniers, les Parrocel, les Coustou. Ce sont des familles royales. Les Vernet sont entrés dans le domaine de l'histoire. Le Louvre va les réunir.

Quelques mots sur ces figures dont notre pays est fier. Le premier, Joseph Vernet, naquit à Avignon en 1714 : à quinze ans il était habile ; à dix-huit, muni d'une douzaine de louis, il partait pour Rome. Il assista à une tempête, et sa vocation de peintre de marines lui fut révélée. Les commencements furent rudes ; Joseph donna plus d'un chef-d'œuvre pour payer un terme de loyer ; mais enfin le succès vint. De Rome, Joseph Vernet envoya à Paris pour les *Salons* de 1747 et 1748, des toiles que Diderot salua de son enthousiasme. En 1755, après vingt ans d'absence, le grand artiste fût rappelé en France par M. de Marigny, directeur général des bâtiments ; et reçut la commande de la collection de nos *Ports*, laquelle était, de l'aveu de Louis XV, « la seule marine de la France. »

Son fils Carle devina le dessin dès l'âge de cinq ans. Élève du peintre Lépicié, il remporta le grand prix de Rome, devint épris des chevaux, fit pour l'acquit de sa conscience une immense page : le *Triomphe de Paul-Émile* ; entra à l'Académie de Peinture où il siégea à côté de son père ; puis se jeta dans les tableaux de chiens et de chasse, genre qui convenait à l'élégance de son goût. Jusqu'à la fin de sa longue carrière (1835), il resta alerte cavalier, conteur amusant, caricaturiste à tout venant et à tout propos. Il adorait son fils Horace et le suivit quand celui-ci fut nommé directeur de l'Académie de Rome. Son bonheur était de le regarder peindre.

Horace s'annonça comme un météore. Né en 1789, aux galeries du Louvre, il fut tout d'abord le vrai peintre national : sa facilité d'exécution, le don d'animer la toile, de reproduire le mouvement sans confusion, d'être exact sans froideur, brillèrent, dès ses débuts, dans ses *Batailles de Jemmapes, de Valmy, de Montmirail*. Il intéressa au *Cheval du Trompette*, au *Chien du Régiment*. Nos campagnes d'Afrique l'inspirèrent au plus haut degré : ce sont de véritables pages d'histoire que la *Prise de Constantine*, la *Bataille de l'Isly*, la *Prise de la Smalah* où éclate le contraste frappant du luxe oriental et des uniformes militaires. — Son tableau de *Judith et Holopherne* montra dans son talent un côté très-sérieux, mais eut le tort de faire plaindre :

> .... Ce pauvre Holopherne
> Si méchamment mis à mort par Judith.

Théophile Gautier a bien jugé cet artiste si spirituel, si bienveillant, si regrettable « Nature éminemment française, dit-il, et faite pour plaire à des Français, il restera, comme Scribe, Auber et Béranger. »

ALFRED DES ESSARTS.

Horace Vernet.

CONTES DU HAMEAU

Tel est le titre ingénieux qu'a rêvé M. Cénac-Moncaut, lorsqu'il a eu l'excellente idée de réunir ces récits populaires qu'on se dit depuis des siècles en simple patois dans les veillées gasconnes. Nous retenons le titre : *Guignol* prend son bien partout où il le trouve : Molière n'en faisait pas d'autres.

La Gascogne a ses traditions tout comme la Bretagne.

Seulement, la Gascogne est maligne, et le rire sied à son langage vif et sonore.

Il y a donc toute sorte d'histoires qui courent les hameaux, et que plus d'une vieille femme ou plus d'un berger a racontées à son auditoire attentif.

Ce que vous allez lire est bien connu depuis le Bazadois jusqu'au Bigorre. Remercions l'habile interprète et laissons-le parler.

A. D.

CHOURRA DE MARSEILLAN

I.

Il nous est difficile d'être avares et cruels pour les autres, sans que les conséquences de notre lésinerie retombent tôt ou tard sur nous-mêmes ; nous finissons par reconnaître alors la rigueur des maux que nous avons fait supporter à autrui.

La commune de Marseillan possédait autrefois un homme et une femme doués d'une avarice si grande, que leur réputation à cet égard s'était étendue à plus de dix lieues à la ronde.

Ils seraient volontiers restés seuls dans leur maison, sans domestiques et sans chiens, s'ils avaient été capables de travailler eux-mêmes leurs terres ; mais, placés dans l'impossibilité d'exécuter tous les travaux agricoles, ils s'étaient résolus à louer un valet qu'ils payaient le moins possible et nourrissaient le plus mal qu'ils pouvaient. Afin d'économiser davantage sur l'article fort important de la nourriture, le père Chourra et sa femme avaient pris la coutume de faire leurs repas en cachette, pendant que le domestique était aux champs...... Quand le pauvre diable revenait manger la soupe, ils se trouvaient en mesure de lui faire de beaux discours sur la sobriété et sur la misère du temps ; ils ne lui donnaient que du mistras (1) et du pain assez dur pour qu'il dût mettre un temps considérable à le mâcher et qu'ils fussent en droit de lui dire : Bernard, voilà une demi-heure que tu es à table ; il est temps de revenir à la charrue.... Le pauvre Bernard, doué d'un caractère fort pacifique, n'osait pas faire d'observations ; toutefois, après quelques mois de ce régime affaiblissant, il résolut de prendre congé afin de ne pas mourir à la peine, et se retira dans sa famille.

— Que tu es sot ! lui dit son frère Mathieu ; loin de pâtir comme tu l'as fait, et de battre en retraite sans mot dire en perdant une partie de tes gages, je serais resté au poste, afin de donner à ce méchant Chourra de Marseillan une leçon qui l'aurait peut-être

(1) Gâteau de farine de maïs

guéri d'une partie de son avarice..... Laisse-moi faire : je vais te remplacer chez lui et chercher à te venger des mauvais repas que tu as faits dans leur bicoque.

Mathieu va chez le propriétaire.

— Mon frère Bernard est malade, dit-il, et comme les travaux sont pressés à ce moment de l'année, je viens à sa place faire tout ce que vous voudrez me commander.

— Voilà le trait d'un brave garçon ! répondit le père Chourra en lui frappant cavalièrement sur l'épaule : Dieu t'en récompensera quelque jour, et tu peux compter sur notre reconnaissance. Va prendre les bœufs à l'étable et laboure la pièce de l'enclos ; je voudrais l'ensemencer la semaine prochaine.

Mathieu va *joindre* (1) les bœufs ; il les conduit au champ, laboure une partie de la pièce, et rentre à l'heure du souper avec l'appétit d'une journée de travail bien remplie..... A peine est-il assis devant la table, armé du morceau de pain qu'il vient de s'octroyer, que la femme Chourra retire le reste sans mot dire et le met sous clef, comme elle avait l'habitude de le faire du temps du pacifique Bernard.

— Est-ce que vous n'avez pas de soupe aujourd'hui, maîtresse ? demande Mathieu en dirigeant ses regards vers l'armoire.

— De la soupe, mon ami ? la graisse est trop chère pour qu'il soit permis de faire cette dépense tous les jours ; le maître et moi n'en mangeons guère que le dimanche.

— Il me semblait avoir vu le pot sur la crémaillère ce matin ?

— Il est vrai, Chourra se sentait malade, j'ai voulu lui procurer ce régal confortant ; mais à peine avais-je tourné le dos, que le chien est entré, et d'un coup de patte a renversé le pot dans la cendre.

— C'est bien fâcheux, maîtresse ; d'autant plus fâcheux qu'on m'avait assuré que vous vous étiez mise à l'abri de ces accidents en ne tenant jamais de chien au logis.

— C'était celui du voisin.....

— Il est encore plus triste de nourrir aussi cher des chiens qui sont à d'autres...... mais n'entendez-vous pas du bruit dans cette armoire ? je suis sûr qu'il s'est logé là-dedans, et qu'il achève de manger votre pain, après avoir gâté votre soupe.....

Aussitôt Mathieu s'élance vers la serrure dans un beau mouvement d'économie domestique, tourne vivement la clef, ouvre la

(1) *Jugné*, atteler.

porte avant que la maîtresse ait le temps de s'écrier : — Que fais-tu là, Mathieu ? et le valet se trouve en présence d'une magnifique soupière de *garbure* (soupe aux choux).

CÉNAC-MONCAUT.

(*La fin au prochain numéro.*)

Nous croyons rendre un véritable service aux familles en indiquant et recommandant les *Cours élémentaires et supérieurs*, dirigés par **mesdemoiselles Laguesse**, (19, rue de la Chaussée-d'Antin), avec le concours des premiers professeurs. L'enseignement y comprend le Français, l'Arithmétique, l'Histoire, la Géographie, la Littérature, les Langues étrangères ; et le prix n'est que de **30 francs par mois**. Quant à la *Musique*, si nécessaire aujourd'hui, elle est également divisée en plusieurs Cours qui embrassent le 1er *degré*, le 2e, le *Cours supérieur*, l'*Accompagnement* et le *Chant*. Les jeunes filles qu'on ne veut mettre ni au couvent, ni en pension peuvent, en suivant ce cours, recevoir l'éducation la plus complète.

Rédacteur en chef : M. Alfred des Essarts.
Propriétaire-Gérant : M. Dupray de la Mahérie.

PREMIER SOURIRE DU PRINTEMPS

Tandis qu'à leurs œuvres perverses
Les hommes courent haletants,
Mars qui rit, malgré les averses,
Prépare en secret le printemps.

Pour les petites pâquerettes,
Sournoisement lorsque tout dort,
Il repasse des collerettes
Et cisèle des boutons d'or.

Tout en composant des solféges
Qu'aux merles il siffle à mi-voix,
Il sème aux prés les perce-neiges
Et les violettes aux bois.

Puis, lorsque sa besogne est faite,
Et que son règne va finir,
Au seuil d'Avril tournant la tête
Il dit : « Printemps, tu peux venir. »

THÉOPHILE GAUTIER.

CAUSERIE

Mes chers Lecteurs, j'ai une bonne nouvelle à vous annoncer, et je ne vous la ferai pas attendre.

Le théâtre des Funambules sera rouvert!

Le privilége vient d'être accordé à M. Champfleury, l'homme de France le plus spécial, le plus compétent en matière de pantomime à grand spectacle, avec changements à vue, feux de Bengale, travestissements, gifles et coups de pied.

Champfleury et les Funambules étaient inséparables; en les relevant, il y eût eu non-sens à n'y pas lier étroitement l'écrivain spirituel qui avait fait de cette scène le premier théâtre de Paris.

Oui, le premier... en venant de la Bastille.

Tous nos plus charmants feuilletonistes, Jules Janin, Paul de Saint-Victor, Monselet, Théophile Gautier ont consacré aux Funambules le dithyrambe de l'admiration.

C'est qu'alors il y avait en ce lieu un acteur de génie appelé Debureau.

On dit Lekain et Talma pour personnifier la tragédie; Molé et Préville pour symboliser la comédie; Frédérick-Lemaître et Bocage répondent au mot drame: la pantomime a eu chez les Romains le célèbre Bathylle; chez nous, Debureau l'a incarnée sous la farine et la veste blanche de Pierrot.

Les Funambules furent d'abord une petite salle imprégnée d'odeur d'huile et de senteurs d'ail, où une longue corde tendue sur la scène servait aux exercices acrobatiques d'artistes spéciaux qui ne sauraient danser s'ils n'ont un maillot serré, une tunique à paillons d'or et un balancier entre les mains.

À la porte, il y avait un *hurleur* ayant en guise de ceinture un grand sac de velours d'Utrecht et appelant le public d'une voix enrouée. L'enrouement faisait partie de ses fonctions. Sous le vestibule on remarquait un poêle flambant, lequel vous donnait l'avant-goût d'une douce température; mais une fois entré, vous vous aperceviez que ce feu si clair ne provenait que d'un lampion gigantesque qui ne chauffait pas même le poêle.

Le prix des places ne dépassait pas alors cinquante centimes. Le dimanche, on donnait deux représentations.

Enfin Debureau vint... C'était l'avénement du progrès, c'était la vie. Peu à peu Paris apprit la merveille; on sut qu'il y avait aux Funambules un Pierrot tel qu'il n'en avait jamais existé; un mime qui, par le regard, le geste sobre et mesuré, les mouvements du corps, la science du soufflet et l'agilité de la jambe dépassait tous les acteurs parlants. Jamais, sauf des *oh!* et des *ah!* que lui arrachaient les coups de la batte d'Arlequin ou du bâton de Cassandre, on n'entendit sa voix. Cet homme prodigieux disait toutes choses sans parler. Et voyez quelle fut sa chance! Il n'eut pas à se mettre dans la mémoire des vers de M. d'Epagny, de la prose de M. Empis, ni des tirades de M. d'Ennery, ni des couplets de M. Clairville. Il passa serein à côté du romantisme et ne s'écria jamais: «Par la mort-Dieu!» Jamais il ne hurla: «Damnation!» Le flot du mélodrame vint expirer contre la pointe de ses souliers blancs.

Il était né Pierrot, il vécut et mourut Pierrot. Il passa trente ans à tromper Cassandre, à guetter Arlequin, à poursuivre Colombine toujours fugitive, à jouer des tours au beau Léandre. Il craignait les fées, respectait les enchanteurs, mais tâchait de leur dérober quelque chose. Les cabaretiers étaient ses victimes; jamais il ne paya son écot; trop heureux quand, libre possesseur d'une bouteille et d'un pâté qu'il avait annexés à ses vastes poches, il pouvait s'asseoir sous une tonnelle et préluder à son repas économique sans être dérangé par un grand bras qui s'abaissait vers lui et lui donnait un renfoncement ou sans voir le liquide de sa bouteille partir en fusée volante!

Champfleury et Théophile Gautier travaillèrent pour Debureau: le *Marchand d'habits*, notamment, a été le seul drame shakespearien de notre siècle.

Jamais, non plus, les *Pilules du Diable* et *Rothomago* ne vaudront le *Bœuf enragé* et *Ma Mère l'Oie*.

Debureau a eu tous les triomphes : la critique l'a salué, la meilleure société de Paris s'est pressée pour le voir, dans des loges où les mêmes grandes dames eussent hésité à faire coucher leur chien. Mais le fanatisme embellissait jusqu'à la salle des Funambules.

Un jour, Debureau disparut, comme le pauvre bouffon Yorick dont parle Hamlet.....

Les *titis* du boulevard du Temple donnèrent une larme à celui qui les avait fait tant rire.

L'artiste hors ligne eut des successeurs habiles ; et cependant on put dire mainte fois que « Pierrot ne battait plus que d'une aile. »

En dernier lieu, ce fut le théâtre même qui disparut. Une large trouée avançait, terrible et inflexible comme l'avalanche ; elle venait de Vincennes, tout droit, sans dévier, sans s'arrêter, jusqu'à cet endroit si cher aux Parisiens qui s'était appelé le boulevard du Crime.

Il fallait faire place à l'avenue du Prince-Eugène : les théâtres durent tomber. On vit s'en aller les lustres, les banquettes, s'effondrer les planchers : tout ce monde mystérieux et rempli de trappes fut mis à jour ; tout déménagea, même les claqueurs, même Orphée qui, au moment où le drame couchait à la belle étoile, se vit presque obligé de s'en retourner aux enfers.

Cassandre seul, en égoïste, se félicita de ne plus recevoir de coups de pied... dans son amour-propre.

Vous pensez bien que la démolition ne fit qu'une bouchée du petit théâtre des Funambules. On reconstruisit ailleurs la Gaîté, le Cirque, les Folies-Dramatiques, les Délassements-Comiques : à tout seigneur tout honneur. Et nul ne parlait de rendre la vie aux Funambules ! et l'herbe croissait plus épaisse que jamais sur la tombe de Debureau !...

Heureusement il s'est trouvé un homme de cœur, un maître-écrivain pour réclamer en faveur de nos plaisirs. Champfleury a gagné la cause des Funambules et celle du public : la pantomime nous sera rendue !...

Dites-vous bien, ô mes jeunes lecteurs, que la pantomime est le genre par excellence et qu'elle devrait entrer dans l'éducation. La parole a été donnée à l'homme pour mentir : la pantomime ne trompe pas ; de plus, elle offre cet

avantage précieux de ne pas faire subir aux oreilles des stupidités ou au moins des niaiseries comme il s'en débite tant.

Ecoutez la plupart des conversations, soit dans un salon, soit entre flâneurs qui se promènent, l'éternel cigare à la bouche. Se dit-il assez de choses saugrenues ! Jamais, par ce temps de *Giboyer* et de *Ganaches*, on n'eut plus lieu de s'écrier : « O Champfleury, hâte-toi de nous rendre la silencieuse pantomime ! »

GUIGNOL.

LES VACANCES

DE LA FILLE DU MAJOR

I

UNE GRAND'MÈRE RAISONNABLE

— Viens, chère enfant, me confier tes peines et pleurer sur mon sein, disait une bonne et tendre grand'mère à sa fille, Clarisse d'Aulnay, jeune femme qui, après une petite querelle de ménage, se livrait à un chagrin exagéré, et versait des larmes abondantes. Qu'est-il arrivé, mon Dieu! pour te mettre en cet état ?

— C'est mon mari qui devient un vrai despote.

— Tu prends les choses trop vivement, ma pauvre amie ; je suis sûre que ce n'est presque rien qui vous divise aujourd'hui. Ton mari est un excellent homme au fond, incapable de te faire une peine sérieuse ; si je ne l'avais pas jugé tel, je ne te l'eusse pas donné pour seigneur et maître.

— Il veut toujours avoir raison.

— Et toi, tu ne veux pas céder, voilà tout. Mais ce léger dissentiment ne peut lui ôter ses qualités essentielles. Il a l'esprit juste, un grand fonds d'honneur et de générosité ; il est bon père, bon gendre, voilà bien des titres pour lui pardonner un peu d'entêtement. On dit que ce sont les meilleurs maris qui sont sujets à ce défaut, et je le croirais assez d'après le proverbe : « Mauvaise tête, bon cœur. »

— Si ce n'était que ça..... Je suis bien malheureuse !

Et la jeune femme, la tête renversée sur l'épaule de sa mère, son mouchoir devant les yeux, continuait à se lamenter.

— Allons, reprit la douairière, tu n'es pas raisonnable, en vérité; tu représentes bien l'enfant gâté de nos jours, ne sachant ni se résigner, ni se contraindre. Pendant votre jeunesse, notre tendresse aveugle ne sait rien vous refuser. Vous vous habituez dès lors à voir tout plier sous votre volonté; plus tard, le mari et la femme, qui ont été élevés à la même école de domination, ne veulent ni l'un ni l'autre se soumettre, se sacrifier. De là ces luttes journalières, ces contestations irritantes que l'on voit surgir dans les ménages même unis : d'abord, c'est peu de chose; puis le mal s'envenime. On commence par se quereller en douceur, bien souvent pour des futilités, ensuite on s'échauffe, on s'injurie; désormais on ne peut plus oublier certaines paroles amères, ni retrouver la paix dans l'intérieur. Mais raconte-moi donc ce qui s'est passé aujourd'hui entre vous.

— M. d'Aulnay me tourmente à cause de mes enfants.

— A quel propos?

— Il veut que je mette Albert au collége.

— Eh bien ! s'il avait raison.....

— Je ne pourrais pas y consentir. Cet enfant est trop délicat, trop sensible; il ne saurait vivre sans moi.

— Tel est le langage de toutes les mères. Pourquoi ton fils ne ferait-il pas comme tant d'autres qui se sont bien trouvés de l'éducation en commun? Je soutiens que c'est la meilleure. Je crois qu'un homme n'a pas acquis tout son développement intellectuel, qu'il n'est pas apte à toutes les carrières quand il est resté, comme on dit vulgairement, sous les jupons de sa mère, quand il n'a pas subi de bonne heure le contact de ses semblables et supporté ainsi ces mille épreuves qui domptent l'orgueil et forment le caractère. Je trouve même que pour être plus parfaits encore, il faudrait que tous les Français fussent soldats quelques années, afin d'apprendre l'esprit de discipline, le soin, l'exactitude, l'abnégation, etc.

— Par exemple! il ne manquerait plus que cela! qu'on allât nous enrégimenter nos fils et les fusiller sans pitié pour avoir mal répondu à un caporal stupide!

— Je parle, il est vrai, en fille de soldat qui a vu de près la vie des camps et a pu juger du bon côté du métier. *Servitude et grandeur militaire*, dit le beau livre d'Alfred de Vigny. Oui, grandeur et servitude, c'est ce qui fait les braves : car la noblesse du cœur relève l'infériorité du grade et change souvent en héroïsme la plus humble abnégation. Pour un imprudent qui se perdrait par sa faute, combien de martyrs du devoir! combien d'actions éclatantes, combien de mâles vertus remplaceraient l'égoïsme desséchant qui règne en maître chez les jeunes hommes d'aujourd'hui !... Mais ce n'est pas de cela qu'il s'agit.

— Heureusement pour les faibles mères qui ne sont pas toutes des Cornélies. Quand je pense à la sévérité dont on use dans l'armée, quand je me représente les périls de la guerre, je trouve le collége moins effrayant. D'abord, Albert ne quittera pas Paris. J'irai me loger près de lui afin de le voir tous les jours.

— Encore une exagération, ma chère fille ! Je ne te le conseille pas. Il t'arriverait la même chose qu'à une dame de ma connaissance qui ne manquait pas chaque jour, à quatre heures, d'aller à Saint-Louis demander au parloir « monsieur son fils, » héritier présomptif d'un riche négociant. La tendre mère, les mains pleines de gâteaux, la figure épanouie du plaisir d'embrasser l'enfant chéri, accourait aux premiers sons de la cloche. Le jeune collégien prenait les gâteaux avec frénésie, recevait d'un air distrait les étreintes maternelles, et puis disait d'un ton bourru : « A présent, mère, tu peux filer. C'est l'heure de la récréation, ce n'est pas amusant de la passer au parloir ; tu m'empêches de jouer avec mes camarades. »

— C'est possible, mais Albert m'aime et ne ressemble pas à ça.

— Illusion de ton cœur, chère Clarisse. Nous embellissons nos enfants au moral comme au physique ; nous nous aveuglons sur eux. Toujours la fable de la chauve-souris exaltant son affreuse progéniture. Ils se ressemblent tous et nous avons été de même.

— Et puis, dit madame d'Aulnay essuyant ses dernières larmes, c'est comme pour ma fille Laure. Autre sujet de querelle. Mon mari ne veut pas entendre parler cette année d'un voyage à la mer. Pourtant les bains sont de toute nécessité pour fortifier cette enfant, et cette fois j'ai raison dans l'intérêt de sa santé...

— Tu te trompes encore, ma bien chère, à force de soins et de tendresse pour les tiens. On peut se passer de bains de mer. Autrefois, que les distances n'étaient pas supprimées par la vapeur, on n'en prenait que bien rarement, et on ne s'en portait pas plus mal. Les enfants n'étaient pas couverts de flanelle et ne s'enrhumaient pas davantage. Vois donc, à la porte des cabanes, les marmots des paysans, gros et joufflus, à moitié vêtus, malpropres et nourris grossièrement. Nous envions leurs belles couleurs pour les nôtres, pauvres fleurs de serres-chaudes ! Faisons comme les campagnards ;

confions-les à la clémente nature et n'exagérons pas les précautions. Je soutiens qu'en mettant vos fils dans du coton, vous en faites des hommes énervés, craintifs, susceptibles ; qu'en habillant vos filles comme des gravures de modes, vous les rendez coquettes, blasées, personnelles. Plus tard vous déplorerez votre faiblesse et en maudirez les conséquences.

— Je sais, reprit la jeune femme, que tu es toujours de l'avis de mon mari.

— C'est que je connais sa raison et que je partage ses idées. De mon temps !... mais tu vas dire que toutes les vieilles gens commencent leurs réprimandes par cet exorde invariable : De notre temps !... C'est une manière chagrine de critiquer les mœurs de la génération présente en leur opposant celles qui ont précédé, et qui avaient bien aussi leurs côtés défectueux. Si je me plaignais du changement de température survenu dans notre climat, de la disparition complète du printemps, qui n'est plus connu que par quelques tableaux allégoriques, on pourrait mettre ce regret sur le compte de mes douleurs rhumatismales, qui me rendent plus sensible aux intempéries et me font paraître les hivers plus longs et plus rigoureux. Si je blâmais les façons sans gêne, le ton de nos jeunes dandys d'aujourd'hui, leur mise peu correcte qui les dispense de tous égards, de toute politesse envers les autres, on s'écrierait que c'est mon âge qui me rend acariâtre et jalouse des hommages que l'on décerne aux plus jeunes ; mais c'est mon expérience qui m'apprend chaque jour que les rares parents qui savent conserver leur autorité, être fermes sans rigueur, tendres sans faiblesse, n'ont pas à gémir comme tant d'autres de la paresse ou de l'ingratitude de leurs enfants. Vois dans le monde, autour de nous, les sujets qui travaillent le mieux et qui réussissent : ce sont ceux que pousse la nécessité, qui n'ont pas les jouissances, les entraînements du luxe, les promesses de la fortune. J'aime tes enfants, tu le sais, autant qu'on peut aimer ; mais, bien différente de certaines grand'mères de nos jours qui sont plus jeunes et plus folles que les enfants eux-mêmes, je pèse avant tout, non ma satisfaction personnelle, mais leur intérêt propre. Pour leur bonheur, je dis qu'on doit savoir faire tous les sacrifices, à l'instar de nos devanciers, le bon patriarche Abraham ou le *citoyen* Brutus. Il est vrai qu'on n'en demande pas tant aujourd'hui à notre foi ou à notre patriotisme. Il s'agit, non d'immoler les enfants, mais de ne pas les gâter. Tu diras que je remonte un peu loin pour trouver mes exemples, mais je t'en citerai un plus rapproché et plus frappant pour toi : c'est le mien.

Je t'ai parlé quelquefois de mon enfance triste et éprouvée. A cette époque, je n'étais pas seule à me plaindre de la rigueur du sort et de la sévérité paternelle. C'était sous la Restauration. Nos pères, nobles débris de campagnes si pénibles, si meurtrières, n'avaient pas, tout en nous adorant au fond du cœur et nous souriant sous leurs moustaches grises, n'avaient pas, dis-je, les raffinements d'une tendresse efféminée. Il n'est pas difficile de comprendre que leur cœur fût devenu de bronze, du moins en apparence. Aussi toutes les amies et compagnes qui comme moi furent élevées à cette école de malheur et de délaissement y puisèrent un courage, une vertu qui en firent plus tard des femmes fortes et supérieures dans toutes les conditions où la Providence les plaça. Je me suis amusée à écrire la relation des vacances que je passais à cette époque, pour faire contraste avec les plaisirs, avec les satisfactions de tout genre qu'on prodigue maintenant à l'enfance. C'était une simple fantaisie, ou plutôt ce souvenir de la jeunesse qu'il est toujours si doux de remettre devant son esprit, quand bien même il aurait eu ses amertumes. Assurément j'eusse toujours gardé pour moi ces simples feuillets, mais aujourd'hui ils acquièrent l'intérêt d'une leçon. Ils peuvent être utiles ; je croirais donc presque manquer au devoir si je ne vous les faisais connaître.

La douairière pencha la tête, se recueillant dans sa mémoire. Elle reprit d'une voix émue :

— Ces souvenirs sont pénibles, et pourtant j'y suis attachée : ce sont pour moi les roses du matin de la vie. Que d'épines et de ronces sont venues ensuite ! Cette lecture, j'espère, vous intéressera tous. Ce sera un enseignement pour les enfants, qui sait même ? pour leur mère aussi. Ils pourront y apprendre qu'il ne faut pas entrer dans la vie avec trop d'exigences ni demander des plaisirs trop raffinés à l'âge où il devrait suffire de quelques distractions et de beaucoup de baisers maternels.

- Clarisse, malgré ses exagérations modernes, avait trop de sens pour ne pas être frappée de la justesse de ces paroles. Déjà, en maintes circonstances, elle avait entendu sa mère raconter quelques incidents de sa jeunesse, et plus d'une fois elle l'avait plainte tout bas. En apprenant que madame Meynadier avait patiemment écrit la relation du passé, une curiosité pleine d'intérêt s'éveilla chez elle.

— Oh! s'écria la jeune femme, combien je vous en veux, chère mère, de ne nous avoir pas communiqué plus tôt ces pages qui doivent être sans doute précieuses. Enfin il est toujours temps de s'amender, et puissé-je tirer profit de ce que je vais entendre ! — A quand la lecture ?

— Ce soir, ce soir même, mon enfant. Je suis comme tous les auteurs et je profite volontiers de l'empressement de mon public.

— Eh bien! je cours avertir mon mari...

— Et tu commenceras par te raccommoder avec lui.

Le soir venu, on fit cercle autour d'une table où la douairière, éclairée par une bonne lampe et ayant devant elle son manuscrit posé sur un pupitre, commença ainsi sa lecture au milieu de l'attention générale :

E. D<small>IONYSIS</small>.

(*La suite prochainement.*)

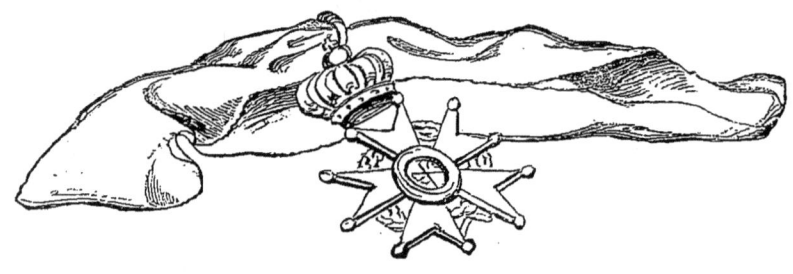

LE PERROQUET INCENDIÉ

Il m'est arrivé, l'autre soir, une chose dont je suis encore tout ému. L'événement s'est passé à Paris, dans un escalier où j'étais seul... de mon espèce du moins; et cependant peu de drames à cinquante personnages ont produit sur moi une aussi poignante impression. Est-ce à tort?... Je m'en rapporte à vous, à votre jugement, à votre sentiment surtout. — Voici le fait dans toute sa naïveté :

L'autre soir donc, j'entrais dans un hôtel du faubourg Saint-Honoré, où se donnait une belle fête. L'invitation était pour neuf heures, et minuit frappait à toutes les horloges. Personne n'arrivait plus, personne ne sortait encore. Le large et haut escalier ressemblait à ces palais déserts dont parlent les contes d'Orient. A peine ai-je monté quelques marches qu'une grosse boule de feu tournoyante passe rapidement devant mes yeux, et repasse deux fois en me frôlant presque les cheveux ; puis remonte et redescend plus lourde. C'était comme un météore rouge, vert et jaune... et de ce météore incompréhensible sortaient des cris aigus, une voix haletante, et cette voix prononçait des paroles saccadées, et ces paroles disaient : « *Jacquot ! Jacquot ! il a bien déjeuné, Jacquot ! il est bien content, bien content, Jacquot !* » Je m'arrête stupéfait ; je regarde fixement, et je reconnais, sous ses voiles de flamme, un pauvre perroquet dévoré comme par la robe de Nessus. La malheureuse bête, sortie de sa cage, se sera sans doute approchée des becs de gaz de l'escalier ; le feu aura pris à son aile et aura gagné tout son corps avec la rapidité même de son vol... Enfin, aux trois quarts consumé, après bien des tours dans l'air, après s'être heurté convulsivement aux quatre murs de stuc, il vient tomber à mes pieds, en articulant toujours : « *Il est bien content, Jacquot !* » —

Ce déplorable oiseau, qui naguère faisait les délices des enfants de la maison, ce charmant jaseur, à qui on n'avait appris qu'une seule phrase et qui était obligé, par routine, de se servir des paroles de la joie jusque dans les tortures de l'agonie, me fendait le cœur, et j'eus la faiblesse, peut-être la sagesse de ne pas entrer au bal. En revenant chez moi, je songeais à quelque pauvre comédien qui doit souvent grimacer la gaieté, quand il a le désespoir dans l'âme. Ne pourrait-on pas faire du *Perroquet incendié* une fable qui ne le céderait pas à beaucoup d'autres pour la moralité ? — Quel dommage que Lafontaine soit mort sans héritiers !

EMILE DESCHAMPS.

VOYAGES

LES VRAIS ROBINSONS

Depuis Daniel de Foë, l'immortel créateur du genre, il ne s'est pas produit moins de deux cents Robinsons en toute langue.

Aujourd'hui, un homme d'un mérite reconnu, M. Ferdinand Denis, vient, armé de la vérité, montrer les Robinsons authentiques, ceux qui ont réellement souffert et supporté les misères de la solitude.

Ses récits sont aussi émouvants que simples; tous offrent un intérêt égal, et il nous suffira d'en prendre un au hasard pour faire apprécier les autres.   A. D.

Ce Robinson espagnol vivait vers l'an 1528. Il naviguait dans la mer des Antilles et se dirigeait vers Saint-Domingue, lorsque, emporté par une violente tempête, il alla donner en plein sur le cap de Serrana. Cette île était si petite que, durant la tempête, les gens de la vigie ne l'avaient point aperçue. Le navire fut mis en pièces, mais l'un des marins, avant de se jeter à l'aventure dans les flots, eut la bonne pensée de s'emparer d'un flacon de poudre et de se fourrer à tout hasard dans la bouche un morceau d'amadou, espérant un peu vaguement qu'il pourrait quelque jour obtenir du feu au moyen de ces deux objets : celui qui avait eu cette bonne pensée était mestre Juan. Il gagna l'îlot, en effet, et parvint à construire à lui seul un radeau avec des fragments de mâts et des bouts d'amarres; il fut assez heureux pour sauver alors une partie de l'équipage, mais ce fut en vain qu'il chercha à obtenir ce feu si vivement désiré dès le début du naufrage; faute d'un simple caillou, la chose lui devint impossible. Il fallut que ces pauvres gens se contentassent pour toute nourriture de la chair des loups marins, et pour boisson du sang de ces animaux. Trois de ces matelots trouvèrent à la longue cette vie si misérable, qu'après avoir fait un nouveau radeau, ils s'abandonnèrent à la mer; il ne resta plus sur l'îlot que trois malheureux. L'un d'eux s'appelait Moreno, il fut saisi d'une telle douleur en voyant s'éloigner ceux dont cependant il n'avait pas voulu partager le sort, qu'il mourut de pur désespoir. Une horrible démence s'était emparée de lui; il courait le long du rivage en se dévorant les bras.

Il n'y eut plus alors sur l'île qu'un homme et un enfant; le plus âgé, mestre Juan consola le plus jeune, et il est certain qu'avec le temps la situation de ces deux infortunés s'améliora. Le plus robuste d'entre eux creusa le sable de l'îlot avec une carapace de tortue dont il avait fait une sorte de pelle; nos deux hommes purent étancher la soif qui les dévorait, bien qu'on ne pût tirer de ces espèces de puits qu'une eau saumâtre presque aussi salée que celle de la mer : les deux naufragés la buvaient mêlée au sang des loups marins, et elle ne leur semblait plus ainsi d'un goût aussi détestable. Ils maintenaient les parois de ces cavités, qui leur coûtaient bien des efforts à forer, en les garnissant de peaux de phoques. Octobre arriva, un grand changement se fit dans leur position : il plut, ils purent recueillir un peu de l'eau du ciel dans des coquilles, car la pluie était promptement absorbée par le sable. En faisant usage de cette eau douce, ils se maintinrent en santé.

Après l'eau douce, vint le feu, et voici comment ils s'en procurèrent : ils firent avec des peaux ce qu'on appelle une *balsa*, sorte d'embarcation bien connue le long des côtes du Pérou, et ils se dirigèrent par ce moyen vers le lieu où le navire avait péri; ils erraient à tout hasard sur ce point du golfe, où rien n'apparaissait, lorsqu'ils firent une grande découverte : un gros caillou se montra au fond de l'eau, ils s'en saisirent et l'emportèrent dans leur balsa. Grâce à leur poudre et à leur amadou, ils eurent du feu, et dès lors, chaque soir, ils allumaient une sorte de phare avec le bois que leur amenaient les vagues, espérant attirer ainsi quelque navire qui viendrait à leur aide.

A deux lieues de là, et sans qu'ils en eussent connaissance, vivaient sur un autre îlot deux naufragés; ces pauvres gens, attirés par le feu qui brillait perpétuellement sur l'Océan, joignirent nos hommes du phare au moyen d'une balsa. Cinq ans se passèrent ainsi, cinq ans d'une monotonie désespérante; au bout de ce temps, une grande résolution fut prise par les naufragés : ils se mirent à attraper à la nage les poutres que le vent conduisait vers leur île, et, ayant eu le bonheur de rencontrer quelques fragments de fer à l'endroit même où le navire avait péri, ils parvinrent à en fabriquer une scie; avec cette scie on se mit à construire une barque, dont les voiles n'étaient autre chose que des peaux de loup marin; malheureusement nos industrieux matelots s'étaient vus contraints de remplacer le brai par un mélange de graisse et de charbon. Mestre Juan, qui dirigeait la construction, comprit qu'il était impossible de se rendre à la Jamaïque, comme on avait voulu d'abord le faire, sur une pareille embarcation; il prit le parti de rester dans son île avec l'un des nouveaux venus. L'enfant son premier compagnon, qui était presque un jeune homme, se mit résolûment en mer avec l'autre marin; mais depuis on n'en a jamais ouï parler.

Fixé de nouveau sur son île avec le fidèle compagnon qui avait voulu partager sa fortune, mestre Juan fit des efforts d'imagination pour améliorer son sort et celui de l'autre naufragé. Nos deux solitaires commencèrent par construire avec leurs cuirs de loup marin de toutes petites barques, au moyen desquelles ils exploraient les bas-fonds dont l'île était entourée. Ils étendirent ainsi leurs voyages à une douzaine de lieues, dans des endroits qui souvent n'avaient pas plus d'une brasse de profondeur; ils visitèrent même dix-sept îlots, dont cinq, nous dit Herrera, avaient seuls de l'importance et doivent être signalés pour la sûreté des navigateurs.

Ils mangeaient habituellement les œufs de tortue, plus nombreux sur ces petites îles que sur la grande; quant à leurs vêtements, ils les renouvelaient au moyen de leurs peaux de phoque, tenues toujours en réserve pour cet usage. A la fin, dit Herrera, ils entreprirent un grand travail et se mirent à construire deux tourelles sur la grande île, une au sud, l'autre au nord; ils les édifièrent au moyen de pierre calcaire sèche; elles avaient seize brasses de tour et n'étaient pas bien hautes; ils s'étaient contentés de leur donner quatre brasses d'élévation. Ils s'y réfugiaient pour deviser, et ils allumaient des feux au sommet de ces édifices afin de faire connaître leur situation aux navires qui traversaient l'Océan. Ils creusèrent également un étang n'ayant pas moins de vingt-deux brasses de tour et revêtu intérieurement de pierre. Ils y conservaient leur poisson; mais la pierre leur coûtait cher à aller chercher, il fallait la tirer de la mer.

Ils construisirent une maisonnette qu'ils couvrirent de cuir de phoque. Durant cinq mois environ de l'année, ils se nourrissaient d'œufs de tortue frais, ils en salaient pour l'autre saison; avant de leur faire subir cette opération, ils les lavaient à grande eau, puis les faisaient sécher. Lorsqu'ils les enfouissaient durant une quinzaine de jours, le blanc des œufs se tournait en eau et était alors fort buvable, surtout pour des gens condamnés à étancher leur soif avec de l'eau saumâtre.

Ils mangeaient de temps à autre des cormorans et se trouvaient heureux quand pareille aubaine leur arrivait. Lorsqu'à force d'industrie ils parvenaient à prendre quelques-uns de ces oiseaux, ils leur faisaient dégorger le poisson qu'ils venaient de pêcher au milieu des flots pour le porter à leurs petits, et cela variait un peu leur nourriture : l'île leur fournissait d'ailleurs certaines racines semblables aux *verdulagas*.

Trois ans ajoutés aux cinq années de solitude qu'avait subies mestre Juan s'étaient écoulés dans cette vie monotone plus encore qu'elle n'était misérable, lorsqu'un jour, à midi, nos deux marins aperçurent du rivage une voile. Ils montèrent à leurs tourelles, allumèrent des feux et firent en sorte qu'une épaisse fumée indiquât leur séjour. Ils furent compris; le pilote de cette embarcation s'en vint les trouver avec l'écrivain du navire.

Dieu sait si la vue de nos solitaires leur causa de l'étonnement, si leurs vêtements surtout leur semblèrent étranges !

On leur fit alors raconter en détail ce qui leur était arrivé; ces pauvres gens avouèrent que ce qui leur avait causé le plus d'incommodité avait été l'abondance des petits crabes et des insectes de mer qui ne les laissaient pas dormir.

Mestre Juan avoua une chose plus terrible encore. Honteux de sa quasi-nudité, accablé par le manque de toute chose, il s'était plaint un jour avec amertume à Dieu, et il avait appelé à lui l'ange des ténèbres. Une sorte de griffon avec des ailes de chauve-souris lui était apparu alors; mais cet être monstrueux se soutenait sur des jambes d'homme, et son horrible tête hérissée de cheveux noirs laissait voir de toutes petites cornes. Lorsque cette vision l'avait troublé, le pauvre Juan avait appelé son compagnon et s'était fait donner une croix; c'avait été la croix à la main que les deux pauvres matelots avaient fait le tour de l'île, disant leur chapelet. Les apparitions dès lors avaient cessé.

Mestre Juan raconta également que, durant ce temps d'exil forcé, il avait été par deux fois malade, et toujours au mois d'août; il s'était saigné lui-même et la guérison était venue. Herrera, qui rapporte avec une bonne foi si naïve les hallucinations du solitaire, ne nous apprend pas ce qu'il éprouva lorsqu'il fut rendu au monde civilisé; nous n'ajoutons rien au récit qu'il nous a laissé. FERDINAND DENIS.

RÉCLAMATION EN FAVEUR DES CHIENS

L'alarme règne parmi la gent canine. Déjà l'impôt par tête de chien avait troublé la cervelle de ces intéressants quadrupèdes qui en étaient réduits à envier le sort de leurs confrères de Constantinople : car en Turquie le chien est un bohême : pas de maître, pas de taxe.

Voilà qu'à cette première cause de hurlement vient s'en joindre une nouvelle.

L'Acclimatation du bois de Boulogne annonce pour le 8 mai une *Exposition générale de chiens*.

Humiliation profonde ! Ces animaux qui se rattachent si étroitement à l'homme, ces témoins de nos peines, ces compagnons de nos travaux, ces associés de nos voyages et de nos chasses, ces gardiens fidèles soit de la maison soit du troupeau, ces antigones de l'infirme, vont être numérotés et parqués derrière des barreaux ! L'homme va mettre en cage son meilleur ami !!

Il y a plus : On échauffe, à ce sujet, le zèle de nos diplomates; dans toutes les directions se croisent des dépêches télégraphiques. MM. les consuls sont instamment priés d'expédier des échantillons de chiens du Levant, de chiens danois, de chiens havanais, de boule-dogues anglais, de molosses pyrénéens, d'esquimaux (à quatre pattes). On est à la recherche de griffons écossais ; et il paraît qu'on a fait des offres fabuleuses à une vieille portière du Marais pour qu'elle consentît à se dessaisir du dernier carlin qui existe encore.

Jusqu'ici les chiens avaient quelques raisons de se croire au-dessus de l'exhibition. L'ombre vengeresse du chien de Montargis, l'aimable fantôme de Munito, et autres célébrités canines préservaient la race. Mais aujourd'hui on ne respecte plus rien, pas plus les Césars que les Laridons. Comme fiche de consolation, l'on ose dire que chaque soir les chiens d'appartement seront rendus à leur *bonne respective*, pour être reconduits chez leur maman-gâteau, à la condition d'être de retour le lendemain à dix heures précises, toute distraction leur étant défendue en route.

Et puis, on promet des prix! Des prix, de quoi? Est-ce de beauté? mais rien n'est divers comme cette famille aboyante. Sauf certaines habitudes qui leur sont communes, en quoi un lévrier ressemble-t-il à un King's Charles? Quelle similitude un épagneul a-t-il avec un barbet? Vous couronnerez le favori de Madame la comtesse de ***. Moi, je trouve beaucoup plus de mérite à l'affreux caniche qui chaque matin mène avec tant de sollicitude vers le pont des Arts un aveugle *qui n'y voit pas*. Prix de croissance? Un mâtin rustique l'emportera sur un roquet civilisé. Prix de gourmandise? Le concours vous coûterait cher : on ne rassasie pas plus un chien qu'un ambitieux. Evidemment les prix destinés à récompenser le savoir-faire appartiendraient de droit à ces chiens savants que les bateleurs montrent en foire? Ceux-là excellent à danser, à faire l'exercice; mais si vous croyez qu'ils se préoccupent de vos médailles! Ah! qu'ils aiment mieux, quand la parade est achevée, quand on les a débarrassés de leur habit de général, s'en aller rôder aux environs de la baraque, en quête d'un os oublié!...

A chacun selon sa nature. Respectez la dignité et l'indépendance de la race canine : sinon, je vous le prédis, au jour du jugement suprême, tous les chiens lèveront la patte contre vous.

UN MEMBRE
DE LA SOCIÉTÉ PROTECTRICE DES ANIMAUX.

PROVERBES ITALIENS

Tout ver luisant n'est pas une étoile.

*

Mieux vaut un œuf aujourd'hui qu'une poule demain.

*

Avoir un œil sur la marmite et l'autre sur le chat.

GUIGNOL.

Les mouches n'entrent pas dans une bouche close.

∗∗∗

Beaucoup de fumée, maigre rôti.

∗∗∗

Qui vole l'habit d'autrui est bientôt nu.

∗∗∗

Les montagnes ne bougent pas, et les hommes marchent.

∗∗∗

Toute guenille veut entrer dans la lessive.

∗∗∗

Fuir les gendarmes et rencontrer le brigadier.

∗∗∗

Quiconque fait route avec le loup doit porter un chien sous son manteau.

∗∗∗

Au moulin et aux enfants, il y a toujours quelque chose à refaire.

∗∗∗

A bâtir et à planter de la vigne, on ne voit jamais la fin de la dépense.

∗∗∗

Amis et macaroni ne sont bons que s'ils sont chauds.

CONTES DU HAMEAU

CHOURRA DE MARSEILLAN

SUITE ET FIN.

— Tiens ! dit Mathieu, jouant la surprise, le chien de Simon a oublié de manger la garbure après l'avoir renversée dans la cendre. Puisqu'il en reste encore, je vais achever sa besogne.

Et plaçant la soupière sur la table, il se mit à la manger du bout des doigts avec l'appétit le plus décidé (1).....

(1) L'usage de la cuiller est très-récent en Gascogne ; au commencement de ce siècle, il était à peu près inconnu chez nos laboureurs.

— C'est assez, mon ami..... laisses-en pour ton maître! avait beau dire la ménagère, désolée de perdre ainsi son potage de réserve.....

— C'est le chien de Simon qui me l'a laissée, répliquait Mathieu; je veux le remercier de sa politesse et ne pas en perdre une bouchée..... Savez-vous qu'elle est excellente, maîtresse!..... il paraît que la cendre est un très-bon assaisonnement dans votre maison.

Et le valet poursuivit ses exploits gloutons en retenant le plat d'une main et mangeant la soupe de l'autre.

Pendant le cours de ce repas copieux, la femme Chourra se tordait les pouces. Le père Chourra, survenant sur ces entrefaites, demeura muet de terreur en voyant son dîner s'enfoncer dans la gorge de son valet.....

— Qu'est-ce que cela? dit l'avare; un seul homme mange aujourd'hui le dîner qui devait nous servir demain.....

— J'ai besoin de travailler, maître, et ventre creux n'a guère de cœur à l'ouvrage; laissez-le-moi remplir dans vos intérêts: les semailles s'en trouveront bien.

— Il faut manger pour vivre sans doute, mais il n'y a que les gens de rien et les voleurs qui songent à dévorer comme des loups.

— Je suis donc un homme de bien peu de chose, maître? car j'espérais grignoter encore du pain après avoir mangé les choux.

— Du pain après la soupe, misérable! tu voudrais donc nous ruiner: est-ce qu'il reste une miette de pain dans la maison?.... Penses-tu que nous soyons assez riches pour faire des provisions de chanoine?

— S'il ne reste rien dans la maison, vous allez vous mettre au lit sans souper.

— Ne t'afflige pas sur mon compte; après le déjeuner de ce matin, je puis attendre patiemment jusqu'à demain; je n'ai pas coutume de faire plus d'un repas. La continence et la sobriété sont les premières vertus de ce monde, et tu dois savoir qu'il n'est pas de privations auxquelles un estomac honnête ne sache se soumettre.

— Si tels sont vos principes, vous n'aurez pas à souffrir du souper que j'ai fait à votre préjudice, et j'irai me coucher sans remords.

II

Mathieu souriait sous cape de la punition infligée à l'avare; mais il ne la jugeait pas suffisante et voulait la pousser plus loin. Le moment de prendre du repos étant venu, la femme et le mari entrent dans l'alcôve que les maîtres de la maison ont l'habitude d'occuper entre la porte et la cheminée, afin d'avoir l'œil sur tout ce qui se fait chez eux ; Mathieu se rend à son lit d'écurie pour surveiller ses bœufs au râtelier.

A peine Chourra l'a-t-il vu s'éloigner, qu'il se relève en criant à sa femme : — Je meurs de faim ! donne-moi du pain de réserve. Ah ! le gourmand de valet ! ah ! le scélérat de domestique ! manger la soupe que nous gardions pour nous.....

Mathieu, qui les surveille par le trou de la serrure, rentre incontinent, prétend qu'il a plu sur son lit, et dit qu'il vient passer la nuit dans la cuisine, sur le coffre à pain, afin d'attendre le jour sur une couche moins humide que celle de l'écurie.

C'est en vain que Chourra lui fait observer la dureté d'un pareil gîte ; Mathieu répond qu'il est prudent de s'habituer aux planches, afin de ne pas se sentir trop mal à l'aise dans la bière qui doit nous porter à notre dernier gîte ; il s'étend sur le bahut et cherche une position à pouvoir sommeiller. Les deux époux étaient désespérés.

Que faire ? impossible de prendre le pain de réserve, sans dénoncer au domestique la richesse des provisions et se mettre en contradiction flagrante avec tout ce qu'on vient de dire sur la pénurie des subsistances, sur l'abstinence des maîtres du logis... Mathieu, couché sur le coffre, fait bientôt semblant de ronfler ; alors Chourra, étendu près de sa femme, de s'écrier, en portant les mains sur son estomac :

— Je meurs de faim ! Méniquette ; puisqu'il m'est impossible d'avoir du pain, prend de la farine de maïs, mets de l'eau sur le feu et fais un peu d'armotes.

Méniquette se lève, morte de faim elle-même, et compte bien prendre sa part de la bouillie... Mais à peine a-t-elle mis le chaudron à chauffer, à peine l'eau paraît-elle assez chaude pour recevoir convenablement la farine, que Mathieu se lève et demande ce qu'on veut faire d'un chaudron d'eau chaude à cette heure de la nuit ?... Méniquette déguise habilement la vérité, et répond :

— Dors, mon ami, je fais chauffer de l'eau pour mettre le linge à tremper : demain est mon jour de lessive.

— Puisque vous faites la lessive, mon devoir est de vous aider, maîtresse, répond le rusé valet. La première chose à faire pour rendre le blanchissage de bonne nature, c'est de mettre de la cendre dans votre eau. Voilà de la cendre! maîtresse, voilà de la cendre !

Et prenant la pelle à feu, il en jette cinq à six pelletées dans le chaudron.

— Encore ma bouillie perdue! murmure le pauvre mari derrière les rideaux de son alcôve. Ah! le misérable! il a juré de me faire mourir de faim cette nuit!... j'étais bien plus heureux avec son frère! combien je regrette que sa maladie l'ait contraint de nous quitter !

Mathieu, enchanté d'avoir troublé l'eau destinée à la bouillie, se recouche sur le coffre... Dès que Chourra le croit rendormi, il appelle Méniquette à voix basse.

— J'ai beau me serrer le ventre, dit-il d'une voix exténuée, je commence à ressentir des défaillances épouvantables... Puisque l'eau chaude ne peut plus servir à faire des armotes, mets la farine de maïs en pâte et fais-moi cuire au plus vite un gâteau sous la cendre; je serais mort au point du jour, si je ne trouvais à manger dans peu d'instants.

L'active Méniquette, pleurant son eau chaude *cendrée*, prépare un peu de pâte de maïs dans le blutoir, et dépose ce gâteau dans le foyer, en prenant toutes les précautions imaginables pour ne pas réveiller le domestique. Mais celui-ci s'élance brusquement de sa couchette et vient s'asseoir près de l'âtre, prétendant que le souvenir d'une certaine affaire de famille ne lui permet pas de fermer l'œil.

Méniquette et Chourra commencent à trembler pour leur pâte de maïs; ils espèrent cependant que Mathieu ne la remarquera pas sous la cendre et qu'il finira par retourner à son coffre, après avoir pris l'air du feu; mais le compère a bon œil et ne manque pas de persévérance et de finesse.

— Je vais vous raconter mon histoire, et vous demander vos conseils, dit-il.

— Pourquoi n'irais-tu pas d'abord voir les bœufs à l'étable?

— Laissez-moi vous dire deux mots de mon affaire; j'irai ensuite donner le fourrage à mes bêtes.

— Dieu soit loué de ce départ! Si le récit n'est pas long, pensa Chourra, je vais pouvoir manger mon gâteau de maïs tout à l'aise.

— Ma mère a eu la mauvaise pensée de se marier trois fois, dit Mathieu, et chaque mari lui a donné deux garçons et une fille, ce qui fait un total de trois filles et six garçons, attendu que le bon Dieu nous a trouvés trop mauvais pour nous prendre et le diable trop bons pour nous enlever; nous restons donc oubliés sur la terre. Or, ma mère étant morte il y a deux ans, il s'agit de procéder au partage et de composer neuf lots aussi équitables que faire se pourra..., A ces fins, M. le notaire commence le partage par le midi, et forme ses neuf parts égales, en allant du sud au nord.

Mathieu, prenant la sarbacane de roseau avec laquelle on soufflait au feu, veut indiquer sur la cendre l'opération divisoire de M. le notaire.

— Que fais-tu, malheureux? s'écrie le vieux Chourra en sautant hors du lit...

Mais le valet avait déjà creusé neuf raies profondes dans la cendre et mis la farine de maïs en marmelade.

— Je fais le partage du notaire; le géomètre vient de son côté, et commence les lots du couchant au levant, ce qui forme des carreaux de jardin en sens inverse...

Mathieu, répétant l'opération, achève de mêler la cendre avec la farine, au point de ne pas la rendre acceptable à des pourceaux.

— Qu'en dites-vous, mon cher Chourra? poursuit-il avec le plus grand calme; êtes-vous pour l'arpenteur ou pour le notaire? Maintenant que vous connaissez la question, préparez votre réponse; je vais aller me recoucher un instant, avant d'aller donner le foin aux bœufs, car je m'aperçois qu'il n'est pas deux heures du matin.

— Je suis mort! je suis assassiné! murmura le maître à l'oreille de sa femme; privé du pain sur lequel il dort, de la bouillie dont il a troublé l'eau, du gâteau de maïs dont il a mis la pâte en perdition, il ne me reste plus qu'à me rendre au champ de raves (1) afin de manger quelques racines crues, et remplir mon estomac de quelque chose qui ne soit pas du vent.

Chourra se glisse aussitôt hors de la cuisine, et se dirige vers le carreau de navets. Mais Mathieu, loin de se rendre à l'étable, suit son maître à la piste, et, dès qu'il le voit occupé à prendre des racines, il court vers lui en criant : au voleur! et accompagne cet acte de haute surveillance domestique d'une volée de coups de gaule ..

— Aïe! aïe! aïe! doucement, je suis Chourra! ne reconnais-tu pas ton maître? s'écrie le propriétaire du ton le plus lamentable.

(1) Navets.

— Mon maître dort dans son lit; il n'y a que les voleurs qui courent ainsi la nuit, répond Mathieu en continuant sa bastonnade.

— Aie pitié de moi! la faim m'a forcé de venir arracher des raves.

— Mon maître est trop sobre et trop économe pour s'abandonner à cet appétit vorace : « Il n'y a que les gens de rien qui songent toujours à manger... » Et la bastonnade va son train.

— Je n'avais pas suffisamment soupé hier au soir; je sentais dans mon estomac des défaillances épouvantables.

— Chourra de Marseillan n'a jamais rien pris hors de ses repas; il possède « un de ces estomacs honnêtes qui savent se plier à toutes sortes de privations. »

Le malheureux Chourra, puni par les principes qu'il venait de proclamer si haut lui-même, allait expirer sous les coups de Mathieu, lorsque Méniquette, attirée par ses cris, arrive, une chandelle de résine à la main, et ne permet plus au domestique de méconnaître le maître qu'il flagelle. Jetant sa latte à trente pas, Mathieu présente ses très-humbles excuses; Chourra, frottant ses épaules endolories, rentre au logis, bien décidé à ne plus attendre que son domestique soit couché pour manger en cachette, et se promettant de ne plus se vanter des principes d'abstinence et d'économie que son estomac n'est pas en mesure de mettre en pratique.

A la suite de cette leçon, Mathieu se hâta de quitter une maison dont il avait si fort maltraité le propriétaire. Son frère reprit sa place de valet de charrue, et ses maîtres, corrigés par la rude leçon de Mathieu, ne donnèrent plus à leur valet l'occasion de se plaindre de leur avarice.

CÉNAC-MONCAUT.

RÉBUS

L'explication au prochain numéro.

BRIC-A-BRAC LITTÉRAIRE

Le Manant et le Rôtisseur

FABLE

Un manant dont tout l'ordinaire
Etait du pain et de l'eau claire,
Passant un jour devant un rôtisseur
Se sentit vivement attiré par l'odeur
Que rendaient les poulets en broche
Et des ragoûts sur le fourneau.
Saisi d'un appétit nouveau,
Près de la boutique il s'approche ;
Et, tirant du pain de sa poche,
Du fumet qu'ils font exhaler
Il commence à se régaler.
Son dîner fait, il se retire
Mais le rôtisseur furieux
Court après lui, roulant les yeux :
« Paye, escroc, » lui dit-il. « Je crois que tu veux rire,
Répond notre manant ; me prends-tu pour un sot ?
Paya-t-on jamais tel écot ? »
« Et moi, suis-je obligé de nourrir la canaille
Sans recevoir ni sou ni maille ?
Reprend le cuisinier. Oui, certes tu paieras. »
Alors entre eux s'élèvent grands débats.
A leurs clameurs accourt la populace ;
A l'envi chacun les agace.
Dans ce conflit survient fort à propos
Certain plaisant connu par ses bons mots.
Tous deux le prennent pour arbitre
De leur étrange différend.
Le bouffon enflé de ce titre,
Prend un air sérieux. « Donne-moi de l'argent, »
Dit-il d'un ton ferme au manant.
Celui-ci bien surpris, dégaîne
Un écu qu'il lâche à grand'peine.
Le bouffon l'ayant pris, le fait sonner trois fois,
Puis le rendant, dit en haussant la voix
Au rôtisseur : « Tu l'as régalé de fumée
Et pour paiement il te donne du son :
De vous juger c'est la seule façon ;
Allez en paix, l'affaire est consommée. »

GROZELIER (1).

(1) Prêtre de l'Oratoire, né à Beaune en 1692, mort en 1778, auteur de deux recueils de Fables.

Le Petit Cantinier

Vous qui, de la reconnaissance,
Méconnaissez le sentiment,
Ingrats, écoutez un moment :
Ici, la bouche de l'enfance
Va dicter votre jugement.

Un jeune enfant suivant l'armée
Pour y vendre du brandevin,
Cherchait, au sein de la fumée,
Les grenadiers de *Boisjeslin*,
Où vas-tu, petit misérable ?
Lui crie un officier-major....
Je m'en vais, dit-il, où la mort
N'a rien pour moi d'épouvantable.
J'irais même jusqu'en enfer
Pour prouver ma reconnaissance :
Je porte à boire à l'*Espérance*,
Qui m'a nourri pendant l'hiver.

Montouey.

(*Almanach des Muses* de 1766.)

Le Curé judicieux

Un gentilhomme de Nemours
Dessus les grands chemins volait un peu le monde.
En France on n'aime point ces tours ;
La façon d'acquérir ne parut pas bien ronde.
Il fut pris et tout vif en Grève on le roua,
Quoiqu'il fût seigneur d'un village.
Le bon curé de ce lieu-là,
Aux mânes du défunt rendant encore hommage,
Au prône le recommanda.
« Mes chers paroissiens, dit-il, ces conjonctures
Me touchent vivement le cœur ;
Prions pour votre feu seigneur
Mort à *Paris* de ses blessures. »

(*Ménagiana.*)

La bonne Leçon

Par ses moindres objets, Nature, notre mère,
Tous les jours m'enseigne et m'éclaire.
Par elle, dans le vrai, je suis plus affermi
Que par ces beaux écrits dont l'étude est profonde ;
Et j'apprends plus d'une fourmi
Que de tous les livres du monde.

PANARD.

PETIT DICTIONNAIRE
DES ORIGINES ET DES INVENTIONS

(Suite.)

ACTES. — Jadis (il y a longtemps de cela!) quand les hommes croyaient à la bonne oi mutuelle, ils se contentaient en affaires de passer de vive voix et publiquement leurs contrats. Il est vrai que le public alors n'était pas aussi nombreux que celui d'aujourd'hui, et qu'il ne serait guère possible d'aller vendre sa maison ou son fonds de commerce, *coràm populo*, sur la place de la Concorde. Les Babyloniens, ces civilisés des âges les plus antiques, introduisirent parmi eux l'usage de passer les contrats par écrit. Il faut croire que cet exemple ne fut pas très-diligemment suivi; car, en France, jusqu'au xiii° siècle, on ne signait point les actes, et ce fut seulement en 1591, sous Henri III, que le Parlement rendit une ordonnance pour que les actes par-devant notaire reçussent la signature des parties. François I°' voulut qu'ils fussent désormais rédigés en français; idée très-sage; auparavant, on ne les écrivait qu'en latin, et je vous demande si la plupart des contractants se doutaient de ce qu'on avait stipulé en leur nom. On pouvait très-bien ainsi adjuger un âne pour un cheval, un œuf pour un bœuf. C'était mieux encore en Allemagne : là, rien d'écrit ; quiconque se croyait le bras solide disait volontiers : « Ce manoir est à moi ! » Pour prouver le contraire il fallait descendre en champ clos l'épée au poing, et quelquefois le vrai propriétaire était tué. Moyen commode d'acquérir des immeubles. Cet abus ne cessa que par la généreuse initiative de Bertrand, évêque de Metz, qui imagina de faire établir dans les villes des dépôts d'archives constatant les titres réels des propriétés particulières.—Le mot *actes* a encore un autre sens plus familier sans doute à mes jeunes lecteurs : ils ont dû voir plus d'une fois sur l'affiche : *Tragédie en cinq actes et en vers*. Les tragédies, genre respectable, avaient toujours cinq actes. On osait le leur reprocher quand, depuis, il s'est produit tant de mélodrames en *sept* actes et quinze tableaux ! Donc un *acte* est une division d'une pièce de théâtre. Horace dit qu'une comédie, pour être régulière, doit avoir cinq actes. Chez nous dans l'entr'acte on baisse le rideau, et la partie jeune de l'assemblée peut se livrer à la consommation du sucre d'orge. Chez les Grecs, les intervalles n'étaient marqués que par des chœurs.

ACUPUNCTURE. — Piqûre faite avec des aiguilles pour guérir certaines maladies. C'est une invention chinoise. De la Chine, ce procédé curatif passa dans l'île de Corée et le Japon. Au xvii° siècle seulement, on s'en avisa en Europe. Un ouvrage daté de 1693, publié à Londres, traite de l'acupuncture. Les Japonais la pratiquent avec une aiguille d'or ou d'argent, à manche flexible. Il n'y a pas plus de quarante ans qu'on emploie en France ce procédé.

ADRESSE. — Terme de la langue politique, à l'usage des pays dits constitutionnels. Exemple : Le souverain prononce un discours ; les Chambres lui font une réponse qu'on appelle l'*Adresse* et qui est la reproduction du discours du souverain : « Messieurs, je vous vois avec plaisir réunis... » — « Sire, nous sommes charmés d'être réunis. » — Et ainsi de suite. Le Parlement anglais inaugura ce genre d'éloquence sous la dictature d'Olivier Cromwell, un ancien brasseur qui devint général, dévasta l'Irlande et fit trancher la tête à son roi.

AÉROSTAT. — Il y avait une fois... dans l'île de Crète, un jeune fou nommé Icare. Heureux s'il n'eût songé qu'à porter élégamment sa tunique, à se couronner de roses et à boire avec ses amis le nectar de Bacchus ! Mais il s'avisa de devenir jaloux du divin soleil, de Phœbus-Apollon, un cocher infatigable qui presse son quadrige dans les hauteurs de l'infini. Il conta son déplaisir à monsieur son père, lequel était pour l'époque un grand savant, bien qu'il n'appartînt pas à l'Institut. Dédale, en papa trop faible, consentit à fabriquer pour son fils des ailes de vaste envergure. Il lui recommanda seulement de ne pas s'approcher trop du soleil. Ce n'était pas l'affaire d'Icare qui ne s'envolait que pour détrôner ce rival odieux. La chaleur fit fondre les ailes qui étaient enduites de cire, et le jeune imprudent vint choir dans la mer. — Tel fut le premier essai d'aérostat. Il n'était pas encourageant. De tout temps l'homme a aspiré à s'élever dans les airs. S'il y réussissait, serait-ce un bien ? La guerre règne déjà sur l'onde comme sur la terre : il ne manquerait plus que de la transporter dans ces beaux nuages qui se reflètent de colorations si variées ! En 1676, un nommé Besnier inventa une machine à voler en l'air. En 1773, Desforges, chanoine d'Étampes, imagina le *cabriolet volant*. Vint ensuite Blanchard qui, en 1782, construisit un appareil qu'il appelait *vaisseau volant*, mais qui ne quitta point le sol. Plus anciennement, c'est-à-dire en 1670, le P. Lama avait découvert la navigation aérienne, mais il ne s'était pas avisé de s'en servir. Neuf ans après, l'italien Borelli présentait à la reine Christine de Suède un ouvrage où il parlait du même sujet. Celui-là non plus ne vola point. Cependant la découverte des aérostats était immanquable ; Montgolfier l'aîné en eut l'honneur. Ce fut lui qui eut l'idée de renfermer dans une enveloppe légère de l'air raréfié par la chaleur. La première expérience eut lieu à Annonay et réussit complétement. Charles Montgolfier étendit cette découverte. Le 1er décembre 1785, il s'éleva dans le nouvel aérostat jusqu'à 1,700 toises. Gay-Lussac monta à 7,000 mètres et, dans cette haute région, il puisa de l'air atmosphérique dont la composition se trouva la même que celle de l'air à la surface de la terre. Garnerin introduisit l'usage du *parachute*, espèce de parapluie immense qui, en diminuant la rapidité de la descente, préserve les aéronautes. A la bataille de Fleurus, sous la République, un ballon captif servit à reconnaître les positions de l'ennemi. De nos jours, les ballons semblent réservés aux plaisirs des badauds. Le roi actuel dans l'art des ascensions est M. Godard qui, parfois, a donné aux Parisiens la satisfaction de lui voir pour compagnons de route un mouton et une chèvre. Qui était le plus étonné ? Les Parisiens, le mouton ou la chèvre ?

AFFICHES. — Vous connaissez la chose, il suffit pour cela d'avoir des yeux. S'il y a quelque part le moindre coin de libre, aussitôt des carrés de papier multicolore viennent s'y apposer. Affiches sur affiches ; celles du lendemain couvrent sans vergogne celles de la veille. L'affiche étale hardiment ses promesses en lettres majuscules. Toute place lui est bonne ; il faut que vous la subissiez, dût-elle, dans la crainte d'être dérangée, se faire peindre sur le haut d'une maison, à côté des tuyaux de cheminée. Elle vous dit les miracles du bon marché, les *rabais* fabuleux, les *occasions* admirables, les tours de force de la *haute nouveauté;* elle vous crie : Pour rien ! ! ou bien : Halte-la ! ! ! ou encore elle vous donne chacun des magasins nouveaux comme *le plus vaste* qui soit dans toute l'Europe. Aimez-vous la lecture ? Elle vous apprend que tel journal à cinq centimes va publier les *Mystères de la Bastille*, tel autre les *Mystères de l'Inquisition*, tel autre les *Mystères de la rue Vide-Gousset*. Que d'émotions et quelle littérature !... Mais ce n'est rien si on n'a pas lu l'immense placard qui vous allèche par l'*Histoire de sept générations d'exécuteurs !*... les Sept Sanson !... Cela dépasse les *Quatre fils Aymon*. Ceux-ci n'étaient que quatre sur le même cheval : c'est mesquin. Les Sanson ! ! ! Boum ! boum ! Les *Mystères* de l'art de torturer, tenailler, pendre, rouer et écarteler !... Et toi, Guignol, tu comptes bien aussi, je le sais, t'afficher partout avec un programme mirobolant. *Dix francs par an : c'est pour rien !... Le bureau n'est jamais fermé.* — L'Affiche est donc aujourd'hui le grand lien des classes diverses. Sans elle il n'y aurait plus d'existence sociale : car tout le monde ne possède pas le casque de Mangin, et la plupart des confiseurs n'ont pas commis des vaudevilles comme M. Siraudin. Sans les *Petites-Affiches*, qui furent fondées en 1732 par Boudet (de Lyon), — un homme de génie ! — on ne connaîtrait pas cette *haute* école de style qui dit si simplement : « *L'homme et la* *femme*, de 40 à 60 ans, désirent se placer comme concierges. » Au reste, les *Petites-Affiches* sont au moment de changer cette formule et de s'accommoder aux besoins actuels en donnant désormais l'avis suivant : « Une famille honorable, son chien, son chat et ses serins désirent *se placer* comme *locataires*. »

(La suite à un prochain numéro.) PAMPHILE.

Les adhésions pleuvent chez GUIGNOL. Ce sont là des giboulées de mars dont nous ne nous plaindrons pas. Il y a de la sympathie et surtout de l'étonnement. Bien des gens sont ébahis de voir que le rire n'est pas mort, et qu'on peut songer encore à égayer le public en l'instruisant. GUIGNOL est un novateur, tout simplement parce qu'il fait ce que faisaient nos pères. Bientôt il passera pour avoir découvert l'Amérique et inventé la polka.

Parmi les témoignages sympathiques, nous choisissons les strophes suivantes, toutes parfumées d'esprit, qui nous arrivent du fin fond de la France. Si la province se permet de si jolis vers, Paris n'a plus qu'à donner sa démission de capitale.

A. D.

A GUIGNOL

Eh! bon jour, mon ami Guignol!
Je te tire ma révérence.
Tu vas, dit-on, prendre ton vol
Et commencer ton tour de France.

Je t'en fais bien mon compliment.
Il était grand temps que tu vinsses
Régaler, de ton *boniment*,
Nos petits bébés des provinces !

Il existe, — et tu les verras
Friands de tes plaisanteries, —
Des bambins que n'abritent pas
Les marronniers des Tuileries.

Si leurs yeux sont plus étonnés,
Leurs oreilles sont moins blasées
Que celles de tes abonnés
Du rond-point des Champs-Elysées !

Là, trop de plaisirs à la fois
Agitent l'esprit et les lèvres :
Tantôt, c'est le cheval de bois,
Tantôt, c'est la voiture aux chèvres.

Aussi le parisien moqueur
Et dès la mamelle sceptique,
En un clin d'œil connaît par cœur
Les ficelles de ta boutique !

En province, petits et grands,
Notre goût naïf est le même,
Et nous prenons, à soixante ans,
A PEAU D'ANE un plaisir extrême !

Parfois un orchestre en plein vent
Vient animer nos champs de foire ;
Et lorsque passe un ours savant,
C'est un bonheur à n'y pas croire.

Qui fait la chasse aux hannetons,
Pour nous est un naturaliste ;
Et qui possède un mirliton,
Passe pour un très-grand artiste !

Tout monsieur qui vient de Paris,
Pour la province est un grand homme :
Tout Mascarille est un marquis,
Tout lunetier un astronome.

Je parle des plus inconnus,
Du mérite obscur ou frivole...
Juge alors s'ils sont bien venus,
Les noms qu'entoure une auréole !

Arrive donc, ô Boute-en-Train,
Toi, le plus joyeux des compères,
Le descendant de Tabarin
Qui fit le bonheur de nos pères !

Le fils de l'uniformité
Sur nous exerce son empire...
Force par ton autorité
L'ennui même à pouffer de rire.

Tout retard serait imprudent :
Ton futur public idolâtre
S'impatiente en attendant
L'ouverture de ton théâtre !

I. S. PATER

Février 1863.

Voici qui nous vient de plus loin encore. GUIGNOL n'a plus rien à envier à Annibal ; il a franchi les Alpes.   A. D.

Bergame, mars 1863.

All'ornatissimo ed illustrissimo signore Guignolo.

Caro signor,

Escousez mon mauvais français et né voyez dans la lettre qué zé vi écris ché l'espression poure dé mon enthousiasme. Zé croyais ché en France lé règne d'*Arlichino* était passé et ché zamais piou on né entendrait parler dé cé zentil personnaze, qui a tant rézoui lé poublic dépouis l'époque où lé cardinal Mazzarini fit vénir Biancolelli ou lé célèbre Dominique. Zé ai lou la pétite comédie poubliée par *Guignolo* é zé souis tout *strepitante da gioia*. Z'avais hâte dé vous *far* mon compliment. Arlichino,

Pulcinella, Scaramuccia, Scapino sont dé toute nécessité *per dilettare una nazione tanto celebre, delicate e profonda in ogni genere de scienze.*

Zé m'honore d'être lé petit-fils dou dernier Arlichino, lé famoso Lazzari qui, en 1792, diriza lé théâtre des *Variétés amousantes.* Quel homme qué céloui-là quand il zouait la *Baleine avalée par Arlichino !!* Il s'était *posto nella più grande riputazione.*

La mode était sangée. Sé mé souis contenté dé vivre à l'ombre dé cé glorieux héritaze ; mais zé garde proudemment la veste dé mon grand'père pour être prêt à tous les événements politiques.

Grazie a vi, illustrissimo signor, au nom des anciens comédiens italiens et *della sola buona e vera commedia !*

Tommaso Lazzari.

ATELIER DE DESSIN ET DE PEINTURE POUR LES JEUNES PERSONNES. — Nous ne saurions trop recommander l'excellent enseignement de Mme **LINA VALLIER**, ancien professeur à la Maison impériale de Saint-Denis. Nulle part les jeunes filles ne reçoivent des leçons plus pratiques. Pastel, paysage, porcelaine, aquarelle, tous les genres sont également soignés sous la direction de Mme L. Vallier, dont l'atelier est rue du Colisée, 33, au centre du Paris élégant.

Rédacteur en chef : M. Alfred des Essarts.
Propriétaire-Gérant : M. Dupray de la Mahérie.

LES OUVRIERS DU BON DIEU

Dieu nous dit : « Travaillez, le globe est l'atelier.
Mes petits ouvriers vous feront des modèles. »
Donc, par son ordre, vers, chenilles, hirondelles,
Devinrent filateurs, maçons aux longues ailes ;
Puis, chacun d'eux, à l'homme enseigna son métier.

Sur son nid, l'oiseau fit un cours aux architectes.
Le ver à soie, actif fournisseur de Lyon,
Sans vouloir de brevet pour son invention,
Fit, sur un mûrier blanc, votre éducation,
O grands industriels, apprentis des insectes !

Galant fileur, sans rien garder de son butin,
Aux femmes il offrit sa coque toute pleine :
Plus charitable encor que le grand saint Martin,
Qui donna la moitié de son manteau de laine,
Il nous livre en entier son manteau de satin.

Mais sitôt qu'il s'échappe et, flâneur inutile,
Prend des ailes et sort de son blond pavillon,
Il perd tous les égards... On le trouve futile,
Dès que, pour s'envoler à quelque bal Mabille,
Il a percé sa coque et devient papillon.

Regardez, sur ce fil, l'araignée à l'ouvrage.
En la voyant danser sur la corde, on croirait
Que c'est un acrobate... et l'on se tromperait :
Pêcheur de moucherons, elle arrange un filet;
Petit mousse, elle grimpe à son léger cordage.

Elle instruit la fileuse, avec son art profond ;
Elle montre au cordier comme on fait une échelle,
Guide le tisserand, l'ouvrière en dentelle,
Se glisse dans sa chambre, y travaille avec elle,
Et lui donne leçon du haut de son plafond.

Et pourtant l'homme ingrat la fuit et la dénigre.
Mais quel bruit... C'est l'abeille... On dirait à la voir
Dans son habit rayé, peint de jaune et de noir,
S'enivrant de nectar, du matin jusqu'au soir,
Que c'est une bacchante, avec sa peau de tigre.

Non... son rang est brillant parmi les travailleurs.
Chacun l'aime : l'œillet lui dit : Bonjour, abeille ! »
Et la rose : « Viens donc à ma table vermeille ! »
Ce convive adoré, qu'on reçoit à merveille,
A toujours son couvert dans les maisons des fleurs.

Elle suce un doux miel, avec sa trompe aiguë.
Elle instruit le poëte : il est, comme elle, errant
Dans les jardins de l'âme ou le bois odorant ;
Mais, hélas ! dans le cœur, corolle humaine, il prend
Avec les sucs des lis, les sucs de la ciguë.

L'abeille trouve aussi l'éclairage : au milieu
De la poussière d'or d'une rose naissante,
D'un lis, elle découvre une cire charmante,
La belle cire vierge... Alors, reconnaissante,
L'abeille fait brûler des cierges au bon Dieu.

Mais la cire parfois sert, lugubre ou perfide,
Aux scellés, à l'empreinte... Abeille au corset noir,
Quoi ! tu vas te rouler dans ton bel encensoir,
Pour qu'un juge de paix, le jour, ferme un tiroir,
Et qu'un adroit voleur, le soir, l'ouvre et le vide !

Ce petit ver luisant, qui porte son falot,
Inventa la lanterne... Il ne faut pas qu'on raille
Cette noire fourmi, seul nègre qui travaille ;
Ce commissionnaire actif, et sans médaille,
Qu'on voit toujours en course et traînant son ballot.

Nos catacombes sont, des taupes qu'on méprise,
L'antique invention... On vit des nids d'oiseaux,
Et l'on fonda la crèche et ses petits berceaux.
Ce castor, qui construit sa ville sur les eaux,
A donné la pensée et le plan de Venise.

Dans les serres de l'aigle on vit l'agneau tremblant :
Vite on fit la tenaille, un plagiat insigne !
De l'aiguillon, l'aiguille est la copie indigne ;
Et la rame imita les pieds palmés du cygne,
Élégant batelier, vêtu de satin blanc.

L'arbre est une maison toujours industrielle :
La fourmi loge en bas, comme un noir charbonnier ;
L'abeille, à l'entre-sol, cache son atelier
Dans un creux ; l'araignée, aux branches du premier,
Dresse son magasin de fil et de dentelle.

Au second, un pinson (un artiste brillant),
Fait des partitions dans sa chambre en feuillage ;
L'oiseau-tailleur, qui coud son nid, charmant ouvrage !
Simple ouvrier qu'il est, loge au dernier étage,
Dans la mansarde verte, et chante en travaillant.

Or, tout homme, comme eux, a sa tâche suprême :
L'un doit tenir la rame ou bien le gouvernail ;
Les autres, le marteau, la plume... le roi même
Doit travailler au bien du peuple pour qu'il l'aime,
Et, dans sa main, le sceptre est l'outil du travail.

Anaïs Ségalas.

CAUSERIE

Votre ami Guignol veut bien, cette fois, me céder la parole, à moi, son humble et fidèle compagne, bonne tout au plus à attacher les cordons de ses souliers.

Mais pourquoi, direz-vous, sommes-nous menacés de cette prose féminine ? Notre aimable causeur est-il donc malade ?

Non, rassurez-vous : mon noble époux est robuste, et longtemps encore, s'il plaît à Dieu! il amusera et moralisera les générations. Mais il s'agissait, ce mois-ci, d'aborder un sujet *très-incompétent* pour lui.

Depuis quelque temps je le voyais, la tête appuyée dans ses mains, méditant en silence et ne buvant plus que trois litres par jour. Je m'inquiétais de son air soucieux et de sa sobriété insolite. Je le pressai de questions : il m'avoua alors qu'il était fort embarrassé, ayant à faire, dans son Journal, un article *Modes* dont il ne se tirerait jamais.

— Hélas! me dit-il, je ne comprends rien aux exigences et aux caprices de la mode, cette reine fantasque et bizarre.

— S'il ne s'agit que de cela, répartis-je, je te remplacerai volontiers dans ce travail.

— Toi, bas-bleu!! ma pauvre femme!

— Pourquoi pas? je ne serais point fâchée de trouver enfin l'occasion de dire *carrément* mon opinion à ce sujet; car, bien que je n'aie guère l'habitude de tenir la plume, j'ai la *pratique*... pour habiller les poupées de l'un et l'autre sexe, comédiens ordinaires et extraordinaires de notre théâtre.

Fi!... madame Guignol!... diront les élégantes. Une femme du peuple qui porte d'ordinaire une robe d'indienne vide de crinoline, un châle boiteux et un bonnet à rubans jonquille! Comment, toujours close entre les quatre planches de sa baraque, peut-elle savoir ce qui se passe au faubourg Saint-Germain et ce qu'on exhibe aux courses de La Marche?

Jusqu'ici nous avons eu de si nobles, de si spirituelles chroniqueuses, la marquise de Vieux-Bois, la baronne de Rotival, la vicomtesse de Renneville, toutes versées et confites dans l'art de la coquetterie parisienne! A la bonne heure, voilà des sibylles!!!

Excusez pourtant, illustres devancières, si je viens jouer du coude pour me faire ma place au milieu de vous : le soleil et la mode luisent aux yeux de tout le monde. Si je n'indique pas toujours les toilettes du suprême *bon ton*, j'enseignerai, en ma qualité de ménagère, les toilettes de *bon sens*, et l'on n'y perdra rien. Je vais écrire à la bonne franquette, car je n'ai pas l'habitude de mettre des gants pour parler au public.

Dans mon état, aux Champs-Élysées, où se réunit chaque jour autour de notre Théâtre-Français un auditoire distingué, j'ai pu étudier ce qui sied à la jeunesse, ce qui relève les grâces de l'enfance ; et, tout en faisant mouvoir le nombreux personnel de nos coulisses, je regarde par le trou de ma toile le petit blondin rose tout habillé de velours, ou la petite fillette aux yeux azurés comme les bluets de son chapeau de paille.

Souvent je m'étonne, pauvres parents, de voir comment vous *ficelez* messieurs vos fils et mesdemoiselles vos filles. On dirait que la moire, la popeline, les plumes, les fleurs ne vous coûtent rien. Du velours, on en met partout, excepté dans son cœur et son caractère, attrapez ça ! Qu'il y a loin du luxe actuel à la sage économie d'autrefois, quand on taillait au bambin un habillement complet dans la lévite de son grand-père, et que la robe maternelle passait, comme une relique, jusqu'à la troisième génération ! Aujourd'hui, tout au rebours, ce sont les mères qui usent ce que leurs filles ont d'abord porté !

Mais ce n'est pas aux innocents que mes reproches doivent s'adresser. Ils ne se dirigent pas eux-mêmes, pas plus que mes poupées, qui se laissent habiller et déshabiller sans dire mot. C'est plutôt aux *parents terribles* qu'il faut faire la leçon, en les engageant à vêtir leurs enfants d'après leur position et leur fortune : car, en leur donnant de bonne heure des goûts dispendieux, ils leur préparent bien des mécomptes.

Voyez mes chères marionnettes, que je cite toujours comme exemple. Je n'irai pas employer, pour la veste de Pierrot, la même étoffe que pour le costume du beau Léandre ; ni affubler une naïve villageoise des falbalas de Colombine ; la grosse nourrice avec son tablier de toile cirée n'est pas mise comme la pimpante soubrette ; la perruque bouclée du notaire ne décorera jamais le chef d'un ramoneur, pas plus que la culotte du gendarme ne ganterait messire le Diable.

Voici le premier sourire du printemps : ce qui veut dire que les petites feuilles, qu'on mangerait volontiers en salade, verdoient les arbres ; qu'il fait de ces journées claires et chaudes qui donnent envie de faire peau neuve. *Beau temps oblige!* comme dit la réclame pompeuse d'un magasin de nouveautés.

Donc pour fêter l'ami Printemps, nos plus habiles faiseuses ont évoqué les formes les plus nouvelles, les fantaisies les plus *chic*. Passez-moi cette expression, désormais consacrée.

Allez voir place Vendôme, n° 8, chez madame du Riez, ancienne maison de Baisieux.

Vous me direz que je commence par vous induire en dépense en vous donnant l'adresse d'une couturière des plus en renom. C'est vrai. Mais, bien que cette intelligente artiste compte dans sa nombreuse clientèle jusqu'à des *têtes couronnées*, elle sait mettre son talent à la portée de toutes les bourses, et elle fait des merveilles de bon goût et d'économie tout à la fois quand il s'agit de toilettes d'enfants, étant elle-même une mère de famille raisonnable.

Voici ses dernières créations :

Une robe de cachemire d'Écosse bleu Marie-Louise avec la pèlerine pareille, le tout soutaché d'une grecque en velours noir Tom-Pouce. Le cachemire est une excellente étoffe pour les enfants, parce qu'il se nettoie facilement sans rétrécir et qu'on le trouve en toutes nuances, teintes sérieuses et habillées. Avec ce costume, un petit chapeau de paille en crin relevé en toquet, garni d'un bouquet d'épis et bluets, convient on ne peut mieux.

Pour grande toilette, j'ai vu une robe de fillette en soie rose garnie d'un petit volant tuyauté au bas de la jupe, avec un effilé en soie blanche frisée posé au-dessus. Le corsage était carré avec bretelle sur l'épaule ; décoré du même effilé, cela ressemble à un bonbon de chez Siraudin. Ajoutez une guimpe de mousseline à manches bouffantes garnie d'une petite valenciennes.

Et puis... et puis... mille autre choses...

Je le répète, allez juger par vous-mêmes, place Vendôme, n° 8. L'hôtel est à vendre en ce moment. Et qui sait ? en commandant le moindre objet on peut acheter ce magnifique immeuble. J'ose vous assurer qu'en devenant propriétaire de madame du Riez, vous pourriez obtenir d'elle une *concession*.

Ensuite, comme spécialité pour les enfants, je veux vous citer la maison de M. Bonnay-Tulasne, rue Neuve-Saint-Augustin, 60, à l'entresol. Chaussures, coiffures, confections, vous avez tout sous la main, sans avoir la peine de courir tous les magasins. Aussitôt livré que désiré, et tout cela exécuté avec une entente de bon goût et de bon sens digne d'éloges. J'ai vu de charmants costumes d'été blancs en satin-coton, une étoffe brillante, moins chaude et moins lourde que le piqué, et qui, en outre, est de la plus grande solidité.

Modes du bon ton.   Modes du bon sens.

Comme maison de lingerie, je vous recommande un magasin qui vient d'ouvrir au centre du futur Paris élégant, le boulevard Malesherbes, 41, ancienne maison Gouley-Courtois, auparavant rue Neuve-des-Mathurins, n° 100. On y trouve tout ce qui concerne la lingerie, depuis la layette du bébé jusqu'au trousseau de mariée le plus complet; dentelles blanches et noires, broderies, etc. Madame Gouley fait confectionner ses produits dans les Vosges, ce qui lui permet d'établir des prix exceptionnels, avantage qu'on ne trouve pas dans

Paris, où la main-d'œuvre coûte fort cher. On vous donne d'avance le devis des frais d'achat, et vous êtes étonné que le madapolam et la percale reviennent à si bon marché lorsque les cotons sont si chers. Pour madame Gouley, il y a encore des États-Unis. Et dire que mon pauvre mari, M. Guignol, s'obstine à porter le classique bonnet de coton ! Cette fantaisie luxueuse finira par nous ruiner !

Voyez la gravure de modes que je place sous vos yeux, et donnez vous-mêmes la préférence en vous souvenant de mes conseils d'amie.

Sur ce, adieu messieurs, mesdames et la compagnie. Je retourne faire la pâtée à mon chat et donner la réplique à Polichinelle.

Madame GUIGNOL.

LES VACANCES

DE LA FILLE DU MAJOR

II

LE RÉCIT

Mon père était un bon et brave militaire. Comme fille d'un officier supérieur dans un régiment de ligne, je fus admise à la maison royale de Saint-Denis. Par son ensemble grandiose, par ses détails minutieux, par ses règlements sages et précis, toujours admirés et respectés toujours, cette noble et grande institution raconte encore la haute intelligence qui présida à sa fondation, la gloire multiple du grand Napoléon, son amour prévoyant pour la famille de ses braves.

On connaît généralement peu la maison de Saint-Denis, quoiqu'on en parle beaucoup et qu'on en médise quelquefois. Ces propos malveillants sont dus à la jalousie, plus souvent à l'ignorance. Comme ce fut pour ainsi dire mon berceau, je tiens à élever ici la voix pour rendre justice aux soins éclairés qui guidèrent mon enfance et pour bénir la mémoire de mes dignes et chères institutrices.

J'avais onze ans quand je reçus ma nomination d'élève de la Légion d'Honneur. Jusque-là, privée dès mon bas-âge des tendres soins d'une mère, j'avais suivi mon père de garnison en garnison, souvent habillée en petit garçon pour plus de commodité; car le pauvre major était une maladroite ménagère, fort embarrassé d'une fille. Il m'aimait beaucoup cependant et faisait de son mieux pour me soigner et m'instruire. J'étais devenue l'élève du régiment. C'était à qui cultiverait mes dispositions et mon intelligence précoce. Le chef de musique me faisait solfier, un sergent-fourrier qui avait la plus *belle main* m'enseignait l'art de la calligraphie; un érudit chirurgien-major m'avait commencé l'histoire et la géographie, et je ne sais même pas si le maître de danse n'avait pas essayé de me faire faire quelques *flic-flac* de sa façon.

Je quittai tout cela avec regret, car j'allais échanger une espèce de liberté contre la vie du pensionnat, presque du cloître. Mon père me remit à ces Dames en me recommandant à leur tendre intérêt.

Lorsqu'à travers la grille il me revit, revêtue de l'uniforme de la Maison, il eut peine à me reconnaître.

— Comme te voilà sous les armes, dit-il, mon petit conscrit! Ce n'est pas avec ce fourreau de serge noire, des bas bleus et de gros souliers que tu apprendras ici la coquetterie, j'espère. L'État te fait une grande faveur. Il se charge de t'habiller, de te nourrir, de t'instruire, jusqu'à l'âge de dix-huit ans. Applique-toi bien à acquérir des talents. Par file à droite, marche!... n'oublie pas que tu n'auras d'autre fortune que le nom et *l'épée* de ton père. Vu les frais du voyage trop lourds pour mon boursicot, je ne pourrai revenir te voir que dans deux ou trois ans. Travaille ferme jusque-là. Je te laisse cinq francs pour tes menus plaisirs, économise-les de ton mieux.

Une de ces dames voulut bien se charger d'administrer mon léger capital, car il ne nous était permis d'avoir ni argent, ni bijoux, ce qui excluait toute jalousie entre nous, ne laissant que celle qui naît du noble désir de bien faire et que l'on nomme émulation.

Nos maîtresses étaient elles-mêmes d'anciennes élèves qui, après avoir terminé leurs études d'une manière satisfaisante, passaient des examens et se destinaient par nécessité à rester dans la maison pour professer à leur tour et diriger la génération suivante. Décorées de la Légion d'Honneur, appointées par l'État, ayant le titre de *Dames*, elles se dévouent au rude labeur de l'enseignement ou de la surveillance avec autant d'abnégation que de soins consciencieux. Elles traitent avec la même impartialité la fille du général et celle du simple officier, récompensant seulement l'application et le vrai mérite. Mon titre d'orpheline m'attira de leur part une bienveillance plus sérieuse.

Comme nous ne connaissions pas, à cette époque, la valeur de l'argent, ainsi que les enfants de nos jours qui thésaurisent avant l'heure et achètent avec leurs étrennes des *obligations* nominatives, voici la note naïve que je rédigeai aussitôt, voyant qu'il me manquait beaucoup de choses dans ma classe *aurore uni (1)*.

Liste de ce dont j'ai besoin:

Du papier.
Des plumes.
Une règle.
Un crayon.
Un couteau.
Un canif.
Une paire de gants.
Des perles de toutes les couleurs.

Et plus bas :

Un pupitre, s'il en reste.

Une pièce de cinq francs me semblait un trésor inépuisable. On rit beaucoup de mes prétentions, puis quand on m'eut démontré qu'avec cent sous je ne pouvais avoir la moitié de ce que je demandais, je ne rêvai plus que d'aller au parloir où m'appelât quelque âme charitable. Mais comme j'étais du Midi de la France, et qu'à cette époque personne ne voyageait que par nécessité, vu qu'il fallait sept jours et sept nuits pour venir de mon Languedoc, j'attendis en vain une visite de famille. Tous les jeudis et les dimanches, j'enviais le sort de celles qui voyaient leurs parents; je les suivais des yeux avec de profonds soupirs.

Comme je me trouvais seule, même au milieu de tant de compagnes ! « Sont-elles heureuses ! me disais-je, que ce doit être bon les baisers d'une mère ! » Et puis, après cet élan vers les tendresses les plus intimes, je me prenais à envier aussi les jolies surprises que l'on rapportait, les friandises que l'on pouvait partager avec ses amies..... Ce n'était cependant pas des frivolités que je désirais le plus..... Que n'eussé-je pas donné pour posséder une paire de gants qui eût préservé mes pauvres mains des engelures !

Plus d'une année se passa dans l'alternative de l'attente et de

---

(1) Ce sont des ceintures de laine de différentes couleurs qui distinguent les sections et les divisions. Il y en a treize qu'il faut franchir tour à tour, une par six mois, pour avoir terminé ses études.

l'espérance déçue. Enfin un jour mon vœu fut exaucé! je vis, pour la première fois, mon nom figurer sur la liste des élèves appelées au parloir. Vous dire avec quel battement de cœur je franchis l'espace qui nous séparait de la grille, et les yeux effarés, les joues en feu, je tombai au milieu d'étrangers, cherchant quel ange consolateur m'était envoyé du ciel!... C'était une cousine récemment mariée et qui, selon l'usage, avait inscrit en tête de son programme un voyage à Paris. Je ne la connaissais pas, mais je me jetai dans ses bras en fondant en larmes. Pour moi, pauvre abandonnée, c'était le pays, la famille qui venaient de surgir à mes yeux. Ce fut peut-être la première fois que j'oubliai la fameuse liste qui avait tant occupé mon esprit. Eh bien, le ciel m'en récompensa. Grâce à la générosité de cette bonne parente, j'eus tout ce qui me manquait depuis longtemps, de plus des bonbons, des gâteaux, et enfin les perles de mes rêves! Mais hélas! pauvre Marguerite! les gâteaux me furent confisqués à la porte par la dame tourière, dans l'intérêt de mon estomac; et pour comble de malheur, en retournant à ma classe, je trouvai, dans un corridor obscur, un brigand en embuscade. Le croiriez-vous? dans une maison presque cloîtrée! Mon Dieu, oui. C'était une grande et mauvaise élève, de celles qui dominaient et opprimaient les autres; toujours et partout la fable du Loup et de l'Agneau, la loi du plus fort.

— Voyons, petite, dit-elle en fouillant mon sac, montrez-moi ce que vous rapportez du parloir.

Moi, pauvre innocente timide, j'étalai, en soupirant, tous mes trésors.

— Tout ça de perles! dit-elle. Cela vous fera mal aux yeux de les enfiler. J'en prends la moitié pour votre bien. N'est-ce pas que vous consentez à partager avec moi? Je vous montrerai l'art de faire de jolis paniers et des bagues.

C'était une manière honnête de me dépouiller de mon bien, mais je n'osai résister à une *reine*.

On appelait ainsi, dans nos classes, certaines élèves qui, comme chez les abeilles, exerçaient, je ne sais pourquoi, sur leurs compagnes, une espèce de tyrannie intérieure, sourde, que nous subissions toutes sans songer à nous en plaindre.

Et encore si cette influence était venue d'une conduite exemplaire, d'une supériorité incontestable, cela se comprendrait; mais tout au contraire, c'étaient les plus indisciplinées, les plus paresseuses, souvent les plus jolies. Est-ce que la beauté, sans nous en rendre compte, nous faisait déjà plier sous son empire? Toute nouvelle arrivée subissait leurs railleries, leurs indiscrètes questions, leurs taquineries cruelles. Heureuses celles qu'elles prenaient sous leur protection! La plupart des jeunes gens des écoles militaires de mon temps ont connu ces épreuves presque franc-maçonniques par lesquelles les faisaient passer les anciens. A Saint-Cyr, les élèves de seconde année s'érigeaient en tyrans vis-à-vis des nouveaux; et il s'en suivit quelquefois des duels fâcheux qu'on ajournait à la sortie de l'école pour liquider les comptes de rancune. Heureusement, dit-on, cet abus déplorable a cessé entièrement. Il en est de même pour Saint-Denis.

Je travaillais avec ardeur. J'étais, quoique jeune, entrée dans les grandes classes, grâce aux bons commencements d'instruction que je devais à mes maîtres du régiment.

J'eus bientôt des succès; je changeai cinq fois de suite de ceinture et j'obtins même la médaille d'honneur, récompense flatteuse que l'on donne par classe à une seule. Quand on l'a méritée sept fois, cela vous confère le droit de l'emporter dans le monde comme attestation de vos talents et de votre conduite exemplaire. Napoléon Ier dotait les élèves qui avaient obtenu cette distinction. Mais alors nous n'avions pas ces encouragements, ni les prix qu'on donne aujourd'hui à la jeunesse studieuse. Jamais de ces beaux livres dont on forme une bibliothèque intéressante et flatteuse; jamais pour témoin à nos concours la joie de nos parents. Chez nous aucun étranger ne pouvait assister à la distribution des prix. On nous remettait, pour toute récompense, de simples morceaux de papier que l'on appelait des *bons cachets*, où sous les armes de la Légion d'Honneur étaient imprimés le nom de l'élève et le motif de ce témoignage de satisfaction.

Je fis aussi à treize ans ma première communion. Mais ce jour, le plus beau de la vie, fut triste pour moi; car je n'eus pas le bonheur d'être pressée sur le cœur d'une mère, de recevoir la bénédiction d'un père attendri! Le ciel sembla cependant me dédommager de cette privation par un surcroît de grâces. Ce fut avec la foi la plus vive, avec la plus pure ferveur que j'accomplis cet acte, le plus solennel et le plus important de la vie.

Enfin après trois années de travail assidu, mon père m'écrivit que son régiment était désigné pour venir en garnison à Paris; qu'il serait bien heureux de me revoir, qu'il se disposait à me faire sortir aux vacances prochaines et à me dédommager ainsi de ma longue réclusion. Il ajoutait qu'il était content de moi, que mes notes avaient toujours été excellentes, que je méritais d'être citée à l'ordre du jour.

J'avais conservé de mon père un souvenir qui me le représentait grave et sévère. Je l'aimais beaucoup, mais il m'avait inspiré dès l'enfance un sentiment d'intimidation que je ne pouvais définir.

Le pauvre major s'en était aperçu et avait pris cette réserve craintive, due en partie, je crois, à sa haute taille, à ses grosses moustaches et à sa parole de commandement, pour un penchant à la dissimulation. Ce défaut antipathique à sa franchise toute militaire, il s'en exagérait l'étendue et se proposait de le combattre de toutes les forces de son autorité, de toute la prévoyance de son cœur.

En grandissant loin de mon père, cette impression de gêne s'était accrue encore : aussi, tout en appelant de mes vœux ces jours de liberté qui m'étaient promis, éprouvais-je un certain embarras à l'idée de me trouver seule avec lui; cette pensée venait enrayer un peu ma satisfaction.

Pourtant je dois dire qu'en revoyant ce bon père si ému de me serrer entre ses bras, de m'appeler sa Marguerite chérie, j'eus un élan de joie comme je n'en avais pas connu depuis longtemps; enfin je me sentais aimée! Heureux ceux qui trouvent toujours à leur réveil des sourires et des baisers! Mais apprécient-ils autant un bonheur dont ils n'ont jamais été sevrés? Il faut avoir éprouvé les tristesses de l'absence pour savourer les transports du retour.

— Comme te voilà grandie, mademoiselle! me dit mon père quand son attendrissement lui permit de parler. Une vraie taille de tambour-major. Il n'y a plus d'enfants. Et en sagesse donc! Il paraît que tu n'as pas encore mérité la salle de police. C'est beau ça. Aussi voici l'heure de la récompense qui sonne. Je viens te chercher en vacances pour toute une semaine. Je suis en garnison à Paris, quartier Mouffetard ; j'ai pris un pied à terre rue Copeau. Voici ton équipement. Vite, habille-toi.

A cette époque, les congés étaient bien plus rares pour tous les écoliers. A Saint-Denis, nous n'en avions que deux fois par an : huit jours à Pâques, huit jours au mois de septembre. Jamais plus. Les parents étaient obligés d'apporter à leurs enfants un habillement complet; car on ne pouvait sortir avec l'uniforme de la Maison. Les pensionnaires en général ont un certain amour-propre de mise vis-à-vis de leurs compagnes ; et, quoique notre costume fût des plus simples, lorsque je vis le bon major tirer triomphalement d'un foulard la robe de jaconas rose à mille raies que j'avais quittée trois années auparavant, j'eus un certain désappointement et je me récriai :

— Toujours la même robe ! Elle doit être trop courte, trop étroite.

— Non, non, ça ira. C'est bien bon pour partir le matin. On ne fait pas de toilette en voyage (Il appelait ainsi les deux lieues qui séparent Saint-Denis de la capitale). On a défait deux plis par précaution et élargi le corsage.

— Je le vois bien, la couleur n'est plus la même partout. La jupe va me venir au genou.

— Il est vrai que, dans les plis, le rose a mis un peu d'entêtement à conserver sa couleur primitive ; il est vrai aussi que tu es plus grande que je ne le supposais ; mais voilà un pantalon blanc qui allongera la robe.

— A mon âge, papa, on n'en porte plus de pantalon. Je vais être ridicule.

— Bah ! est-ce qu'on fait attention à toi ! J'espère, enfant, que tu n'as pas de coquetterie ? car nous ne serions pas bons amis. J'aime qu'une demoiselle soit modeste comme la violette. La simplicité est le plus bel apanage de la jeunesse.

— Au moins tu m'as apporté des bas blancs ?

— Ah ! mon Dieu, je les ai oubliés !

— Comment faire ? Est-ce que je puis aller dans la rue avec nos vilains bas bleus, nos gros souliers et une robe rose ? Ce sera joli !...

— Bleu et rose ? Ça se marie bien ensemble. C'est un préjugé vaincu. Cet assemblage de nuances est très à la mode. Cela s'appelle genre Pompadour.

— Voyons du moins, papa, quel chapeau tu m'as apporté ? Où as-tu mis le carton ?

— Justement j'ai évité le carton pour ne pas ressembler à une marchande de modes. Je t'ai ménagé une surprise, ma fillette. Tiens, regarde, ajouta mon père en tirant de sa poche avec précaution quelque chose qui était enveloppé dans du papier de soie.

Je frissonnai de voir la gaze et les fleurs toutes chiffonnées.

— Voici une coiffure qui te siéra bien mieux que tous les *bibis* qui ressemblent à des corridors.

Et il exhiba, en soufflant dessus pour lui ôter la poussière une espèce de toque en velours noir.

— Hein ! quelle bonne idée j'ai eue là ? Tu pourras, en voiture, t'endormir à ton aise sur mon épaule sans rien abîmer. Qu'en penses-tu ?

Je n'osai répliquer. Je baissai les yeux pour ne pas laisser voir ma stupéfaction. Mais j'eusse préféré ne pas aller en vacances plutôt que d'arborer cette coiffure, d'autant plus qu'en revenant de la *roberie*, où j'avais été revêtir ce costume de fantaisie, je rencontrai une de mes compagnes, plus élégante, qui me dit d'un air moqueur :

— Comme te voilà fagotée, pauvre Marguerite ! Tes parents ont un drôle de goût. On ne porte pas de toques à Paris. Bien sûr, on va te prendre pour une marchande de chansons.

Enfin, bon gré mal gré, il fallut sortir ainsi accoutrée. La liberté que j'avais tant désirée commençait à me paraître moins douce. Il me semblait que tout le monde m'examinait en riant... Cela m'ôta ma gaieté et mon expansion.

— Tu n'es donc pas heureuse de venir avec moi passer huit jours ? dit mon père, attristé de mon mutisme.

— Si, papa.

— On ne le croirait pas. Tu ne dis plus rien. C'est que si tu n'avais pas de cœur, vois-tu....

Et pour contre-balancer cette demi-menace et dissiper ma mauvaise humeur, mon bon père faisait de temps en temps une fine plaisanterie qui m'intimidait encore davantage.

En passant devant un café militaire, il me dit tout bas d'un air fier :

— Tenez-vous droite, ma fille ; les officiers vous regardent !

E. Dionysis.

(*La suite prochainement.*)

LES LAURÉATS DE POISSY

J'ai vu, le mois passé, l'exposition des animaux de boucherie à Poissy; ç'a été pour moi une émotion *première catégorie*.

Tous les paysans, qui étaient accourus de cent kilomètres à la ronde, s'extasiaient sur le *rendement* que ces bêtes devaient produire quand on les aurait dépecées.

Il s'agissait de distribuer des prix pour les plus gros, pour les mieux portants, des prix d'embonpoint et de santé.

Le talent consiste ici à avoir bien brouté l'herbe, humé l'air et dormi grassement. A ces titres on devient lauréat : honneur dangereux et dont ces animaux ne sont pas plus fiers.

Pour eux l'abattoir est la roche Tarpéienne ; Poissy n'est qu'un fallacieux Capitole.

On les dérange, on les arrache à leurs douces habitudes, on les parque dans la poussière, on les amène à grands coups de bâton, et, quand de toutes les extrémités du pays, bœufs normands, charolais, nivernais, choletais, limousins, garonnais, vaches, veaux, moutons et porcs se sont rencontrés à cette Sorbonne de l'engraissement, les prix leur sont adjugés.

Ici commence l'embarras des naïfs.

Ces prix d'honneur, — coupes d'argent, médailles d'or, — à qui devraient-ils revenir? Est-ce au maître? est-ce au bœuf? Attachera-t-on cette médaille au cou de l'animal? fera-t-on boire le quadrupède dans cette coupe richement ciselée?

Je serais pour ce dernier parti. Peu m'importe M. Mathurin ou M. Jacques *déjà nommé* : pour être propriétaire doit-on cueillir des lauriers? Et n'y aurait-il pas plus de justice à décerner de l'orge ou de la luzerne d'honneur à l'animal le mieux fait, le plus opulent?

Non, les prix leur passent par dessus les cornes; leur victoire ne fait que mieux les désigner au couteau fatal. Les *prix d'honneur* d'hier seront le roastbeef et le gigot de demain.

Ah! s'ils pouvaient parler autrement que dans les fables de La Fontaine! mais ce sont des *choses,* et les choses sont muettes.

Les Mathurins emporteront leur coupe d'argent, les Jacques leur médaille d'or, et es vrais lauréats seront offerts à l'appétit parisien.

Il y a longtemps que Virgile a écrit : « *Sic vos non vobis...* » Ce qui veut dire que rarement la récompense se donne au mérite. J'ai entendu beaucoup de mugissements et de bêlements qui n'avaient peut-être pas d'autre sens; et tandis que les autorités proclamaient des noms retentissants comme : M. le comte de Falloux, M. le comte de Pontavice, M. le duc de Fitz-James, on eût pu recueillir l'écho sourd des *hou! hou! hou! bé-é-é-é !*

C'était la protestation des héros de la fête, de ceux qu'on saluait pour les manger !

UN MEMBRE
DE LA SOCIÉTÉ PROTECTRICE DES ANIMAUX.

FANTAISIE MYTHOLOGIQUE

LA BLESSURE DE CÉRÈS

Voulant quitter un peu le céleste séjour,
Le nectar, l'ambroisie, et les foudres puissantes,
    La fille de Saturne, un jour,
Visita la Sicile aux plaines jaunissantes.
    Les moissonneurs troublés
Devant son port divin, sa démarche légère,
    Se demandaient quelle étrangère
    S'avançait ainsi dans les blés.
Maint enfant curieux et mainte jeune fille
Se pressaient pour la voir; si bien qu'une faucille
Piqua ses doigts charmants et que le sang coula
    En s'éparpillant goutte à goutte.

Comme elle était déesse... elle en guérit sans doute ! —
L'histoire n'en dit rien ; — mais, en tous cas, voilà
Comment, si ma mémoire est sûre,
Et s'il faut croire un bruit redit par les échos,
Le sang rouge et fécond, tombé d'une blessure,
Fit naître les... coquelicots !

Karl Daclin.

LE FILS DU CHANVRIER

I

LE CHEVALIER POUR RIRE

Aux portes mêmes de la ville de Laval s'élevait un antique manoir, vieux château féodal, véritable forteresse du moyen-âge, flanquée de tours, garnie de créneaux et de meurtrières, environnée de fossés profonds, protégée par une herse et un pont-levis. C'était là que, vers le commencement du seizième siècle, habitait la famille des Montejean.

Son jeune chef René, qui devait plus tard commander, en qualité de capitaine général aux gens de pied du roi, puis porter le titre glorieux de maréchal de France, se signalait alors parmi les vaillants et chevaleresques capitaines de François Ier.

René avait, pendant ce temps-là, laissé à l'abri des épaisses murailles du château, madame Hélène sa femme, ainsi que leurs deux enfants, Gaston et Aloïse : un bel adolescent et une charmante jeune damoiselle.

Il n'y avait donc rien de bien étonnant à ce que, un beau matin de l'an 1528, de frais éclats de rire, de gais battements de mains donnassent une voix rajeunie, joyeuse, aux vieux échos de ces formidables murailles. Seulement, la cause en était assez nouvelle et assez originale.

Peu d'instants auparavant et tandis qu'Aloïse et Gaston, laissés libres d'employer toute une grande heure à leur fantaisie, cherchaient à imaginer quelque plaisant ébattement, un jeune paysan était venu leur tirer sa révérence.

Ambroise (ainsi s'appelait le rustique personnage) était pour eux une vieille connaissance, vieille d'au moins treize ans. C'était lui qui, presque toujours et comme ce jour-là, apportait la redevance payée par le champ de son père, laborieux et honnête chanvrier, au comté de Montejean ; c'était lui surtout à qui Aloïse devait les nids les plus haut perchés, et Gaston la gloire d'abattre par-ci par-là, quelques bestioles, ses premiers trophées de chasse.

Donc Ambroise était toujours bien accueilli au manoir ; il le fut d'autant mieux, cette fois, qu'une idée folle, à laquelle il n'était rien moins qu'étranger, passa tout à coup par la tête du jeune comte.

— Vous arrivez à propos, maître Ambroise, dit celui-ci, et nous allons, sur l'heure, vous récompenser de vos bons et loyaux services en vous armant chevalier.

Gaston avait trouvé l'ébattement auquel il rêvait.

Aloïse applaudit à l'idée de son frère, et ils conduisirent en riant le féal Ambroise dans une vaste salle, dont les murs étaient entièrement ornés de riches panoplies. On n'y voyait que lances, hallebardes, épées de combat, arquebuses à croc avec leur fourchette, arquebuses à rouet ; c'étaient aussi des casques dont la visière ressemblait à un masque de fer; des morions, coiffures non moins guerrières, mais plus légères; puis des corselets étincelants, des cuirasses aux épaulières garnies de clous dorés.

— Je suis curieuse de voir la figure que montrera le sire Ambroise sous son armure, reprit Aloïse.

— Allons prépare-toi, poursuivit Gaston; tu as assez bon dos pour faire honneur à la partie essentielle du cérémonial; aussi, gare à vos futures épaules de chevalier, messire... ensuite je vous attends au grand tournoi qui suivra votre investiture.

— Moi, je ceindrai, suivant l'usage, l'épée au nouveau chevalier... pour rire; puis je serai la reine du tournoi et j'en octroierai le prix au vainqueur. Oh ! la bonne imagination que vous avez eue là, mon frère !

— Il n'y a pas de chanvre dont on ne puisse faire de la corde, répondit Ambroise qui se prêtait du meilleur cœur à la plaisanterie de son jeune seigneur; peut-être suis-je aussi du bois dont on fait les chevaliers.

Le chevalier en herbe et son bénévole parrain d'armes s'empressèrent de choisir dans les panoplies et d'en décrocher les armes qui leur convenaient le mieux, c'est-à-dire les moins pesantes.

Un de ces petits casques appelés *armets* coiffa celui-ci, un bonnet d'acier enveloppa la tête de celui-là; l'un attacha sur sa poitrine une moitié de corselet qui lui descendit jusqu'aux genoux, l'autre endossa une cotte de maille dans laquelle il entra tout entier comme dans une grande chemise; enfin deux poignards de *merci*, auxquels un ruban et une cordelière fournis par Aloïse servirent de ceinturons, et dont ils se firent des épées proportionnées à la taille de ceux qui allaient les porter complétèrent l'équipement guerrier de nos comiques héros.

Et de tout cela naissait, en augmentant à chaque minute, la bruyante joyeuseté qui, avons-nous dit, réveillait doucement les graves échos du château.

La cérémonie de l'armement avait aussitôt commencé.

Rien ne fut oublié : ni les questions que le cérémonial prescrivait d'adresser au novice, ni cette partie essentielle dont avait parlé Gaston : les coups de plat d'épée donnés sur les épaules du récipiendaire, ni l'accolade accoutumée et après laquelle Aloïse attacha au côté du nouveau chevalier l'arme qu'il jura de ne tirer du fourreau que pour son Dieu, son roi et sa dame.

JULES ROSTAING.

(La suite prochainement.)

DIALOGUE FAMILIER

PETIT-PAUL ET SON PANTIN

PETIT-PAUL. — Où est mon Rigolo ? Est-ce qu'on me l'a chipé ? Je ne le vois pas... Ah ! si, il était par terre. Je parie que c'est ma grande sœur qui l'aura jeté pour me faire une niche. Mon pauvre Rigolo, comment te portes-tu ?

LE PANTIN. — A merveille, joyeux et dispos, tra, la, la. J'ai déjà déjeuné d'une bonne brise de printemps qui s'est promenée sur mes joues. Mais, toi, petit maître, tu n'as pas l'air trop content. On croirait que tu as pleuré, tes yeux sont rouges ?

PETIT-PAUL. — Tiens, tu as deviné ça, dans ta tête de bois ?

LE PANTIN. — Pardine !

PETIT-PAUL. — Eh bien ! oui, j'ai pleuré, et c'est la faute à M. Supin, mon précepteur, ce grand maigre, qui a un habit noir à queue de morue et une tabatière où il fourre toujours ses doigts jaunes. Il m'embête avec son *Cornelius Nepos*.

LE PANTIN. — Holà ! Petit-Paul, respect aux anciens.

PETIT-PAUL. — Les anciens ne doivent pas m'empêcher de m'amuser. Je ne les ai pas empêchés de jouer aux billes, de leur temps.

Le Pantin. — Il paraît qu'ils ont écrit de belles choses. C'étaient des malins; ils avaient inventé Polichinelle.

Petit-Paul. — Pour ça, ils ont eu raison. Mais pourquoi n'écrivaient-il pas en français? C'est joliment ennuyeux le latin. J'ai à apprendre par cœur toute cette grande page, vois!

Le Pantin. — Combien vous aurait-il fallu pour l'apprendre?

Petit-Paul. — Une demi-heure, longue comme une heure.

Le Pantin. — Au lieu de passer ce temps à pleurer, ce qui est bête, vous auriez pu l'employer à apprendre votre leçon, et, maintenant, vous seriez bien débarrassé.

Petit-Paul. — Ah! bien, v'là qui est bon! Mon pantin qui veut faire le magister! J'ai assez d'un M. Supin, je n'ai pas besoin d'un M. Gérondif. Au lieu de me sermonner, tu ferais mieux de jouer avec moi.

Le Pantin. — J'en serais bien fâché.

Petit-Paul. — Hein! monsieur le pantin se rebiffe!... Il veut faire des émeutes! Jouons, ou je te cogne!

Le Pantin. — Cogne si tu veux; mais je ne t'amuserai pas avant que tu aies fait tes devoirs.

Petit-Paul. — Ils sont trop difficiles.

Le Pantin. — Essaye toujours. Chaque chose demande de la peine; et comme ensuite on est récompensé par sa conscience! J'ajouterai que, si tu ne travaillais pas, que si tu restais un ignorant, tu ne serais, un jour, dans le monde, qu'un misérable pantin comme moi, sans volonté, sans liberté, un être qu'on fait mouvoir à son gré par des fils auxquels il doit obéir. Regarde-moi donc, afin de ne pas me ressembler.

Petit-Paul. — Tu as raison tout de même ; je te regarderai, mais quand j'aurai fait ma version. Reste tranquille, mon ami pantin... Je vais me fourrer dans mon dictionnaire. *(Il se met à la besogne.)* Ah ! que c'est difficile !... *(Il lit sa version et s'assoupit.)*

Le Pantin. — Petit maître, prends garde, voilà M. Supin !... Prends garde !

Petit-Paul. — Ah ! le brave pantin !... *(Il l'embrasse, puis se remet à travailler avec ardeur.)*

Le Pantin, *à part*. — C'est égal, nous aurons fait nos humanités ensemble !

Fantasio.

MÉMOIRES
D'UNE PAIRE DE GANTS

PROLOGUE

C'est une chasse aux flambeaux ! Il y a là des cris, des trépignements, des chiens qui hurlent, des hommes qui les excitent de la voix, des femmes qui suivent la chasse en souriant, et jusqu'à des enfants qui prennent l'habitude de ce plaisir barbare ; — car la chasse est un reste de barbarie.

Une fois je m'armai d'un fusil. C'était à l'automne ; le soleil me souriait tristement à travers les arbres ; tout, dans la grande nature, était lumière et parfum, calme et poésie. Sur une branche un pauvre petit oiseau chantait : le coup partit, l'oiseau tomba. J'étais innocent de sa mort : maladroit comme je le suis, si le plomb l'avait frappé, ce n'était point ma faute. Et pourtant, quand je le vis tomber à mes pieds, je me dis qu'il était peut-être attendu chez sa mère, comme moi chez la mienne ; je me dis que les siens le chercheraient dans le bois, l'appelant de leur voix plaintive, et que le soir la tristesse viendrait s'asseoir à leur nid ; je compris que j'avais mal fait.

Les animaux nous aiment, pourquoi ne les aimerions-nous pas ? — « Ils appartiennent à Dieu, a dit un poëte ; Dieu m'a fait leur ami, et non leur tyran. La vie, quelle qu'elle soit, est trop sainte pour en faire ce jouet et ce mépris que notre incomplète civilisation nous permet d'en faire impunément devant les lois, mais que le Créateur ne nous permettra pas d'avoir fait impunément devant sa justice. »

Et si maintenant nous revenons à cette chasse aux flambeaux dont je vous parlais, nous verrons la bête poursuivie, traquée de tous côtés, vaincue par la fatigue, s'arrêter enfin et se retourner vers ses bourreaux : elle leur jette un suprême regard qui sollicite leur pitié, mais comprenant qu'il lui faut mourir, elle se prépare à vendre sa vie chèrement.

— A toi, Black ! dit une voix.

Le chien s'élance : après une lutte d'une seconde, il recule en poussant un cri. Ses compagnons, qui ne se soucient pas d'être mordus, hésitent. Mais leurs maîtres sont là, qui les encouragent, qui les excitent, qui les appellent poltrons, et par amour-propre la meute revient à la charge ; — tant il est vrai que chez les bêtes, comme chez les hommes, souvent l'amour-propre tient lieu du courage absent.

La bataille est courte : on entend un dernier cri, et c'est tout. Les hommes applaudissent, et les femmes, et les enfants : pas un ne trouve une larme pour la victime tombée.

J'ai oublié de vous dire que ce n'était ni un sanglier, ni un renard, ni un cerf, ni même un lièvre que l'on traquait ainsi. Ce n'est pas sous les allées sombres de Fontainebleau, c'est dans une rue de Paris que la chasse a eu lieu. La bête poursuivie n'était rien qu'un rat....

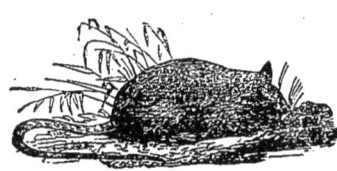

Ne riez pas ! Les physiologistes enseignent que les animaux ont comme nous un système nerveux, mais ce qu'ils n'enseignent pas assez, c'est qu'ils aiment comme nous, souffrent comme nous. Lisez Méry, ce physiologiste qui en sait plus long que bien des professeurs de physiologie.

Or, du rat que nous venions de tuer, un industriel prit la peau, dont il fit une paire de gants. Que si la mort du rat vous a touchés, vous lirez, mes chers amis, les confessions de la paire de gants.

PREMIÈRE PARTIE

L'Enfance

Il a eu y les Mémoires d'une pièce de cinq francs et les Mémoires d'un hippopotame : pourquoi n'écrirais-je pas des Mémoires, moi aussi ?

Je suis une paire de gants. Il y a un mois j'étais blanche comme l'innocence, je suis noire comme le deuil aujourd'hui. Je suis venue au monde dans l'atelier d'un pauvre homme qui avait femme et enfants. Là, chacun travaillait beaucoup, pour ne gagner guère. Cependant, sur le salaire quotidien, on ne manquait jamais de mettre une obole de côté : « Ce sera la dot de notre fille, disait le père. » Quant au fils, il aurait pour dot son intelligence et ses bras.

Chaque soir, la rude tâche finie, on s'agenouillait, et le père, d'une voix grave et recueillie, disait lentement : « Seigneur, nous vous remercions ; donnez-nous demain le travail de chaque jour, et que votre volonté s'accomplisse. »

J'étais heureuse d'assister à cette vie de famille, calme et laborieuse ; cette mansarde étroite me semblait un temple élevé au Travail, ces pauvres gens étaient les fidèles du Devoir.

La mansarde qui avait été mon berceau, je la quittai pour un riche magasin, où j'étouffai longtemps dans un carton obscur ; de là, je passai dans le tiroir parfumé d'un jeune élégant.

DEUXIÈME PARTIE

La Jeunesse

Moi aussi j'étais jeune, et fraîche, et coquette ; c'était plaisir de me voir ; j'avais la peau lisse des filles de quinze ans, et comme elles j'avais la beauté du diable.

Jeunesse ! Jeunesse ! Les poëtes ont eu raison de te chanter, car tu es le vrai bien. Honte à ceux qui rougissent de toi, renégats caducs à vingt ans ! Un jour ils rougiront de la vieillesse. Celui qui n'a pas su être jeune ne saura pas être vieux.

Mais mon maître, qui était un homme d'esprit, se montrait fier d'être jeune et d'aimer une jeune fille qu'il devait épouser le mois suivant. Un soir, il me prit dans le tiroir où je sommeillais et fit entrer avec une certaine difficulté ses doigts dans les miens. Il y avait bal chez sa fiancée. Les mains de celle-ci étaient à l'aise dans la plus mignonne paire de gants qui se puisse imaginer. J'étais heureuse, en dansant, de rencontrer ces gants si petits, si jolis, si gracieux, si jeunes.

Mon maître était encore plus heureux. Les parents lui avaient annoncé que le mariage se ferait huit jours avant le jour convenu. Aussi, en rentrant, il ôta ses gants en fredonnant un air de Verdi et les lança au plafond... Je tombai lourdement sur le parquet, et là je pus réfléchir à l'inconstance des choses humaines.

L'homme, pensai-je, est un grand ingrat: une fois heureux il oublie ses amis, et ses amis l'oublient s'il est malheureux. Il y a là-dessus des vers d'Ovide que je citerais volontiers—s'il était permis à une paire de gants de savoir le latin.

J'en étais là de ma méditation, quand un domestique me ramassa et me mit dans sa poche. Je fus vendue à un industriel faisant profession de reblanchir les gants : en termes techniques on dit « un dégraisseur. » Les gants, remis à neuf par le dégraisseur, sont vendus cinquante centimes aux gens de lettres, artistes et autres bipèdes peu fortunés. Vous ignoriez ceci sans doute ; il a fallu qu'une paire de gants vous l'apprît. Si les choses pouvaient parler, que de secrets elles diraient aux hommes !

TROISIÈME PARTIE

L'Age mûr

Ici commence la série de mes malheurs. J'ai atteint l'âge mûr, et j'ai perdu l'éclat de la jeunesse, sa foi naïve, son enthousiasme, ses espérances. Au seuil de la vie, éblouie comme le voyageur par les premiers rayons du soleil levant, je rêvais de hautes fortunes, la gloire et les honneurs, la beauté, la richesse, l'illustration. Je me voyais déjà gantant un premier ministre ou un membre de l'Institut. Hélas! j'ai ganté pendant une soirée un jeune fiancé; puis, dédaigneusement rejetée, je suis tombée du salon à l'antichambre, du maître au valet, et me voici maintenant, reblanchie à la benzine, en vente pour cinquante centimes!

Un pauvre homme me prit qui allait solliciter un haut personnage: pour cela il lui fallait des gants, mais voulant me faire faire le plus de service possible, il me tenait à la main pendant la route.

Accroupi contre une borne, mon pauvre maître vit un pauvre plus pauvre que lui. Le misérable tendait la main sans rien dire: un sou tomba dans cette main décharnée. C'était l'aumône offerte par le malheur au malheur, la pièce de cuivre donnée par la veuve.

Dans ce mouvement, je glissai entre les doigts qui me retenaient, et une sensation d'humidité m'apprit que je touchais le pavé, mouillé par plusieurs jours de pluie. J'eusse voulu pouvoir parler, prévenir ce pauvre homme qui allait arriver sans gants chez le protecteur de qui dépendait son avenir, j'eusse voulu... mais, comme disent les romanciers, ma langue était clouée à mon palais.

Je restai sur le pavé humide. Pas un passant ne me vit. Alors je connus la souffrance du froid pendant les longues nuits d'hiver, et je plaignis le mendiant qui n'a pas un foyer où se réchauffer le soir.

Une semaine s'écoula. Un matin un gamin m'aperçut et s'empara de moi. Pauvre enfant! il avait pour métier de ramasser les bouts de cigares, de vieux gants, tout ce qui avait chance d'être revendu aux petites industries. Ainsi il vivait: ce qui est la vie pour quelques-uns, ne serait-ce pas la mort pour d'autres?

QUATRIÈME PARTIE

La Vieille e

Un teinturier fit de moi une paire de gants noirs. Les beaux jours ne reviendront pas, ma beauté est morte, moi-même je vais mourir, et ce qui me reste à raconter est lamentable.

Une paire de gants noirs! Je ne pouvais plus appartenir qu'au deuil ou à la misère : ce fut la misère qui m'acheta. Un poëte me porta un an ; et quand je fus bien usée, bien déchirée, bien hors de service, il se sépara de moi tristement.

Ma carrière est remplie. Je suis retombée sur le pavé.

Une lumière brille au bout de la rue, je vois une lanterne qui s'avance, je.....

ÉPILOGUE.

Là s'arrêtaient les Mémoires de la paire de gants. L'impitoyable chiffonnier avait passé et ne lui avait pas laissé finir sa dernière phrase.

On me demandera encore ce qu'est devenue cette paire de gants. Je répondrai comme le philosophe : *Que sais-je?* Peut-être, de chiffon devenue papier, m'a-t-elle servi à écrire ceci.

On me demandera encore : « A quoi bon ces Mémoires qui n'apprennent rien de neuf? » Et je dirai : « Combien d'hommes de lettres ont écrit des Mémoires, combien de gens graves, combien de gens d'esprit qui n'avaient rien de neuf à raconter ! »

Enfin, si l'on veut savoir la morale de l'histoire, j'avoue naïvement que je serai fort embarrassé. Si l'on insiste, je soumettrai aux méditations de mes lecteurs cette morale qui n'est pas plus neuve que le reste, mais qui est plus sérieuse :

La fable montre que, sous le luxe du riche, il y a la souffrance du pauvre : — bien des larmes à sécher, bien des misères à soulager.

Victor Luciennes.

MAXIMES CHINOISES

Fais le bien pour l'amour du bien lui-même.

* *

Aime les bons, plains les faibles, fuis les méchants, mais ne hais personne.

* *

Parle sobrement avec les grands, prudemment avec tes égaux, sincèrement avec tes amis, doucement avec les petits, tendrement avec les pauvres.

* *

Écoute toujours la voix de ta conscience.

* *

Évite les querelles, préviens les insultes ; mets toujours la raison de ton côté.

LE CERF-VOLANT

Vois-tu planer là-haut l'orgueilleux cerf-volant?
Sa gloire est un peu d'air et beaucoup de ficelle.
Le faquin sans vertu, sans esprit, sans talent,
Du héros de ma fable est le portrait fidèle.

J........

ÉNIGME.

Je suis un mot léger formé de cinq voyelles ;
Un S est le seul nœud qui les unit entre elles.

Explication du Rébus (n° de mars)

Tout le monde est soumis à l'heure en tout temps.

Rédacteur en chef : M. ALFRED DES ESSARTS.
Propriétaire-Gérant : M. DUPRAY DE LA MAHÉRIE.

THÉATRE DE GUIGNOL

LA JEUNESSE DE POLICHINELLE

Drame shakespearien en un acte (*sans tableaux*)

PERSONNAGES

PANDOLPHE.
POLICHINELLE, son fils.
CROCOFANTE, spadassin.
ALAIN, vieux majordome.
NERINA, nourrice de Polichinelle.
BEPPO, paysan.
TONIETTA, jeune fille.
LE PODESTAT.
LE DIABLE.
Paysans, — Paysannes, — Archers, etc.

(*La scène se passe en Italie.*)

Jardins. — D'un côté, un pavillon. — De l'autre, un puits sous une tonnelle. — Au fond, des montagnes.

SCÈNE PREMIÈRE

BEPPO, TONIETTA, ARCHERS, PAYSANS ET PAYSANNES, chantant et dansant

CHŒUR.

Fête de mai! gentille fête!
Quand le muguet blanchit nos bois,

GUIGNOL.

Les jardins refont leur toilette,
Et l'oiseau retrouve sa voix.

Fête de mai! gentille fête!
Jetons à l'écho nos chansons.
Saute, garçon; chante, fillette;
Jusqu'à ce soir, chantons, dansons.

SCÈNE II

LES MÊMES, POLICHINELLE.

POLICHINELLE, *s'élançant du pavillon, un bâton à la main.* — Jusqu'à ce soir, dites-vous? jusqu'à ce soir! Halte-là!... Vous auriez les jarrets trop fatigués. *(Il les bat.)* Comme ils cabriolent!... Couic! couic! tra deri dera!... Attendez, je vais vous faire sauter pour autre chose. *(Il distribue des coups de bâton.)*

BEPPO. — Miséricorde!... notre bon petit seigneur...

POLICHINELLE. — Je ne suis pas bon. Il n'y a de bons que ceux qui n'ont pas le courage d'être méchants. Et je ne veux pas non plus être petit. *(A part.)* C'est bien assez pour moi d'être bossu à perpétuité.

(Il chante en gesticulant avec son bâton.)

Voici l'archet de la Folie.
Vous qui parliez tant à l'écho,
Je vais, d'une façon polie,
Vous enseigner la Monaco!

(Il met en fuite les paysans et les archers.)

BEPPO et **TONIETTA**. — Au secours! à l'aide!

SCÈNE III

POLICHINELLE SEUL, *riant et se démenant.*

Au secours!... Ah! ah! ah! le joli troupeau de moutons! Pour peu qu'on les caresse du bout d'un gourdin, ils se croient morts et enterrés. Quel plaisir de cogner sur ces têtes sans cervelle!... Je les hais. Ils sont bien faits; ils ont une poitrine et un dos : moi, j'ai une bosse par ci, une bosse par là... Un luxe de montagnes. Le vieux magister du village voisin en fit une chanson, un jour qu'il était ivre.

(Il chante.)

Depuis longtemps je me suis aperçu
De l'agrément qu'*il* a d'être bossu :
Etant voûté par derrière et devant,
Son estomac est à l'abri du vent,
Et son épaule en est plus chaudement.

Il riait, le magister. Je l'ai pris, ce cuistre. Je l'ai pendu par les pieds à un arbre, et sur ses pieds j'ai planté sa perruque... Coiffure de pieds! une invention à moi. Quand on l'a décroché, il pouvait être servi en guise de homard.

(Il chante.)

Depuis longtemps je me suis aperçu
De l'agrément qu'on a d'être pendu...

SCÈNE IV

POLICHINELLE, ALAIN, NERINA.

ALAIN. — Bonté du ciel! qu'y a-t-il donc, mon jeune maître? Les vassaux fuient de tous côtés en criant que vous les avez roués de coups.

POLICHINELLE. — Et même écorchés vifs, n'est-ce pas?... Ils osaient gambader et brailler ici, sur mon domaine, les misérables!... Leur danse ne valait rien, j'en ai réglé la mesure. Quant à leur chanson, elle était stupide : je leur ai appris la Monaco.

ALAIN. — Oui, sur le dos.

POLICHINELLE. — Qui ose parler de dos devant moi?

ALAIN. — Pardon, mon cher maître; voudrais-je vous offenser, moi qui vous aime, moi qui vous ai vu tout enfant, qui vous ai porté si souvent, même que vous me mordiez les mains et m'égratigniez le visage avec vos ongles...

POLICHINELLE. — Comme il se souvient de mes faveurs! Cet esclave est d'une reconnaissance fabuleuse.

NERINA. — Oh! oui, c'est bien vrai; le pauvre Alain vous aime comme son propre fils. Témoin ce jour où vous étiez tombé là-bas, dans l'étang, et où il se jeta à l'eau, malgré le danger, pour vous sauver.

POLICHINELLE, *avec dédain.* — Allons donc, est-ce que je me serais noyé?... (*Touchant son dos.*) J'ai du lest. — Mais assez de verbiage sentimental; ça altère, de s'attendrir. (*A Alain.*) Apprends-moi pourquoi ces vassaux salissaient mon sable au contact de leurs chaussures.

ALAIN. — Monseigneur, c'était une surprise agréable que vous avait ménagée votre noble père, M. Pandolphe, pour fêter votre jour de naissance.

POLICHINELLE. — Mon jour de naissance!... bien obligé. Est-ce qu'on fête la difformité? Qui donc salue la peste? Qui donc offre des bonbons et des bouquets à la fièvre jaune?

NERINA. — Mais songez que vous atteignez aujourd'hui même votre vingtième année.

POLICHINELLE, *avec transport.* — J'ai vingt ans! Tu dis que j'ai vingt ans, ma vieille!... Larifla fla fla, larifla fla fla!... Je suis majeur! aussi majeur que toi!

ALAIN. — Certainement vous êtes majeur, et vous allez pouvoir servir l'Etat.

POLICHINELLE. — Le servir... par mes dépenses. Ah! mon cher père, vous ne tarderez pas à avoir des nouvelles de votre fils respectueux. Couic! couic! vive la liberté! A bas les tyrans, pourvu que je sois le maître!

ALAIN, *bas à Nerina.* — Il m'inquiète.

POLICHINELLE. — Et d'abord, vite sous cette feuillée une table bien garnie.

ALAIN. — Pour qui?

POLICHINELLE. — Pour moi, morbleu! *primo mihi*, et pour ce brave signor Crocofante, qui, hier au soir, a demandé ici l'hospitalité, ayant intérêt à ne pas rencontrer la maréchaussée.

ALAIN. — Pardon, mais sans la permission de M. Pandolphe, je n'oserais...

POLICHINELLE. — Hein?... voici le menu : un poulet Marengo, deux faisans dorés, des truffes, beaucoup de truffes; il m'en faut, quand bien même tu devrais les trouver avec le bout de ton nez, maroufle!

ALAIN. — Oh!

POLICHINELLE, *continuant*. — Un pâté d'alouettes..., un aloyau de sphinx..., un salmis de phénix... et servez chaud! J'irai moi-même à la cave. Donne-moi la clef du cellier.

ALAIN. — Mais M. Pandolphe défend que personne entre dans sa bibliothèque, comme il dit.

POLICHINELLE. — Eh! allons donc!... Je suis majeur!... Je connais mes droits... Malheur à qui me contredira!

SCÈNE V

LES MÊMES, CROCOFANTE.

(*Moustaches épaisses, cheveux hérissés, toque à longue plume noire, cuirasse, bottes de peau de buffle, gants à retroussis, rapière démesurée.*)

CROCOFANTE. — Bravo! parfait! J'ai tout entendu. Il a vingt ans et connaît ses droits. J'aime cette parole acérée qui perce comme la dague. Viens, ô mon jeune ami Polichinelle, viens, que je te donne l'accolade. Tu seras mon frère d'armes, mon second...

POLICHINELLE, *avec fierté*. — Ton *second?* Dis ton premier.

CROCOFANTE, *riant*. — Ah! ah! délicieux! En termes de chevalerie, un second, c'est un autre nous-même.

POLICHINELLE. — Je serai volontiers l'autre toi-même, si tu veux être mon semblable et partager mes bosses.

CROCOFANTE. — Laisse donc! on en attrape bien assez dans notre métier.

POLICHINELLE. — Ce cher Crocofante! quel aimable détrousseur de grande route! quel noble guerrier de carrefour! Quelle moustache formidable!... Comment fais-tu pour ne pas manger ta barbe quand tu parles?

CROCOFANTE. — Je relève mes crocs et les suspends à la nue.

POLICHINELLE. — Et ton épée, est-ce qu'elle ne te gêne pas pour marcher?

CROCOFANTE. — Un peu; mais lorsqu'elle m'embarrasse trop, je la plante à travers une trentaine de faquins, et je les charge de me la garder dans leur poitrine.

POLICHINELLE. — Quel fourreau!

ALAIN, *à demi-voix*. — J'ai trop vécu pour entendre de telles abominations.

POLICHINELLE, *se retournant*. — Tu es encore là, vieux drôle!... Vaque au festin, vaque. S'il manque une oie, tu te mettras toi-même à la broche.

(*Alain sort à la hâte avec Nerina.*)

SCÈNE VI

POLICHINELLE, CROCOFANTE.

CROCOFANTE. — Puisque nous sommes débarrassés de ces importuns, dis-moi, mon petit homme, ce que tu comptes faire de tes vingt ans?

POLICHINELLE. — Qu'est-ce que tu as fait de ta vie?

CROCOFANTE. — Moi, c'est différent. Je ne suis né riche que de l'argent d'autrui. J'ai dû travailler honnêtement pour quiconque me payait bien.

POLICHINELLE. — J'entends, tu as tué pour un misérable salaire...

CROCOFANTE, *piqué*. — Oh! oh!

POLICHINELLE. — J'agirai mieux : je bâtonnerai pour mon plaisir, sinon pour celui des autres.

CROCOFANTE. — Tu appelles cela agir mieux, parce que tu assommeras gratis!.., Distinguons : j'exerce un état.

POLICHINELLE. — Oui, comme un mercenaire. Mais moi, j'obéis à une vocation.

CROCOFANTE, *en colère*. — Dis-donc, atome crochu, prétendrais-tu, par hasard, mettre ton vil bâton à côté de ma rapière?

POLICHINELLE. — Couic! couic!... Il se fâche, cet honnête spadassin! Tu as donc du cœur, monsieur *Tape-au-coin-du-mur ?* — Eh bien ! si tu veux que nous mesurions notre force, je suis ton homme, prêt à te tuer proprement, ô mon frère d'armes ! Attends seulement que nous ayons bombancé. Justement, voici le régal.

SCÈNE VII

LES MÊMES. *D'une part, des valets apportant, sous la direction d'*ALAIN, *une table couverte de mets ; de l'autre,* PANDOLPHE, *ramenant* BEPPO, TONIETTA *et les autres paysans.*

PANDOLPHE. — Jour de Dieu ! qu'est-ce que je vois !... Un festin de Balthazar ! pour qui ?

POLICHINELLE. — Pour ma bouche, monsieur mon père. Voulez-vous me faire l'honneur de balthazariser avec nous ?

PANDOLPHE. — Qu'est-ce que c'est que ce ton narquois ? Qui vous a autorisé à commander ici ?

POLICHINELLE. — Mon âge.

PANDOLPHE. — Votre âge !

POLICHINELLE. — J'ai vingt ans. C'est sonné.

PANDOLPHE. — Et moi j'en ai soixante ; vous me devez du respect.

POLICHINELLE. — Il *se peut* ; mais vous, mon père, vous me devez mes comptes.

PANDOLPHE. — Ah ! misérable !...

POLICHINELLE. — Pas si misérable, puisque je vais toucher mon bien. La loi est pour moi. Aujourd'hui, elle autorise les enfants, dans la minute même où ils sont majeurs, à se faire remettre leur fortune...

PANDOLPHE. — Pour la dissiper !

POLICHINELLE. — Sans doute. Autrement, ça embarrasserait.

PANDOLPHE. — Voilà donc la récompense de mes soins, de mes peines ! Il est venu au monde si chétif et si difforme, qu'il n'avait que le souffle. Notre amour s'est accru de la pitié. Nous avons veillé bien des nuits auprès du berceau où l'enfant s'agitait, indocile déjà ; nous avons cherché à parler à son cœur ; nous lui avons mille fois répété qu'il devait se consoler des disgrâces de sa forme, et que la bonté pouvait lui tenir lieu de beauté ; paroles tendres, exhortations pressantes, avis salutaires, exemples honorables, tout a été prodigué à son intelligence... Mais non, non, il n'a pas voulu voir autre chose que son ombre qui l'irritait, il n'a pas voulu entendre d'autre voix que la voix intérieure de ses passions mauvaises. Polichinelle est resté Polichinelle... et, ce qui me fait trembler, c'est qu'il réclame toute liberté pour être bien plus encore Polichinelle !...

POLICHINELLE. — Monsieur, pendant votre harangue les plats se sont refroidis, cela ne vaut plus rien !

(Il donne un coup de bâton sur la table et brise tout ce qu'elle contient.)

PANDOLPHE. — Abomination !... Venez, indigne, venez recevoir les comptes que vous réclamez, et ensuite nous nous séparerons pour la vie.

POLICHINELLE. — C'est bien ce que j'espère.

(Se tournant vers les paysans.)

Allons, allons, vous autres, chantez donc !

BEPPO, *consterné*. — Ah ! nous avons plus envie de pleurer que de chanter.

POLICHINELLE, *bas à Crocofante*. — Voici les clefs du cellier. Va et choisis du meilleur ; ensuite nous nous mettrons en route.

(Il suit son père dans le pavillon.)

SCÈNE VIII

ALAIN, NERINA, BEPPO, TONIETTA. Les Paysans.

ALAIN. — Mes amis, vous pouvez vous éloigner. C'est trop que vous ayez été témoins de la honte de notre maison. Désormais mon pauvre maître vivra dans le deuil, et la solitude lui sera chère. Plus de chansons, mes amis, du moins ici : sous vos tonnelles vous aurez des joies innocentes, vous qui êtes des gens selon Dieu. Quant à nous, c'est fini!... Nerina, reconduisez-les.

(Les paysans sortent.)

SCÈNE IX

ALAIN, seul.

Jusqu'à présent j'avais caché ma peine. Jamais je n'avouais à monseigneur mes tristes pressentiments. D'ailleurs, il ne m'aurait pas cru. Un père aime tant à épaissir le bandeau sur ses yeux!...

(On entend s'élever du cellier la voix avinée de Crocofante.)

CROCOFANTE, *chantant*.

> *Viva la spada!*
> *Viva il buon vino!*
> *Gloria e sostegno*
> *Di umanità!*

ALAIN. — C'est le conseiller fatal... Ah! mon jeune maître en avait-il besoin?

(Il s'est approché du pavillon, et par une fenêtre du rez-de-chaussée a regardé à l'intérieur.)

Qu'ai-je vu, grand Dieu! voilà qu'il crochète le meuble d'ébène que personne n'ouvrait plus depuis la mort de la comtesse!... L'infâme!... il prend les diamants de sa mère!... *(Criant.)* Au voleur! au voleur!

SCÈNE X

ALAIN, POLICHINELLE, *sortant du pavillon, l'air terrible*.

POLICHINELLE. — Quel est le chien qui aboie?

ALAIN, *avec fermeté*. — Si c'est un chien fidèle, je suis ce chien.

POLICHINELLE. — Il parle à présent. Que veux-tu, vieux coquin?

ALAIN. — Je suis vieux, mais le coquin ce n'est pas moi.

POLICHINELLE. — Te tairas-tu!

ALAIN. — Vous avez reçu votre or; mais vous n'avez pas le droit d'emporter les saintes reliques du passé.

POLICHINELLE. — Un sermon!

ALAIN. — Rendez ces diamants, sinon...

POLICHINELLE. — Sinon?

ALAIN. — J'avertirai la justice.

POLICHINELLE. — Si je t'en laisse le temps!

(Le frappant de son bâton.)

Tiens, avertis!... avertis! tiens! encore! encore!

ALAIN. — Mon Dieu! mon Dieu!

(Il expire.)

POLICHINELLE, *le secouant.* — Dis donc, vieux, c'était pour rire, pour t'avertir toi-même. Eh! mais il ne bouge plus. Cette bêtise!... Alain, est-ce que tu es mort?... Couic! couic!... Il est mort tout exprès pour m'ennuyer. C'est drôle, jamais je n'avais assommé complétement personne : ça me produit de l'effet dans mes bosses. Ah çà! que ferai-je du vieux? *(Il le tourne et le retourne.)* Une idée!... Je vais le plonger dans l'étang... Il connaît cet endroit-là... Couic! couic!

(Il se baisse pour prendre le corps d'Alain.)

SCÈNE XI

POLICHINELLE, ALAIN, mort, NERINA.

NERINA, *à la cantonade.* — Oui, Monseigneur, je vais avertir votre fils que vous lui pardonnez, et que...

POLICHINELLE. — Peste! cette vieille arrive mal à propos.

NERINA, *s'avançant.* — Justement j'allais vous... Eh bien! qu'y a-t-il donc?... Que cachez-vous!... Ah! mon Dieu! est-ce bien possible!... Alain! le pauvre Alain!

POLICHINELLE. — Il n'est pas à plaindre. Sa goutte ne le fera plus souffrir.

NERINA. — Alain, Alain...

POLICHINELLE. — Ne t'égosille pas à l'appeler. Il a l'oreille dure.

NERINA. — Monstre d'enfer! est-ce toi qui as commis ce crime?

POLICHINELLE. — C'est moi si tu supposes que j'ai dit à mon bras de frapper. Mais, vrai, mon bâton allait tout seul.

NERINA. — Miséricorde! Un loup aurait plus de conscience.

POLICHINELLE. — As-tu fini ta jérémiade?

NERINA. — Non, il n'existe pas de scélérat pareil. Et dire que le pauvre Alain lui avait sauvé la vie!

POLICHINELLE. — Il a eu grand tort. Jamais il ne faut se mêler des affaires d'autrui.

NERINA. — Je ne suis qu'une femme, mais je voudrais avoir la force de te châtier.

POLICHINELLE. — Essaye... Le bâton me démange...

NERINA. — Tu peux me tuer aussi. Je n'ai pas peur de toi.

POLICHINELLE. — Ecoute : me promets-tu de ne pas révéler cette petite circonstance?

NERINA. — Moi, me taire!... Les paroles sortiraient d'elles-mêmes de mes lèvres.

POLICHINELLE. — Elles vont y rentrer, morbleu! tiens, à ton tour...

NERINA. — Grâce! grâce!

POLICHINELLE. — Couic! couic!

(Il la tue.)

POLICHINELLE. — C'est fait... Tant pis, ces vieux qui n'en finissent pas de mourir, il n'y a rien de plus ennuyeux pour les jeunes. La morale est la plus grande ennemie du plaisir. Allons vite faire notre valise et détalons. L'air de ce pays serait malsain pour moi. *(Il va pour sortir, et revient sur ses pas.)* Non; la maréchaussée m'aurait bientôt rattrapé... Il y a un moyen de paraître blanc comme neige et droit comme un I. *(Prenant une voix lamentable.)* Mon père, accourez! à l'aide! à l'aide!... On a tué Alain et Nerina! accourez, accourez tous!

SCÈNE XII

POLICHINELLE, PANDOLPHE, VALETS, PAYSANS.

PANDOLPHE. — Qu'ai-je entendu!... Alain! Nerina! mes chers serviteurs!
POLICHINELLE, *froidement*. — C'est abominable. Voilà les pièces à l'appui.
PANDOLPHE. — Et vous nous appelez, quand peut-être...
POLICHINELLE. — Ah! ce soupçon m'offense, mais il ne m'atteint pas.
PANDOLPHE. — Qui donc aurait eu la barbarie de frapper ces deux créatures inoffensives?
POLICHINELLE. — Inoffensives, oui, et même stupides; mais que voulez-vous, Monsieur? On écrase bien une mouche...

SCÈNE XIII

LES MÊMES, LE PODESTAT, ARCHERS.

LE PODESTAT. — Attention. Que personne ne sorte de céans. Qu'on veille aux issues. Il y a homicide, il y a femmicide! c'est grave. Seigneur Pandolphe, soupçonnez-vous quel peut être le meurtrier?
PANDOLPHE, *hésitant*. — Je...
LE PODESTAT, *montrant Polichinelle*. — Ne serait-ce pas ce jeune homme, qui passe pour être peu commode dans ses plaisanteries?
POLICHINELLE, *levant son bâton sur les archers qui reculent effrayés*. — Pas si vite! Le premier qui me touche n'aura plus ni faim ni soif!...
LE PODESTAT. — Il a l'accent de l'innocence et le moulinet de la conviction. Mais il me faut un meurtrier... Je ne m'en vais pas sans ça.
POLICHINELLE. — Soyez tranquille, cher Podestat. Je connais cet affreux drôle.
PANDOLPHE, *vivement*. — Taisez vous, de grâce!
POLICHINELLE. — Un seul individu était capable de commettre cet acte d'indélicatesse. C'est le vil spadassin que, par charité chrétienne, nous avons reçu au château. En m'apercevant il a couru se cacher dans le cellier.
PANDOLPHE, *à part*. — Serait-ce possible?... Je n'ose le croire.
LE PODESTAT. — Qu'on fouille le cellier... pierre par pierre... jusqu'à ce qu'on y ait découvert le scélérat, se fût-il blotti dans un trou de souris!
POLICHINELLE. — Grand magistrat!... Mais tenez, il vous épargne la peine d'aller à sa recherche.

SCÈNE XIV

LES MÊMES, CROCOFANTE, *ivre*. — *Il a un flacon à chaque main.*

CROCOFANTE, *chantant*.

Viva il buon vino!
Viva la......

(Il aperçoit Polichinelle.) Ah! le voilà, cet amour de Cyclope, ce dromadaire à deux pieds. Cher Polichinelle de mon âme, qu'est-ce que tu fais donc? Ne viendras-tu pas enfin partager avec moi les douceurs du nectar septembral?...

POLICHINELLE, *riant.* — Couic! couic!

LE PODESTAT, *aux archers.* — Arrêtez cet homme. Il chante, le brigand, et, de plus, il chante faux!... Il noie ses remords dans le vin, cet ivrogne!... Complication. Pas la moindre circonstance atténuante.

CROCOFANTE. — Qui est-ce qui parle d'arrêter quelqu'un?... On arrêtera donc toujours les gens paisibles?... Eh! mais, un podestat! un archer! deux narchers! trois narchers!... Voudrait-on, par hasard, molester mon petit ami Polichinelle?

LE PODESTAT. — Non, gueux!.. mais sur le témoignage de « ton petit ami Polichinelle, » on va te pendre, pour avoir occis Alain et Nerina, tous deux parties plaignantes.

CROCOFANTE, *dégrisé.* — Sur le témoignage de Polichinelle!... Ah! l'infâme! je me souviens maintenant... Il bâtonne par vocation. — Ton compte sera bon, méchant bossu... mais l'enfer seul pourra le payer!

LE PODESTAT. — Qu'on emmène le criminel. Ces individus-là n'ont jamais à dire que des choses désagréables.

(On entraîne Crocofante.)

POLICHINELLE. — A la bonne heure!... La justice a fait justice. — Et maintenant, bonsoir la compagnie. *(A part.)* Tiens, si, avant de partir, j'avais mis un peu le feu à la maison, ça aurait été drôle. Ah! bah! on ne saurait penser à tout... A moi l'espace! à moi le monde!... Place, faquins, place!

(Il se dirige en courant vers le fond du théâtre et sort. Bientôt on le voit reparaître sur la montagne.)

SCÈNE XV et dernière

LES MÊMES, LE DIABLE, *sortant du puits.* — *Il n'est visible que pour Polichinelle.*

LE DIABLE. — Toi, qui t'en vas la tête haute; toi, qui parcourras le monde en y semant le crime; toi, qui seras l'image de l'audace, le type de la violence, tu as reçu

mission d'épouvanter les hommes, je le sais. Mais, regarde-moi : un jour, je te rejoindrai.

POLICHINELLE, *railleur*. — C'est possible, mais ce jour-là ne sera pas demain ; par conséquent, je m'en moque pas mal !

LE DIABLE. — Tu seras damné !

POLICHINELLE. — Couic ! couic !

EPILOGUE

PANDORE, *et son* BRIGADIER.

LE BRIGADIER. — Possible, Pandore, que ce spectacle forain te réjouisse et t'hilare, mais je le trouve attentatoire aux droits civils et moraux.

PANDORE. — Voutriez-fous, mon pricatier, me rentre blus balbables fos baroles ?

LE BRIGADIER. — Comment ! n'es-tu pas choqué de voir que le criminel va se promener, et que force ne reste pas à la force ?

PANDORE, *se grattant la tête sous son tricorne*. — Gombrends bas engore sensiplement.

LE BRIGADIER. — Morbleu ! n'as-tu pas vu ce satané Polichinelle tuer les valets comme de simples mouches, et rondiner les gendarmes comme des paltoquets ?... Où allons-nous, mille carabines ! si le gendarme, ce gardien de l'édifice social, reçoit des coups de bâton sur les épaules et des coups de pied dans... sa dignité ?

PANDORE. — Il êdre zerdain gue nadurellement ce n'êdre bas nadurel.

LE BRIGADIER. — Quoi ! nous qui devons vérifier les passe-ports, arrêter les vagabonds et faire trembler les malfaiteurs, nous serions voués à la risée des bonnes d'enfants !

PANDORE. — J'obine à benser garrément gomme fous, mon pricatier.

LE BRIGADIER, *s'animant de plus en plus*. — Ça ne peut pas durer. Je vais solliciter des autorités supérieures un procès-verbal. Et je fais flanquer au violon ces marionnettes, pour leur apprendre à chanter sur un autre ton.

PANDORE. — Oui, mon pricatier, il vaut les arrêter ingondinent et les mettre au bain et à l'eau bareillement, et nous ferrons ce gu'ils tiront alors, les ponshommes te pois... nonopstant...

LE BRIGADIER. — Suffit.

PANDORE, *saluant*. — Oui, mon pricatier. Fous avez raison.

FANTASIO.

LE MOIS DE MAI

C'est surtout dans nos climats tempérés que le mois de Mai présente les plus douces harmonies de la nature animale. L'aurore, couronnée de roses, entr'ouvre dans les cieux les portes de l'orient, et annonce aux êtres sensibles le matin du jour et de l'année. Le zéphir se lève au sein des mers, fait ondoyer leurs flots azurés, les myrtes de leurs rivages, les fleurs des prairies et les primeurs étincelantes de rosée. Des légions d'insectes, revêtus de robes brillantes, soulèvent les mottes de leurs souterrains, et, réjouis de voir la lumière, se répandent en bourdonnant de joie sur les plantes qui leur sont destinées. Les collines retentissent du bêlement des brebis, et les vallées profondes du mugissement des bœufs. Sur les lisières des bois, le bouvreuil, caché dans l'épine blanche, charme par son doux ramage sa compagne dans son nid, tandis que l'alouette matinale, contemplant la sienne du haut des airs, fait retentir les bocages de ses chants d'allégresse. Le soleil paraît dans toute sa splendeur, et chaque degré de l'arc qu'il parcourt dans les cieux voit éclore de nouvelles vies. On entend dans l'atmosphère, sur les eaux, au sein des rochers, des voix qui appellent et des voix qui répondent. La nuit même a ses concerts. Le rossignol, ami de la solitude et du silence, module, à la clarté de la lune, ses chants mélodieux. En vain le jaloux coucou leur oppose son cri monotone ; il ne fait que redoubler, par ce triste contraste leur harmonie ravissante : le héraut du printemps fait répéter aux échos lointains ses joies et ses peines. Tout est animé, le jour et la nuit, à la lumière et dans l'ombre. Des chants mélodieux, des bruits confus, de doux murmures, font retentir les mousses, les roseaux, les herbes, les vergers et les forêts.

BERNARDIN DE SAINT-PIERRE.

LE LEVIER D'ARCHIMÈDE

Le savant sicilien Archimède, le véritable créateur de la géométrie, disait : « Donnez-moi un point d'appui, et je soulève le monde. » Or, Ferguson, célèbre astronome et physicien anglais, s'est amusé à calculer que si, au moment où Archimède prononça ces paroles, Dieu l'eût pris au mot en lui fournissant, avec ce point d'appui donné à trois mille lieues du centre de la terre, des matériaux d'une force suffisante et un contrepoids équivalent, il eût fallu à ce grand géomètre un levier de douze cents milliards et une vitesse, à l'extrémité du long bras, égale à celle d'un boulet de canon pour élever la terre d'un pouce en vingt-sept centaines de milliards ou vingt-sept billions d'années.

Jugez par-là, s'il vous est possible, de l'infinie puissance du Dieu créateur !

LES VACANCES
DE LA FILLE DU MAJOR

LE RÉCIT. *(Suite.)*

Dans ce temps-là, il n'y avait pour véhicules que de rares célérifères ou de modestes coucous traînés par des chevaux étiques et menés par des cochers insolents. *Voiture à volonté*... mais c'était à la volonté du conducteur et non à celle de l'infortuné voyageur. Il fallait attendre, pour partir, que l'on fût au grand complet, et on mettait au moins deux heures pour traverser la plaine Saint-Denis cahin-caha. Ce souvenir de triste locomotion doit vous faire apprécier de plus en plus la vapeur, qui double l'existence.

Nous avisâmes un coucou qui allait partir ; mais il n'y avait de place que sur le siége auprès du cocher, qui lui-même cédait la sienne pour s'asseoir problématiquement à cheval sur le brancard. Mon père trouva tout simple de m'y faire grimper avec lui.

— A la guerre comme à la guerre, dit-il, nous arriverons plus tôt.

— Père, tu n'as donc pas peur qu'on nous voie ?

— D'abord tu sauras que je n'ai peur de rien, et je veux que tu sois de même. Et puis, qu'est-ce qu'il y a de mal à ça ? Nous sommes en lapins, c'est vrai, mais c'est bien porté. Sous un monarque constitutionnel, la simplicité est à l'ordre du jour. Si tu voyais le roi-citoyen ! il va se promener avec son parapluie sous le bras comme un simple mortel.

Et pour me consoler de ma mésaventure et me faire rire, le

pauvre major chantonnait tout bas le long de la route le refrain suivant :

> « Je suis brisé, moulu, grands Dieux !
> » Que les lapins sont malheureux !
> » Tantôt arrosé par l'orage,
> » Tantôt par le soleil grillé,
> » Il ne manque dans mon voyage
> » Que d'avoir été dépouillé.
> » Je suis brisé, moulu, grands Dieux !
> » Que les lapins sont malheureux ! »

Mais je ne riais pas : mon petit amour-propre souffrait. J'avais peur d'être rencontrée par des compagnes en si piteux équipage. Il fallut faire ainsi mon entrée triomphale dans Paris jusqu'à la porte Saint-Denis, et de là à la rue Copeau, à pied, il y avait une bonne trotte, comme on dit, pour une enfant qui n'était pas habituée à la marche. J'étais obligée de courir pour rattraper les grandes jambes de mon père.

— Emboîte le pas, petite, disait-il, nous finirons par atteindre le but, et tu seras bien reçue, bien choyée par mon hôtesse, une brave femme, mais qui parle le français comme une vache espagnole qu'elle est.

Il était près de cinq heures quand nous arrivâmes à la place du Panthéon, et j'étais bien fatiguée dès le début de mes plaisirs.

— Voilà ma fille que je vous présente, senora, dit mon père à la dame qui lui louait en garni ; ce sera un surcroît d'embarras pour vous, mais c'est une pensionnaire qui n'est pas difficile et qui est au régime des haricots et des pommes de terre.

La bonne femme m'accueillit avec l'expression de politesse usitée dans son pays :

— *Esta casa es à la disposicion de usted... Buenita, buenita* : on y mettra un lit de *cendres* dans le petit salon, voilà tout.

Cette perspective ne me parut pas de bon augure pour la nuit que j'allais passer. Pourtant à huit heures, par la force de l'habitude, je sentis mes yeux se fermer malgré moi. Mon père s'aperçut de la lutte que je soutenais ; il me permit de me coucher, mais auparavant il me fit dénouer mes cheveux, il voulut visiter ma bouche, examiner ma taille :

— Viens, fillette, passer au conseil de révision paternel. Est-ce que tu n'as pas l'épaule un peu en virgule ? Il ne manquerait plus que ça, que tu roules ta bosse ! Il ne te resterait d'autre parti à prendre que de te faire religieuse. Tiens-toi bien si tu ne veux pas devenir madame Mayeux. Et puis il me semble que ton corset est trop serré ou qu'il va bien mal.

— C'est le corset de Saint-Denis.

— Eh bien ! il n'a pas le sens commun. Je déteste les corsets, ce supplice presque chinois, et je prierai ces dames de t'en dispenser. Ah ! si on savait les accidents affreux que causent chaque jour aux jeunes filles ces étaux dans lesquels on comprime leurs poumons ! C'est un meurtre tout simplement, un meurtre qu'aucune loi ne punit. Je voulais faire là-dessus un rapport au gouvernement, une pétition à la Chambre : mais ils ont bien d'autres chats à fouetter, et ils n'auraient pas écouté ma réclamation humanitaire. Du moins, je veux protester contre cet abus, en empêchant que ma fille chérie soit au nombre des martyres de l'erreur. Oui, j'en suis persuadé, continua-t-il en s'animant de plus en plus, si les femmes en France n'avaient pas porté d'infâmes corsets, jamais les Alliés, morbleu ! ne seraient entrés sur notre territoire en 1814.

— Mais, papa... hasardai-je.

Je ne comprenais pas son exaltation.

— Je t'expliquerai un jour la raison de cela. En attendant, demain je te mènerai chez un dentiste ; on a négligé ta mâchoire. Il n'y a rien de si beau pour une femme que des dents de perles : il vaut mieux les avoir dans la bouche qu'en collier de prix ; regarde les miennes (il en avait de superbes). Je connais un dentiste qui ne te fera pas mal. Avec deux ou trois dents de moins, ça s'arrangera : gauche, droite, alignement. Il faut souffrir pour être belle.

Je me couchai avec cette idée peu réjouissante de l'opération du lendemain. Le lit de sangle (et non de *cendres*, comme je l'avais compris) n'était pas mauvais ; mais le bruit des voitures, le va-et-vient d'un hôtel garni, la basse ronflante du major que j'entendais de la chambre voisine, me tinrent éveillée, et je regrettai le petit lit de la pension, le calme mystérieux de nos vastes dortoirs.

Le lendemain, ainsi qu'il l'avait annoncé, mon père me conduisit chez le fameux Désirabode. Je n'osais résister. J'étais pâle et tremblante comme une victime marchant au supplice. Je pensais malgré moi à Iphigénie sacrifiée par son père, et mes souvenirs d'études mythologiques me rendaient ma situation plus saisissante. Tout le long du chemin j'enviais le sort des passants, même celui des petits ramoneurs, sans savoir que les gens que je coudoyais, et croyais indifférents en apparence, traînaient aussi le boulet de leurs peines et de leurs soucis quotidiens.

Il fallut m'exécuter et me laisser arracher deux grosses dents, sans avoir la consolation, comme les enfants de nos jours, qui spéculent si bien sur la tendresse paternelle, de demander dix francs par molaire. Je n'osai ni crier ni pleurer ; Désirabode refusa de m'en *extraire* d'autres, bien que mon père, dans l'intérêt de ma mâchoire, désirât une troisième opération.

— Qu'est-ce cela? disait-il; une douleur d'un moment, en comparaison des blessures terribles produites par les armes à feu! D'ailleurs, il faut qu'une femme sache souffrir.

J'ai su depuis que le pauvre major, si brave, si résolu, ayant une rage de dents, alla tirer par trois fois le cordon de sonnette d'un dentiste, et qu'il s'enfuyait comme un voleur lorsqu'on lui ouvrait la porte.

En sortant de chez Désirabode, mon père, pour me dédommager et me régaler, me mena déjeuner dans un restaurant à quarante sols. J'étais si anéantie, que je fus incapable d'apprécier ce plaisir gastronomique.

— Allons, remets-toi, enfant. Pour t'aider à digérer ce mauvais quart d'heure, je vais te faire faire un petit festin de Lucullus. Nous allons commencer par des huîtres.

— Je ne les aime pas.

— Comment! il serait possible que tu n'aimasses pas ces mollusques! On ne vous en donne pas à Saint-Denis, je le conçois; mais c'est excellent, tu t'y feras.

— Impossible.

— Et les truffes?

— Non plus.

— Tu n'aimes donc pas ce qui est bon?

— Je n'ai pas faim.

— Une enfant bien élevée doit avoir toujours faim et manger de tout. J'espère que tu ne m'en veux pas de t'avoir forcée à sacrifier deux inutiles molaires; c'est pour ton bien. Après ça, si tu boudes contre ton ventre, tu as tort. Moi, je n'opère pas mal, tu vas voir; et si tu ne veux pas me tenir compagnie, tu me regarderas.

Le bon major dévora sa part et la mienne, arrosant le tout d'un excellent petit chablis qui redoubla sa gaieté naturelle, en même temps que ma tristesse. Je devins de plus en plus maussade et je fondis en larmes. Mon père avait l'intention de me mener en visite chez toutes les dames du régiment, de présenter à ses supérieurs une fille dont il parlait avec tant d'éloges quand il était loin de moi ; mais, voyant que j'étais mal disposée et que j'avais les yeux rouges, il préféra me ramener au logis. Comme il avait quelques courses à faire, il m'enferma à double tour dans ma chambre, en me donnant une cravate à lui ourler. Il m'avait bien recommandé de ne point regarder par la fenêtre. J'aimais encore mieux travailler solitairement que de promener par les rues ma robe trop courte et ma toque de velours. Au bout de deux heures, mon père revint. Je ne l'entendis pas rentrer, grâce au tapis qui étouffait le bruit de ses pas. Ma tâche finie, je chantais :

« J'ai perdu mon innocence ;
» Quelle perte, ah ! quel malheur ! »

Mon père m'écouta un moment sans se montrer. Mais quand je passai au deuxième couplet :

« Oh ! qui mettra dans ma tête
Une fontaine de pleurs
Sur la perte que j'ai faite,
Sur le plus grand des malheurs ! »

— Qu'est-ce qui vous a donc appris cette mauvaise chanson ? s'écria le major en se montrant tout à coup. Je me demande si je rêve. Tu as de la voix, ma fille, mais tu sais de singulières choses !

J'étais devenue cramoisie d'avoir été surprise en flagrant délit de chant.

— Mais, papa, dis-je, c'est... c'est...

— Voyons, ne te trouble pas.

— C'est un cantique de Saint-Sulpice.

— Par exemple ! quand tu me feras avaler celle-là...

— Je t'assure, papa...

— Un cantique? me prends-tu pour un jobard? Ah ! çà, tu ne serais pas menteuse, au moins? J'ai horreur du mensonge, et toute mademoiselle ma fille que tu es, si tu étais capable de fausser la vérité, je te ramènerais incontinent à Saint-Denis, et ne t'en ferais plus sortir.

— Papa, répliquai-je, les larmes aux yeux, tu demanderas à ces dames si nous ne chantons pas cela en chœur à la chapelle.

— Allons, je veux bien te croire, quoique cependant... Mais j'aimerais mieux, morbleu ! qu'on vous apprît à entonner la *Marseillaise*. Enfin tu as un joli soprano. Nous sommes invités pour un de ces soirs chez mon colonel, et j'aurais du plaisir à te faire chanter. Sais-tu autre chose que... ton cantique?

— Oui, papa, je sais la ballade de la *Dame blanche*. Mais je n'ai jamais chanté devant personne, je n'oserai pas. Et puis, pour aller en soirée, je n'ai pas de toilette convenable, il me semble.

— Qu'à cela ne tienne. Madame Romero, notre aimable hôtesse, m'a promis de te prêter une robe de mousseline blanche à elle; avec quelques plis à la taille, elle t'ira comme un gant. Je t'ai acheté une belle ceinture de ruban rose. Une jeune fille parée de sa simplicité peut aller partout.

Je commençais à prendre souci de ma toilette, et j'eus de la peine à m'endormir, en ruminant dans ma pensée comment le corsage d'une robe faite pour une grosse femme ne me rendrait pas trop paquet, et comment, en outre, je pourrais chanter dans un salon sans me trouver mal.

Le troisième jour de mes vacances, mon père me réveilla de bonne heure.

— Lève-toi, Marguerite; il n'est que six heures du matin, mais je sonne la diane, afin que tu ne perdes pas les excellentes habitudes de la pension. Tu feras ton lit comme à Saint-Denis; on n'est jamais si bien servi que par soi-même. D'ailleurs, je ne pourrais t'offrir pour camériste que mon brosseur Mistenflûte, et je pense que tu aimes mieux t'en passer.

J'eusse préféré surtout rester au lit plus longtemps, moi qui hiver comme été me levais avec l'aurore; mais je n'osai exprimer mon désir. J'endossai mon costume de fantaisie un peu trop léger pour la fraîcheur d'une matinée de septembre, et nous partîmes, moi toujours l'air morose et mal en train, mon père gai comme s'il était lui-même l'écolier en vacances.

— Fillette, dit-il, j'ai tracé d'avance le programme des plaisirs de la journée. Je veux te régaler d'un spectacle que tu ne connais pas encore.

— Quel bonheur! m'écriai-je.

Ce mot « spectacle » avait évoqué à mes yeux le mirage du Grand-Opéra.

— Nous allons à la campagne. Rien de favorable à la santé comme une promenade matinale. Nous déjeunerons à Vincennes, et je te ménage ensuite le simulacre d'une petite guerre commandée pour aujourd'hui, dix heures. Après cela nous verrons successivement et par ordre le polygone, le fameux donjon, les salles d'artillerie, tout le tremblement.

Ce passe-temps belliqueux me souriait fort peu.

— Nous donnerons en passant un coup d'œil au chêne séculaire sous lequel le bon roi saint Louis aimait à rendre la justice. Puis nous irons nous placer tout auprès d'une batterie. Tu jugeras par toi-même de l'effet terrible que produit la détonation du canon. Les jeunes artilleurs, qui ne sont pas encore faits à ce bruit, ont quelquefois le sang qui leur sort par les oreilles. Je suis persuadé, moi, que rien ne serait plus salutaire à la santé des demoiselles, que cette commotion électrique; sans compter que ce serait une excellente manière de leur apprendre à faire la révérence. Il nous faudra traverser tout le faubourg Saint-Antoine, le sol classique de l'ébénisterie. Cela te fera connaître Paris. Ensuite nous filerons par le joli bois de Saint-Mandé, tout droit, ce n'est pas loin; une petite étape. La marche te fera grandir; quant à moi, mon vétérinaire m'ordonne l'exercice. Tu dois avoir entendu dire que les majors sont sujets à prendre du ventre. Pas accéléré... marchons!

Tout le long du chemin, mon bon père s'appliqua à causer avec moi sur des sujets tantôt amusants, tantôt scientifiques; car il était instruit et ne manquait pas d'esprit comptant. Eh bien! il avait peine à m'arracher un sourire, à obtenir de moi quelques mots de réplique; ce qui aurait dû m'intéresser me contrariait presque : je redoutais les questions, j'éludais les réponses.

« Que les enfants sont parfois ennuyeux! » dit la douairière, interrompant sa lecture. Mais elle ajouta aussitôt : « Je ne dis pas cela pour vous, mes petits amis, car vous êtes d'aimables étourdis. Vous remarquerez que, dans ma relation, je n'hésite pas à m'accuser souvent : j'ai donc le droit de blâmer ces enfants qui réservent pour leurs parents une humeur maussade, tandis qu'on les voit, avec les étrangers, les indifférents, déployer les grâces de leur âge, afin de se faire bien venir. Que de regrets plus tard on peut éprouver pour avoir ainsi affligé ceux qui avaient droit à toutes les tendresses, et envers qui on ne peut plus acquitter le passé! »

E. DIONYSIS.

(*La suite prochainement.*)

LE VIGNERON ET LA CHENILLE

FABLE

Un vigneron courbé par l'âge,
Les yeux baissés, la pioche en main,
Parcourait lentement son modeste héritage;
Sur sa vigne, il fondait l'espoir du lendemain.
Il rêvait au bonheur de nourrir sa famille,
Pour le pauvre seul rêve d'or,
Lorsque sur une souche il vit une chenille.
« Encore une, dit-il, dois-je tuer encor?
Imprudente, pourquoi te risquer à ma vue?
Douleurs d'autrui sont mes douleurs....
Mais tu manges ma feuille, il faut que je te tue!
Tu dois mourir comme tes sœurs. »

A l'instant, sur la pauvre bête
Se balançait un gros sabot ;
Mais, sans frayeur dressant la tête,
La chenille dit aussitôt :
« Tu peux frapper, si je t'offense ;
Frapper trop vite est un danger ;
Sans entendre notre défense,
Dieu seul, oui, Dieu seul peut juger !
La plante est un abîme où ta raison s'égare ;
Un brin d'herbe a ses tourbillons ;
Moi, j'épure ce monde, où l'insecte prépare
Ses innombrables bataillons.
Comme toi je naquis, comme toi j'ai ma place ;
Dieu me donne deux fois un corps :
Beau papillon d'azur, je brille dans l'espace,
Mais avant, comme toi, je me traîne et je mords. »
— Oui, dit le vigneron, en toi Dieu se révèle ;
Ta réponse me satisfait.
— L'homme est donc bien aveugle ?.. Apprends enfin, dit-elle,
Que Dieu fait bien tout ce qu'il fait.

TIMOLÉON JAUBERT.

LE FILS DU CHANVRIER

I

(Suite)

Après quelques scènes guerrières qui commençaient à enthousiasmer le chanvrier pour la noble profession des armes, Gaston porta à celui-ci un défi aussitôt accepté. Ils entrèrent dans la lice avec une ardeur égale et une contenance digne l'un de l'autre.

La damoiselle de Montejean donna le signal du combat dont un nœud de ruban devait être le prix ; les deux champions s'attaquèrent vaillamment.

Quoiqu'ils fussent suffisamment protégés par leurs armures improvisées, qui, d'ailleurs, gênaient assez leurs mouvements pour empêcher que les coups ne fussent bien terribles, Gaston se vit obligé de reculer ; plus adroit ou plus heureux, le fils du paysan, du bonhomme Paré, fit voler le fer des mains de son adversaire.

— Mon Dieu ! s'écria Ambroise, enivré de sa victoire et auquel son corselet donnait quelque chose de l'air d'une grande tortue qui se serait tout à coup dressée sur ses pattes de derrière, mon Dieu, qu'il est donc beau de porter les armes ! S'il ne me fallait pas faire, comme mon père, le métier de chanvrier, je voudrais être... maréchal de France ou connétable...

Gaston interrompit, en essayant de reprendre la bonne humeur que sa défaite lui avait fait perdre :

— N'exaltez pas si fort votre triomphe, monseigneur le connétable en chanvre, je vous tiens pour félon de m'avoir combattu sans merci, moi votre parrain d'armes... Et pour ce, vous subirez le châtiment qui a frappé sous les murs de Rome, cet autre connétable, le traître et déloyal Charles de Bourbon.

Gaston prit en même temps une arquebuse moderne qui avait été décrochée avec les autres armes et ajusta Ambroise en ajoutant :

— Meure donc le chevalier traître et renaisse mon féal valet de chasse aux bestioles !

— Mon habile et fidèle dénicheur de merles, ajouta Aloïse. Oui, oui renaisse...

Elle ne put achever, une détonation inattendue retentit comme un coup de foudre.

L'arme que nos trois personnages avaient tout lieu de croire inoffensive était, par un fatal oubli de quelque serviteur, restée chargée et avait été ainsi suspendue à un des trophées.

Elle venait de faire éclater, entre les mains du jeune seigneur, son dangereux tonnerre.

Une balle avait sifflé aux oreilles d'Ambroise et le projectile était allé, de la muraille, frapper par ricochet la damoiselle de Montejean.

La jeune fille poussa un cri de douleur et tomba en perdant connaissance.

Pâle, terrifié, éperdu de désespoir, Gaston s'élança vers Aloïse et la prit dans ses bras, sans trouver la force d'articuler une seule parole.

Non moins désolé, mais plus calme, malgré le danger auquel il venait d'échapper et qu'il avait essuyé avec une remarquable indifférence, Ambroise s'approcha d'abord d'une fenêtre et appela du secours, puis il courut à son tour vers mademoiselle de Montejean.

Le premier soin du jeune chanvrier fut de chercher la place où elle avait été blessée. Il découvrit bien vite que la balle avait atteint le haut du bras gauche de la petite châtelaine. Un mouvement instinctif lui fit rapidement déchirer la manche qui couvrait ce bras; il aperçut alors une déchirure sanglante et se hâta d'y placer un mouchoir tamponné qu'il fixa au moyen d'un lambeau de la manche déchirée.

Ambroise avait fait tout cela avec un à-propos et une promptitude, dont lui-même n'eût point cru, un moment auparavant, être capable et qui lui semblaient tout naturels. Le désir de secourir cette jeune fille pâle et défaillante avait été pour lui, ignorant et brusque, comme un guide, comme une inspiration.

La vue du mal lui avait montré tout à coup le bien à faire.

On comprendra que cette inspiration devait être bien éphémère. L'esprit le plus précoce ne peut avoir que des élans passagers, tant qu'il n'a pas puisé sa force dans la science, cette nourriture du génie.

Cependant madame Hélène et deux ou trois serviteurs étaient accourus dans la salle aux panoplies.

On alla en grande hâte chercher le chirurgien.

Pendant que les valets couraient de tous les côtés, Aloïse, grâce à la providentielle inspiration d'Ambroise, commença à reprendre connaissance. Gaston et le fils du chanvrier songèrent alors seulement à se débarrasser de leur accoutrement guerrier dont la vue leur était devenue odieuse. Enfin, on disposa une espèce de lit sur lequel fut posée mademoiselle de Montejean.

Deux barbiers, — car les mêmes mains tenaient à cette époque le rasoir et la lancette, — furent amenés. Ni l'un ni l'autre après avoir visité la blessure, n'osèrent répondre de ne pas aggraver le mal en essayant d'extraire la balle des chairs où elle s'était profondément engagée et chacun d'eux voulait laisser à son confrère la responsabilité de l'opération qu'il y avait à faire pour cela.

En attendant, la pauvre Aloïse souffrait de plus en plus.

Gaston, agenouillé auprès d'elle, priait Dieu de faire un miracle en faveur de sa sœur.

Madame Hélène se tordait les mains de désespoir, et Ambroise s'écriait en serrant les poings avec l'orgueilleuse colère d'un esprit qui se fût tout à coup senti créé supérieur par Dieu :

— Il me semble, cependant, que si j'étais chirurgien, j'aurais assez de puissance pour la sauver, moi !

Un jeune homme qui traversait Laval et s'était dit médecin fut alors introduit.

Il alla droit à mademoiselle de Montejean et, après quelques instants d'un examen silencieux de l'effet produit par le coup de feu, prononça ce seul mot :

— Espérez !

Le nouveau venu prit ensuite deux ou trois instruments dans sa trousse, puis commença, d'une main sûre, à faire l'extraction du projectile.

Les deux barbiers, assez embarrassés de leurs personnes, battirent tout doucement en retraite.

Ambroise, grave et réfléchi, suivit toute l'opération d'un œil intelligent, presque envieux et sec, lorsque tous les visages étaient mouillés de larmes autour du médecin et de son muet admirateur.

Mais le premier, ayant enfin accompli son œuvre avec une grande dextérité, puis affirmé que le péril n'existait plus, la sensibilité du jeune paysan, un moment dominée par cette fascination que tout art exerce sur l'être capable d'en comprendre la grandeur, la sensibilité du jeune paysan, disons-nous, reprit le dessus et des pleurs de joie inondèrent les joues d'Ambroise.

Toutes les mains s'étaient, dans un élan de reconnaissance, d'admiration, de bonheur, tendues vers l'habile praticien pour serrer les siennes ou le bénir.

— Dites-nous votre nom, lui demanda madame Hélène, et il ne sera jamais omis dans nos prières.

— Mon nom est fort obscur, répondit le jeune homme ; je m'appelle Jean Chapelain.

Ambroise s'essuya les yeux. La scène terrible et touchante, dont il venait d'être témoin, avait produit sur son cœur et sur son esprit une impression désormais ineffaçable. L'exercice de la médecine lui était apparu comme un sacerdoce sacré auquel Dieu semblait avoir voulu l'appeler; la voix généreuse d'une irrésistible vocation s'était fait entendre. Le front éclairé par une sorte d'inspiration prophétique, il s'approcha de Jean Chapelain :

— Maître, dit-il, vous remporterez des victoires plus douces que celles des grands capitaines, dont j'enviais le sort tout à l'heure. Si leur main est glorieuse, utile et redoutée, la vôtre sera bienfaisante et bénie.... Maître, Dieu aidant, nous nous reverrons à Paris. Je n'oublierai pas votre nom... Souvenez-vous du mien: Ambroise Paré.

Jean Chapelain fut d'abord tenté de rire de cet enthousiasme juvénile ; mais ses regards s'étant arrêtés sur la tête intelligente et énergique d'Ambroise, il crut y voir luire une sorte de révélation et répondit en déposant un baiser de frère sur le front noble et large du chanvrier :

— Dieu vous seconde ! Ambroise Paré, je me rappellerai votre nom...

— A bientôt, maître.

Le pauvre paysan ajouta tout bas:

— Moi aussi je veux être un grand chirurgien.

JULES ROSTAING.

(La suite prochainement.)

LA CIGALE ET LA FOURMI
Ou les dangers de la vie d'artiste

AIR : *Bonjour, mon ami Vincent.*

I

Un' cigale ayant chanté
A s' décrocher la mâchoire
Tant qu'avait duré l'été,
Fut pris' d'une tristess' noire

Quand la bise vint et le froid piquant,
« Sapristi ! dit-ell', je n'ai plus d'argent.
A quell' bête irai-j' conter mon histoire
Pour emprunter d'quoi passer mon hiver ?
Car les temps sont durs, les vivres sont chers,
Et j'n'ai pas d'abri pour être à couvert. »

II

L'artiste mit son corset,
Une crinoline immense,
Puis en sus un faux toupet,
Et pimpante elle s'avance
Près de sa voisin' la dame Fourmi,
Et, de son organ' le plus radouci,
Lui chant' l'amitié sous form' de romance
Afin d'obtenir un léger secours.
— Que faisiez-vous donc pendant les beaux jours ?
Fallait comme moi travailler toujours.

III

— J'en conviens, je n'ai pas mis
D'gros sous dans ma tirelire ;
Mais j'ai de crânes amis
Que mes chansons faisaient rire.
— Au lieu de venir m'ennuyer ici,
Allez donc trouver monsieur Rossini ;
Ou bien, quand le froid s'ra devenu pire,
Trémoussez-vous, belle, amusez-vous bien....
Je donn' des avis, mais je n'prête rien :
La loi des fourmis c'est le tien, le mien.

IV

Restons-en là de c'récit,
Car en tout faut d'la mesure.
Cette fable en *ut ré si*
Nous donne un' leçon très-sûre
Dont je vous engag' tous à profiter ;
D'être raisonnable il faut se hâter...
L'hiver est bien long chez dame Nature ;
Quand on dépens' trop, on arrive à mal.
Voyez cet exempl'... La pauvre cigal'
Est morte, dit-on, dans un hôpital.

Mme DE SAINT-PROJET.

SILHOUETTES PARISIENNES

LE GANDIN

En France, les types changent comme les costumes ; on ne se figure pas combien de fois les physionomies s'y sont transformées : les modes n'ont certes pas été plus mobiles que les caractères, bien que chez nous la mode soit d'une inconstance proverbiale.

Cependant il est un type qui nous revient toujours, sauf à se débaptiser et se rebaptiser sans cesse. Celui-ci ne saurait se perdre, par la grande et suprême raison qu'il est inhérent au génie national.

La France, pays d'élégance, ne consentirait point à vivre sans les héros de la coquetterie (traduisez : de la *fashion*, pour parler anglais). Depuis longtemps la France se résume dans Paris ; Paris se symbolise dans le boulevard des Italiens, et le boulevard des Italiens s'est incarné dans un certain nombre de jeunes messieurs, dont voici les occupations...

Pardon : avant d'énoncer leurs hautes fonctions, nommons-les un peu.

Sous Henri III, ils s'appelaient *Muguets*. Peut-être les parfums dont ils s'inondaient leur avaient-ils valu cette dénomination printanière.

Plus tard et successivement, les jeunes mondains furent désignés comme *Gens du bel air*.

On eut les *Raffinés*, les *Ténébreux*, les *Dangereux*, les *Précieux*, les *Petits-Marquis*. A un long intervalle, la *Jeunesse dorée* s'émietta en *Muscadins* et en *Incroyables*.

Sous l'Empire se pavanaient les *Beaux* ; les *Beaux* engendrèrent les *Faquins* : nul ne rougissait d'être un *Faquin* : il est des injures qui équivalent à un compliment.

L'anglomanie revint ; alors il surgit des *Fashionables* et des *Dandies* : les Fashionables portaient des carricks à sept collets, des habits à queue de morue ; les Dandies introduisirent les manches à gigot et les hauts talons de bottes. Ce fut vers cette phase qu'on s'habitua au langage mi-partie anglais et français, si bien amplifié depuis qu'il faudrait souvent avoir sous le bras un *Pocket-Dictionary* pour comprendre certaines conversations de *turf*, de *sport*, de *steeple-chase*, de *race*, de *tavern* et de *at home*.

Ainsi, vingt générations de *Merveilleux* se sont succédé en plusieurs siècles sous des dénominations diverses : leur grande affaire a été de diriger la mode, de donner le ton, de s'amuser.

Je crois bien qu'ils ne s'amusaient pas toujours. Le plaisir à perpétuité est un bagne doré.

Du moins ces existences ne furent pas aussi inutiles qu'on pourrait le supposer. Une nation comme la nôtre doit soutenir sa réputation d'élégance.

Aujourd'hui, les anciens noms sont oubliés, les vieilles traditions perdues.

Il s'est introduit un type de jeunes gens sans manières, sans urbanité, flâneurs par véritable désœuvrement, viveurs qui ne savent pas vivre, fashionables qui s'habillent mal. Ils ne se recrutent pas spécialement dans les grandes familles; mais le premier venu, pourvu qu'il promène son oisiveté, qu'il tienne son cigare d'une certaine manière, qu'il rie du bout des lèvres, qu'il affecte de ne rien prendre au sérieux et que de temps en temps il réussisse à se montrer au balcon de l'Opéra ; le premier venu, disons-nous, peut être intitulé : *Gandin*.

Gandin, oui, voilà le mot. D'où est-il venu? Des gens bien informés prétendent qu'il a été créé par le peuple des faubourgs. Ce ne serait pas étonnant : l'argot parisien a une éloquence qui donne à ses mots droit de cité.

Seulement *Gandin* est pris en mauvaise part, j'ai peur qu'il ne rime à niais. Il est certain qu'il y a beaucoup de niais parmi les Gandins. En voulez-vous la preuve? Approchez et écoutez deux minutes. Quand l'âne vêtu de la peau du lion laissa paraître le bout de ses oreilles, aussitôt on le reconnut âne, et Martin-Bâton remplit son office.

Notre Gandin a donc apporté la décadence dans la mode.

Le pis est qu'on n'a pu le définir lui-même : il a si peu de consistance, qu'il échappe à l'analyse. Il est tout le monde et il n'est personne; il relève ses moustaches et jamais il n'a tenu une épée; il fait des dettes pour payer un pseudo-luxe, et, comble de mesquinerie ! il monte des chevaux de louage !

Mais quoi! je vous entretiens du Gandin, et déjà son règne est passé; déjà le Gandin appartient à ces espèces de lézards anté-diluviens emportés par le grand cataclysme. La même voix populaire, plus sévère encore la seconde fois que la première, a créé un nouveau nom, terrible et pénétrant comme le boulet d'un canon rayé...

Le peuple a lancé le mot de *Cocodès !*

C'est fini : on meurt sous un pareil nom.

Je me proposais d'écrire un portrait; j'ai tracé une oraison funèbre.

O mes jeunes et chers lecteurs, voulez-vous soutenir glorieusement l'héritage de la grâce et de la distinction françaises? Le moyen est très-facile, et je vais vous l'indiquer en quelques lignes :

Appliquez-vous à faire tout le contraire de ce qu'on a pu reprocher aux Gandins. Soyez polis et prévenants, ne dédaignez pas la gentille société de vos sœurs; acceptez avec reconnaissance les avis des parents, les leçons des vieillards; ne plaisantez pas des choses saintes et respectables; ne vouez pas votre temps, ce capital précieux, à l'oubli du travail. Songez à être des hommes, et non ces mannequins d'osier que les tailleurs couvrent de leur *haute nouveauté*. Vous échapperez à l'humiliation d'être appelés Gandins... qu'ai-je dit? d'être stigmatisés Cocodès.   ALFRED DES ESSARTS.

TRAITS CARACTÉRISTIQUES

DE QUELQUES PEUPLES DE L'EUROPE

Montesquieu disait, après ses pérégrinations à l'étranger : « L'Allemagne est faite pour y voyager, l'Italie pour y séjourner, l'Angleterre pour y penser, et la France pour y vivre.

A table, l'Allemand est mangeur, quoique sa conversation se perde souvent dans les nuages : l'Anglais est ivrogne, et il en rejette le tort sur les brouillards de son pays ; l'Espagnol est frugal et vit d'un oignon cru frotté sur du pain ; le Français est délicat et l'Italien est sobre.

***

La magnificence éclate, chez les Allemands, dans les fortifications; chez les Anglais, dans les flottes; chez les Espagnols, dans les armes; chez les Français, dans l'ameublement; chez l'Italien, dans les églises.

***

En fait de conseils, l'Allemand est lent; l'Espagnol, fin et prévoyant ; l'Anglais, déterminé; le Français, impétueux, et l'Italien, subtil.

***

Veut-on s'informer de quelqu'un, on demande en Espagne : « Est-ce un grand de première classe ? » en Allemagne : « Va-t-il à la cour ? » en France : « Est-il *posé ?* » en Hollande : « Quelle est sa fortune ? » en Angleterre : « A-t-il du mérite ? »

***

En fait de chant, l'Espagnol pleure, l'Italien se lamente, l'Allemand meugle, le Flamand hurle et le Français chante.

***

Des gants de femme, pour être parfaits, devraient être préparés en Espagne, coupés en France et cousus en Angleterre.

***

Charles-Quint disait : « On doit parler allemand à son cheval, anglais aux oiseaux, italien à sa femme, français à son ami, espagnol à Dieu. »

MAXIMES CHINOISES

Si Dieu te donne un fils, remercie-le ; mais tremble sur le dépôt qu'il te confie : sois pour cet enfant l'image de la divinité.

***

Fais que jusqu'à dix ans il te craigne, que jusqu'à vingt il t'aime, que jusqu'à la mort il te respecte.

⁎⁎⁎

Jusqu'à dix ans sois son maître, jusqu'à vingt son père, jusqu'à la mort son ami.

⁎⁎⁎

Pense à lui donner de bons principes plutôt que de belles manières; qu'il te doive une droiture éclairée, et non pas une frivole élégance; fais-le honnête homme plutôt qu'habile homme.

⁎⁎⁎

Si tu rougis de ton état, c'est orgueil; songe que ce n'est pas la place qui honore ou dégrade, mais la façon dont on l'exerce.

ÉPITAPHE

DU MARÉCHAL DE SAXE, MORT A L'AGE DE 55 ANS

Cette épitaphe curieuse est en dix vers *blancs*, terminés chacun par un nombre, et le total de ces différents nombres donne 55 :

Son courage l'a fait admirer de chac..........	1
Il eut des ennemis, mais il triompha............	2
Les rois qu'il défendit sont au nombre de........	3
Pour Louis son grand cœur se serait mis en......	4
De victoires, par an, il gagna plus de...........	5
Il fut fort comme Hercule et beau comme Tyr.....	6
Pleurez, braves soldats, ce grand homme *hic ja*...	7
Il mourut en novembre, et de ce mois le.........	8
Strasbourg garde son corps en un tombeau tout....	9
Pour tant de *Te Deum* (1), pas un *De Profun*....	10
	55

Explication de l'Énigme (n° d'avril)

Oiseau.

(1) Le maréchal de Saxe était protestant.

Rédacteur en chef : M. ALFRED DES ESSARTS.
Propriétaire-Gérant : M. DUPRAY DE LA MAHÉRIE.

LE CHAPEAU DU PRÉSIDENT

(Mœurs russes)

I

Il y a quelques années de cela, par le plus beau temps de neige qui eût jamais encombré Pétersbourg, pendant que les habitants de

la capitale russe pensaient à se coucher sur leurs poêles de briques, que les *boutechniks*, sergents de ville de l'endroit, se morfondaient dans leurs guérites, et que de rares *drowskis* ramenaient à leurs hôtels certains gentilshommes attardés, un pauvre noble moscovite, renfermé dans sa chambre à coucher, les coudes appuyés sur la table et le dos au poêle, méditait profondément sans pouvoir bannir de son esprit le découragement et la tristesse.

De nombreuses amendes, encourues à diverses époques, des dépenses folles, des pertes de jeu surtout, avaient singulièrement ébréché sa fortune jadis princière.

Ses trois mille esclaves étaient réduits au chiffre de cinquante environ. Encore quelques revers, et la misère allait l'écorcher vif.

Il ne paraissait plus que rarement à la cour de l'empereur Nicolas, et ses amis avaient fui, le jour où il avait été forcé, par manque de crédit, à diminuer son train de vie habituel, à compter avec ses revenus.

Grotnoï, — c'est le nom du pauvre noble, — se voyait menacé jusque dans les derniers débris de sa fortune. Il entrevoyait la hideuse misère.

Vieux et seul, il ne pouvait espérer de redevenir riche en faisant le négoce.

Il méditait, il se désolait en pensant au procès qui, depuis cinq ans, pendait au tribunal civil de Pétersbourg, procès dont le gain lui assurerait au moins une existence passable pour ses vieux jours.

Tout à coup un mougick se présenta.

C'était le domestique du secrétaire du tribunal.

Couvert d'une peau de mouton, la barbe épaisse et longue, les cheveux touffus, coupés à la hauteur du col, le mougick apportait à Grotnoï une lettre de son maître, une lettre confidentielle et qui ne pouvait être confiée à l'indiscrète poste de Nicolas.

Après avoir salué à l'orientale, en entrant et en sortant, le domestique disparut.

Grotnoï, en bon Russe qu'il était, ne s'étonna pas des précautions prises par le maître du mougick, lorsqu'il eut connaissance de la lettre du secrétaire du tribunal.

Le président lui donnait rendez-vous pour le lendemain et l'engageait à passer à son hôtel.

Évidemment, il s'agissait de quelque compromis vénal. Rien de plus accommodant qu'un magistrat russe ; les arguments d'Almaviva lui ouvrent merveilleusement l'intelligence.

— Par saint Sergius ! se dit le plaideur, je profiterai du moyen qui m'est offert. Si le président se montre raisonnable, je m'arrangerai de manière à gagner mon procès. Louanges au tzar du ciel et au tzar de la terre ! Je pourrai encore manger du sterlet et boire du Champagne sur mes vieux jours, et, à la prochaine fête de Péterhof, je ferai figure convenable. On ne me tournera pas le dos comme à un homme ruiné.

Tout en se parlant ainsi, le vieux noble se disposa à se jeter dans les bras du sommeil, non sur le lit qui figurait au fond de sa chambre, mais sur un sofa jaune, assez sale, où il se coucha tout habillé.

Chez les Russes, un lit est ordinairement un meuble de parade, que l'on montre aux étrangers, mais dont on ne se sert jamais.

Le lendemain, à l'heure fixée, Grotnoï se rendit chez le président du tribunal, dont la demeure était vaste et somptueuse.

— Je vous attendais, dit le magistrat russe, sans trop se donner de peine pour entamer une conversation qui devait aboutir à un acte de concussion impardonnable, mais habituel en Russie.

— Les avis de *votre bonne naissance* sont des ordres pour moi, répondit Grotnoï avec une profonde génuflexion, et en interrogeant des yeux le gardien des lois moscovites.

— Eh bien ! voulez-vous gagner votre procès ? Il traîne en longueur... Voulez-vous avoir une solution prompte et heureuse ?

— Si je le veux ! *Votre bonne naissance* n'en peut douter. Voilà cinq années que je vis dans des transes continuelles.

— Cela dépend de la conduite que vous tiendrez en cette occasion, et de la facilité avec laquelle vous comprendrez ce qu'exigent vos propres intérêts...

— Parlez... faites... ordonnez... interrompit le pauvre noble, comprenant fort bien cette insinuation.

— Mon Dieu, reprit le magistrat, qui n'offrit pas même un siége au plaideur, et qui ne baissa pas le moins du monde la voix, avec dix mille roubles cela s'arrangera.

— Dix mille roubles !

— Impossible à moins... Réfléchissez... Le jugement sera rendu dans trois jours... Vous avez jusques à après-demain soir pour vous décider... Grotnoï, votre fortune dépend de ce jugement... Dix mille roubles vous feront gagner votre procès, qui, je vous assure, est très-embrouillé.

— Hélas! murmura le plaideur... que saint Sergius assiste *votre bonne naissance!*... Je payerai ce qu'elle demande... Dieu défend de se révolter contre un arrêt de la justice.

— Vous avez raison de penser et de parler ainsi, monsieur. L'orthodoxie brille dans vos pensées et dans vos paroles.

— Porterai-je la somme ici?

— Non, non, Grotnoï... cela ne serait pas convenable... Je ne puis accepter chez moi ce don de votre munificence... Sa Majesté l'Empereur n'approuverait peut-être pas... Non... portez-moi la somme ailleurs... où vous voudrez... N'importe... Je laisse cela à votre prudence.

Pour Grotnoï, ces paroles avaient un sens très-appréciable.

Le président du tribunal civil voulait se faire inviter à dîner... recevoir les dix mille roubles dans un établissement public.

— *Votre bonne naissance*, demanda Grotnoï, daignerait-elle manger le sterlet et boire le *kwas* en ma compagnie?... elle comblerait mes vœux.

— Pourquoi refuserais-je cet honneur?... Un juge se doit à ses justiciables; à plus forte raison quand ses justiciables ont un mérite tel que le vôtre... J'accepte, et de grand cœur.

— Si vous fixiez vous-même le lieu où nous dînerons après-demain?...

— Volontiers... pourvu que le lieu vous plaise, dit le magistrat avec ce ton débonnaire qui, chez les Moscovites, cache la ruse coupable... Il y a, près de l'église de Saint-Isaac, une taverne fréquentée par les habitants les plus honorables de Pétersbourg... Ne la connaissez-vous pas?... dites...

— Si fait... à l'enseigne du *Tzar Pierre*... Un Finois la dirige, je crois.

— C'est cela... Alors, Grotnoï, Je m'y rendrai vers quatre heures après-demain... Nous y terminerons notre affaire... Courage! ne désespérez pas de la justice impériale... Le bon droit finit toujours par l'emporter.

Quelques minutes avaient suffi pour disposer ce honteux marché. Aucune dispute sur le prix.

Les deux parties contractantes se séparèrent, très-satisfaites l'une de l'autre en apparence.

Rendez-vous était pris, somme était convenue: il ne restait plus qu'à compter les espèces, qu'à couronner l'œuvre *inter pocula*.

Mais, en parcourant le chemin qui conduisait de la demeure du juge à la sienne, Grotnoï réfléchit, selon l'avis que lui en avait donné son futur commensal.

Après réflexion donc, notre plaideur se trouva hors d'état de réunir la somme de dix mille roubles. Il fallait payer comptant, en bon papier. La corruption ne fait pas crédit.

Comment en sortir? N'était-il pas possible d'employer en cette conjoncture une de ces belles ruses asiatiques, dont le secret ne se perdra sans doute jamais chez les Moscovites? N'y avait-il pas moyen de prendre le prévaricateur dans ses propres filets? Ne devait-il pas sembler de bonne guerre au pauvre noble d'obtenir une sentence favorable sans bourse délier? A malin, malin et demi.

Grotnoï, soudainement illuminé par une heureuse idée, prit un *drowski* et courut en toute hâte à l'hôtel du comte de Benkendorff, le chef suprême de la police secrète de Pétersbourg.

Le comte de Benkendorff, l'homme le plus puissant de la Russie, après Nicolas Ier, était un des quatre ou cinq dignitaires de l'empire que l'opinion publique désignait comme incorruptibles, ou, pour mieux dire, desquels les Russes, fort incrédules à l'endroit d'une complète incorruptibilité, se contentent de jauger la probité par ces mots sacramentels :

— Nous ne pensons pas qu'il se vendît pour telle somme.

Véritable phénomène dans cette terre de Russie, où, depuis le soldat jusqu'au maréchal, depuis le serf jusqu'au premier dignitaire, tout le monde adore les *pots-de-vin*, tout le monde vole et est volé, le comte de Benkendorff ne se vendait pas à prix d'argent. Il aimait la police pour elle-même ; il lui vouait un culte, et se plaisait à découvrir des conspirations, à trouver les gens en faute, à frapper les concussionnaires, etc. Il aimait la justice, quand elle n'était pas en opposition avec la politique du gouvernement ou les intérêts impériaux.

Bref, le comte de Benkendorff était l'âme de Nicolas Ier.

Il donna immédiatement audience à Grotnoï, et lui déclara qu'il était prêt à faire un exemple sur les juges prévaricateurs, quelque rang qu'ils occupassent dans le *tchin*, ou hiérarchie russe.

— Prenez-y garde, cependant, dit Benkendorff au plaideur... Songez que vous accusez un très-haut fonctionnaire, le président d'un tribunal civil... N'agissez pas avec trop de légèreté...

— Je ne crains rien, répondit Grotnoï. Il a lui-même indiqué le lieu du rendez-vous.

— Il me faut une preuve incontestable de la vénalité de cet homme... Une preuve incontestable, ne l'oubliez pas!...

— Je vous la donnerai, fit le plaideur, en comblant le chef suprême de la police des épithètes les plus honorifiques, en lui prodiguant les titres les plus pompeux; je ne demande à Votre Excellence que de vouloir bien m'aider un peu pour prendre le coupable en flagrant délit.

— C'est accordé, dit Benkendorff, avec des gestes de vizir.

Sur un signe du comte, un de ses nombreux secrétaires s'approcha, prit la plume et dressa procès-verbal.

Grotnoï proposa qu'on lui confiât en billets de banque, marqués d'avance, la somme réclamée par le président du tribunal et promise par le plaideur. Moyennant cette précaution, il répondait de faire retrouver, au rendez-vous indiqué, les billets marqués ainsi sur la personne du magistrat.

— Sur la personne! entendez-vous bien, dit Benkendorff au secrétaire.

Très-bien disposé ce jour-là, pour le triomphe de la *justice juste*, Benkendorff consentait à la proposition de Grotnoï.

Aussitôt, les mille rouages de la police russe se mirent en mouvement. On expédia ordres secrets sur ordres secrets.

Une lutte de finesse entre le plaideur et le juge commença. Nous en suivrons les diverses péripéties, en nous transportant dans la taverne du *Tzar Pierre*.

Augustin Challamel.

(La suite prochainement.)

CAUSERIE

Mon silence du mois dernier a pu vous surprendre, chers lecteurs. Mais vous l'excuserez en apprenant à quelle cause il doit être imputé. J'arrive d'une tournée extraordinaire (et nullement électorale) dans nos 90 départements. Avec la permission de MM. les maires... j'ai constitué partout des théâtres de marionnettes. Grâce à Thespis, l'inventeur des tréteaux, la génération actuelle va recevoir l'enseignement par les yeux et les oreilles, l'enseignement *obligatoire* et presque gratuit : car qu'est-ce que la bagatelle de 10 centimes, sans compter que derrière la corde on voit et l'on entend gratis.

Maintenant mon activité se reporte vers la plume. Attention ! Il s'est passé bien des choses dans ces derniers temps : l'arrivée des Turcos et Spahis, — les courses de chevaux, — l'ouverture de l'Exposition, — sans compter que ces irrésistibles soldats français qui seraient capables de conquérir la lune si l'on pouvait la prendre avec les dents, ont emporté, au Mexique, une certaine ville de Puebla qui était défendue par une armée entière, et avait commencé par recevoir à la Cambronne nos sommations.

Parlons des Arabes. Il nous en est arrivé de toutes nuances. Il y en a de bistrés, de jaunes, d'olivâtres, de noir de réglisse. Les uns sont petits comme des chèvres, les autres s'élèvent sur leurs jambes sèches et nerveuses aux proportions du dromadaire. Les Turcos portent la veste et la culotte bleues avec agréments jaunes, le turban et les guêtres blancs. Depuis que ces fantassins numides sont à Paris et montent la garde devant nos palais, le zouave humilié se demande s'il n'a pas l'air d'un africain de carnaval, surtout le zouave natif du faubourg Saint-Antoine, lequel a le teint clair et se trouve distancé comme couleur locale par ces Othellos venus d'Afrique. Les Spahis ont le manteau écarlate, le haïck blanc attaché à la tête par une corde en poil de chameau. Rien n'est beau comme ces hommes à cheval avec leurs vêtements flottants. Aussi vais-je en introduire dans mes drames contemporains, tandis que les deux cirques ne songent qu'à servir aux lions des côtelettes de Crockett et d'Hermann. L'Empereur a passé Turcos et Spahis en revue, et en même temps il a passé en revue tout Paris qui se pressait à ce spectacle curieux. C'est alors qu'on a pu juger du développement pris par la carrosserie : tout ce que la capitale contient de véhicules s'était porté vers les Champs-Élysées. Les voitures ne formaient plus qu'une masse compacte. Quand elles étaient arrêtées, l'agile Auriol eût, d'une capote à l'autre, franchi en bondissant l'intervalle qui sépare la place de la Concorde de l'Arc-de-l'Étoile. On se promettait une *fantasia*, exercice équestre cher aux Arabes ; mais la foule s'est ruée avec une curiosité si violente entre les jambes des chevaux, que ceux-ci, au lieu de courir, ont dû demander comme par grâce la faculté de respirer. La *fantasia* a été remise, pour cause de trop grande badauderie.

En revanche, il y a trois semaines, sur le Champ de Courses, quinze chevaux renommés s'élançaient, à fond de train, pour gagner un modeste prix de... 132,000 francs. Autre foule, autre empressement : l'Angleterre avait pour cette circonstance solennelle traversé la Manche. Les poulains et pouliches devaient n'avoir que 3 ans; la question de nationalité avait été mise de côté, ce qui assurait l'avantage aux Anglais. Perfide Albion! elle avait envoyé *the Ranger*, un gaillard de poulain qui s'est trompé en ne naissant pas cerf ou gazelle. Les français avaient *la Toucques*, une vaillante jument appartenant à M. de Montgomery. Oh! quel Homère consacrera jamais un poëme à cette course

unique où les trois seuls chevaux qui aient atteint le but furent *the Ranger*, *la Toucques* et *Saccharometer!* *The Ranger* est arrivé premier et il a valu à son maître les 132,000 francs. C'est le cas de lui donner son avoine dans une mangeoire d'ivoire, comme Caligula fit pour son cheval *Incitatus*.

Qu'on vienne donc à présent, sur la foi du grognon Tacite, vilipender la mémoire de cet estimable césar! Caligula n'était pas déjà si fou, puisque, de nos jours, on accorde tant d'honneurs à des courses. Tel Anglais qui ne se serait pas déplacé pour entendre Mlle Rachel ou Grassot, quitte tout afin d'assister au *turf* du Bois de Boulogne. Je cherche en vain, j'interroge en vain ma mémoire pour savoir si, en ce temps de progrès intellectuel, la pensée, le travail, le génie ont jamais emporté 132,000 francs à la suite d'un concours ou d'une découverte. J'ignore ce qu'on a donné à l'homme qui a imaginé le télégraphe électrique... Espérons qu'un jour cette fougue passera, et qu'on s'inquiétera moins de savoir si les chevaux dépassent le vent que de récompenser largement le livre moral, le beau poëme, la découverte utile, le bon tableau.

A propos de tableaux, il n'en manque pas à étudier en ce moment, au Palais de l'Industrie, — cet édifice omnibus qui sert à toutes les expositions. 2,923 numéros tant en peinture qu'en sculpture sont un chiffre respectable, sans compter les tableaux *refusés* dont, par ordre de l'Empereur, on fait une exhibition spéciale. Ceci est une malice jouée au Jury, mais l'événement a tourné au profit du Jury lui-même.

Il faut que vous sachiez, mes jeunes lecteurs, que le Jury d'examen se compose d'un certain nombre de Messieurs graves et pourvus de lunettes, appartenant pour la plupart au corps respectable de l'Institut. Ces messieurs ont pouvoir d'accepter ou de refuser les ouvrages qu'on leur soumet. Vous devez bien penser que l'œil se fatigue à voir tant de choses, que les idées s'embrouillent et qu'on finit par ne plus apercevoir qu'un arc-en-ciel panaché de jaune, de rouge, de violet, de bleu, de brun. Je les plains, ces juges qui ont à regarder tant de *baigneuses*, tant de petits *ramoneurs*, tant de *paysages* aux épinards, tant de *batailles* où les armées se cachent derrière un nuage de fumée, sans compter les *Vénus* sortant de l'onde, et les *portraits* qui viennent étaler leur laideur et leurs prétentions. Au premier choc, la moitié du Jury est aveuglée, l'autre endormie. — Accepté! dit un juge en nettoyant ses lunettes. — Refusé! dit un autre en bâillant. Grandes rumeurs : les exclus crient à l'injustice, à l'ostracisme. Et voilà pourquoi le public a été admis, cette année, à décider par lui-même si le jury avait en tort ou raison.

Entrons à notre tour : mais d'abord à tout seigneur tout honneur. La véritable Exposition nous appelle.

La sympathie du sujet nous arrête en premier lieu devant les deux tableaux de M. Protais. Il sait toucher la fibre du cœur, celui-là! *Le matin, avant l'attaque.* — *Le soir, après le combat.* — Une compagnie de tirailleurs est devant nos yeux. L'aube éclaire vaguement la campagne; le ciel est gris encore; les dernières étoiles pâlissent et vont s'effacer. Comme toutes ces physionomies militaires sont expressives! L'incertitude de la position de l'ennemi, l'attente si poignante, la prochaine lutte, tout cela se lit sur ces visages. Il y en a de bronzés qui sont impassibles; il y en a de tout jeunes que contracte l'émotion inséparable d'un début. — Dans le tableau du *soir*, le combat a eu lieu, et les braves se comptent tristement. Combien il en manque à l'appel, qui, le matin, étaient hardis et vaillants, comme disaient dans leur chanson les beaux jeunes gens de Sparte?...

Il était jeune aussi, beau aussi et né dans la pourpre des rois, ce pauvre *Louis XVII* que M. Emile Lafon nous a représenté avec une admirable éloquence, comme pouvait seul le faire l'auteur des belles fresques de Saint-Sulpice. Le royal martyr porte les traces de ses larmes continuelles et de ses fréquentes insomnies. Simon, son bourreau, le savetier Simon qu'on lui avait donné pour gouverneur, s'est endormi du sommeil profond de l'ivresse. Louis profite de ce moment de relâche pour délivrer sa tête du bonnet rouge dont on l'a forcément coiffé. C'est une page de poëte, c'est la digne traduction des vers de Victor Hugo que M. Emile Lafon a cités.

Voulez-vous passer de ce deuil au rire? Demandez la gaieté vraie à M. Knaus : le *Saltimbanque*, le *Départ pour la danse* sont deux chefs-d'œuvre de bouffonnerie sans exagération. Cela se passe au pays de Bade, si précieux par l'originalité des costumes. Dans une grange sont réunis tous les habitants du village; grimpé sur un banc, le saltimbanque se pose en Robert-Houdin, et *fait des tours* à la société. L'instant choisi par le peintre est celui où l'escamoteur enlève le chapeau d'un paysan ébahi, et en fait sortir une nuée de serins qui s'envolent sur l'assistance... Stupéfaction générale!... Les anciens cherchent à comprendre, les jeunes filles sourient à travers leur petite peur, et les enfants ouvrent des yeux comme des portes cochères; une vieille femme, persuadée que de tels prodiges ne peuvent s'accomplir sans l'entremise du malin esprit, se sauve en se voilant la face. Le pitre, le compère de l'opérateur, est assis sur le coin du banc, et a un air de conviction narquoise qui peut se traduire par : — « Essayez d'en faire autant! » — Et le héros de la chose, le saltimbanque, laisse tomber sur la foule un de ces regards vainqueurs, à la Duchesne et à la Mangin, tout imprégné d'une orgueilleuse conviction...

On accuse M. Biard d'avoir un talent commun. Il en a un tout de même que bien des gens lui envieraient : il a le don d'amuser. *La Bourse à Paris* et *Un Plaidoyer en province* sont deux scènes vraies et comiques, un peu grosse charge cependant, je l'avoue; mais GUIGNOL ne déteste pas la charge; et quand il voit ces huitièmes d'agents de change qui hurlent le cours des valeurs, quand il voit ce grotesque tribunal que la déesse Thémis désavouerait, GUIGNOL dit que Biard a bien mérité des amis de la gaieté française.

A propos de déesse...., voilà la légion des *Vénus* qui réclame ici une mention.

1° *Vénus* Cabanel;
2° *Vénus* Baudry;
3° *Vénus* Amaury Duval.

Et plusieurs autres que je renvoie à l'onde amère, d'où elles n'eussent pas dû sortir.

Ces messieurs s'étaient-ils donné le mot pour traiter le même sujet? Avaient-ils engagé un pari?

S'il y a une gageure, M. Cabanel l'a certainement gagnée : seulement dans son tableau, tout blanc et rose, on croirait voir un de ces fromages panachés qu'on sert sur les tables aristocratiques.

Les trois figures sont fort jolies; mais, ô jeunes rhétoriciens, ne vous arrêtez pas trop à les contempler, et rappelez-vous les leçons du sage Mentor, vous qui êtes à l'âge heureux où on lit encore *Télémaque*.

Le grand succès du Salon est le portrait de l'Empereur, par M. Flandrin. Attitude simple, regard profond et mystérieux, force sans affectation, énergie sobre soin dans l'ajustement, fini de détails, voilà ce beau portrait auquel je n'assimilerai pas celui de l'Impératrice, par M. Winterhalter. Ah! monsieur Winterhalter, rappelez-vous qu'il est des modèles qu'on n'a qu'à copier fidèlement pour en tirer un chef-d'œuvre.

Est-ce également le pape *Pie IX* que M. Mottez nous montre agenouillé? C'est un bedeau vêtu du pallium, mais non le vieillard à la triple tiare.

Le *Remords*, de M. Bouguereau, est une forte peinture qui rappelle le *Crime*, par Prud'hon.

La *Jeune fille au puits*, par M. Hébert. Délicieuse figure que celle de cette jeune fille,.... Mais pourquoi le monsieur qui se tient derrière et observe cette gentille enfant, a-t-il l'air d'être empêtré dans une couche de mélasse?

Et M. Courbet, dont on a voulu faire un grand homme!.... Allez voir sa *Chasse au renard*, pour juger une médiocrité vaniteuse, qui se posait en prophète. La chasse en question consiste en un bonhomme raide sur son cheval, un chien au repos et un valet d'écurie qui saisit avec une fourche un renard complaisant.

La *Messe sous la Terreur*, par M. Muller, est la plus touchante composition qu'on puisse voir. C'est simple et émouvant jusqu'aux larmes. Un vieux prêtre célèbre le saint mystère; une commode sert d'autel; des orphelins sont à genoux, un jeune homme prête l'oreille, car les Jacobins, les scélérats porteurs de piques pourraient bien monter l'escalier..... — J'aime moins, du même auteur, sa *Scène de Jeu*. Ce sont des gandins de nos jours vêtus à la vénitienne; ils ont l'air de jouer une scène dans un mélodrame de la Porte-Saint-Martin. M. Bénazet en pourpoint de satin vert, cela est choquant.

Voulez-vous du paysage *nature*, de l'étude approfondie, du sentiment sérieux? Arrêtez-vous devant les *Bords de l'Orne*, par M. Hector Pron. Quelques années encore, et M. Pron sera à la tête de l'école.

Voulez-vous une toile délicieuse de finesse et de grâce? Contemplez le *Vieil ami*, par M. Compte-Calix. Ceci ressemble à Greuze, mais avec plus d'élégance et de choix.

Vous connaissez le Grand-Hôtel du Boulevard des Capucines, l'auberge d'Europe la plus dorée et la plus confortable. Ce Grand-Hôtel a un Grand-Café. Or, le Grand-Café vient d'être vendu à un M. Garen, moyennant 5 millions de francs, payables à 200,000 fr. par an. On a calculé que l'entrepreneur trouverait encore moyen de gagner chaque année 5 à 600,000 fr. Quelle vertu il y a à faire ses études quand il y a tant d'or au fond d'une tasse de café!

Une petite histoire assez gentille se rattache à un nom encore obscur, mais qui bientôt sera célèbre, le nom du ténor Pilo, que le Théâtre-Lyrique vient d'engager. Ici, je laisse la parole à une charmante chroniqueuse, madame Olympe Audouard:

« Ce Pilo était grenadier et il a fait la campagne de Crimée. Un jour, de service dans une tranchée, s'amusant peu, s'ennuyant fort, il chantait pour se distraire. Passe un officier, aussi bon musicien que vaillant militaire.

» — Avance à l'ordre! dit le chef.

» — Voilà! mon col..... (Je ne veux pas dire le grade de l'officier.)

» — Pourquoi chantes-tu ici?
» — Je le croyais permis, mon.....
» — Tu es un imbécile.
» — Cela peut être.
» — Quand on a ta voix, on ne chante pas dans les tranchées, mais à l'Opéra.
» Sur ce, l'officier passe et continue son inspection. Pendant tout le temps de la guerre, notre héros variait agréablement les coups de fusil et les trilles. Enfin, il demande son congé; mais ce n'est pas chose facile que de renoncer à la gloire militaire, et le congé est refusé. Voilà notre homme, tout penaud, qui va trouver celui qui l'avait si bien apostrophé dans la tranchée :
» — Mon col...., le général me refuse mon congé.
» — Il a raison, certes.
» — Mais, pour chanter à l'Opéra je ne puis rester soldat.
» — Tu chanteras d'abord à l'opéra des Zouaves.
» — Diable! j'aimerais mieux chanter à l'Opéra de Paris.
» — Vraiment? Soit, viens avec moi.
» Et l'officier conduit le chanteur chez Auber. Le maître écoute, est enthousiasmé de la sonorité et de la douceur de la voix de Pilo, et aussitôt il écrit au général Mellinet :
« Général,
» La France compte autant de héros que de soldats, mais elle manque de ténors
» Rendez-nous donc au plus tôt ce futur général du chant qui chez vous n'est que
» sergent-major, etc., etc. »
» Aussitôt le congé est accordé, Pilo fait ses études, et nous l'applaudirons l'hiver prochain au Théâtre-Lyrique. »

GUIGNOL.

LES VACANCES

DE LA FILLE DU MAJOR

LE RÉCIT. *(Suite.)*

II

Le début de notre excursion appartenait de droit à nos voisins du Jardin des Plantes, que je ne connaissais pas encore.

— Ma fillette, nous allons bien nous divertir en parcourant ce domaine de la science, cette autre arche de Noë. Arbres variés, végétaux puissants, minéraux, animaux vivants ou empaillés, rien ne manque dans ce monde en miniature où respire le souffle de Buffon et de Cuvier. Pour moi, grand enfant, je passerais des journées à circuler dans le labyrinthe, à errer sous les ombrages exotiques. C'est un facile et charmant voyage ; on peut faire ainsi le tour du monde sans péril et à bon marché. Tu viens de voir dans sa caisse un palmier venu en droite ligne du désert. Admire maintenant ce cèdre, ce géant du Liban, qui fut apporté au fond d'un chapeau par l'illustre de Jussieu ! Tu vas te croire dans notre Midi en retrouvant des orangers et des oliviers auxquels il ne manque... que des fruits.

Mais j'avais trop froid avec ma robe d'indienne pour me faire cette illusion de climat. D'ailleurs, à cette époque, j'étais assez indifférente aux beautés de l'histoire naturelle ; j'avouerai même, à ma honte, que moi, fille de militaire, je n'étais pas parfaitement rassurée : j'avais entendu le rugissement du lion ; l'odeur de la bête fauve arrivait jusqu'à moi ; l'ours Martin m'avait été calomnié. J'allais donc à côté de mon père, l'oreille tendue, l'œil au guet et ne désirant qu'une chose, la fin de cette innocente promenade.

Mon père, qui ne pouvait soupçonner de pareilles idées chez une grande fille de quatorze ans, craignit, en remarquant la pâleur de mon visage, que je n'eusse pris froid.

— Partons, partons, dit-il, et reprenons le pas accéléré pour arriver de bonne heure à Vincennes, car on pourrait bien commencer sans nous le branle-bas. Nous reviendrons nous divertir ici une autre fois ; mais auparavant, ne négligeons pas de faire connaissance avec un compagnon du grand Napoléon.

Je crus qu'il s'agissait d'un ancien militaire préposé à la garde de ce jardin public. Le major me mena devant un tas de paille fraîche sur lequel reposait un vieux chameau.

— Tu vois, me dit-il, ce noble animal ; c'est lui qui eut l'honneur de porter sur sa bosse le grand capitaine pendant l'expédition d'Égypte. Aussi a-t-il pris rang dans l'histoire, et la France reconnaissante lui donne-t-elle ici ses Invalides.

J'honorai à peine le chameau historique d'un regard distrait.

Tout à coup mon père me serra le bras en m'entraînant.

— Voilà, dit-il, un lieutenant du régiment qui se promène là-bas en compagnie de son chien savant. Je ne tiens pas à les rencontrer.

Je les avais vus venir.

— Il est bien gentil, dis-je ; comment s'appelle-t-il ?

— Hum, hum, fit le major, qui crut que je parlais de l'officier, tu ne t'y connais pas. C'est M. Fortuné…

— Mais, papa, c'est le nom du chien que je te demande.

— A la bonne heure ; il l'appelle Fédor. Le maître et le bipède sont inséparables, et tous les deux pleins de prétentions. C'est un élève de l'École polytechnique.

Mon père, qui avait conquis tous ses grades un à un, ne prisait que médiocrement les jeunes gens sortis des écoles militaires, et auxquels l'instruction tenait lieu de campagnes. Pourtant il ajouta en se détournant pour éviter l'officier :

— On dit cependant que c'est un garçon de beaucoup d'avenir.

J'aurais bien voulu voir comment était un garçon d'avenir et caresser son joli petit chien. Ce doux animal domestique, suivant paisiblement les pas de son maître, me paraissait si intéressant en comparaison de ces bêtes féroces que je continuais à redouter !

Nous nous enfonçâmes dans une cour à droite, où nous vîmes une grande machine, assez semblable à la carcasse d'un bâtiment naufragé. Deux personnes considéraient ce monstre en même temps que nous ; c'était une sorte de fermière et sa domestique. Comme épisode, laissez-moi vous rapporter leur curieuse conversation.

— Marianne, disait la maîtresse, venez par ici voir une baleine morte.

— Oh ! quelle vilaine bête, madame ! c'est-y vrai ce que dit le maître d'école de cheu nous, qu'y en a comme ça dedans la mer qui vous ont trois cents lieues de long ?

— C'te bêtise ! Vous vous feriez moquer de vous, Marianne, de répéter des choses pareilles. Réfléchissez donc que ce n'est pas possible. Trois cents lieues de long ! Dites donc trois lieues, et encore, il n'y en a pas beaucoup.

Mon père riait dans sa moustache.

— Allons-nous-en sur ce bon mot, dit-il, *c'est assez!*.... Et il rit de nouveau de son calembour. Mais je ne le compris pas; j'étais tout entière à l'effroi que me causait la perspective de la course jusqu'à Vincennes.

Arrivés au pont d'Austerlitz, mon père me demanda brusquement :

— Connais-tu la date de la mémorable bataille de ce nom?

Je l'ignorais complétement.

— Sais-tu par qui et sur qui elle fut remportée en 1802?

Autre énigme pour moi.

— On ne vous apprend donc pas l'histoire? s'écria mon père, furieux.

— Mais si, papa.

— Eh bien, alors.... réponds.

— Je n'en suis pas encore là.

— Où en es-tu donc?

— Aux Mèdes, aux Perses, aux Assyriens, aux Égyptiens.

— Et ta patrie, malheureuse!

Je recommençai à trembler de tous mes membres.

— Je ne sais, repris-je en balbutiant, que ma première race et Hugues Capet.

— Mais la bataille d'Austerlitz, morbleu! qui est-ce qui l'ignore?....

— Je connais celle de Tolbiac, où Clovis se convertit à la foi chrétienne; la victoire de Poitiers, remportée par Charles-Martel sur les Sarrazins....

— Ta, ta, ta, tu es comme Petit-Jean!.... Ce que tu sais le mieux, c'est ton commencement. Ces dates glorieuses ont bien leur mérite, je ne dis pas non : ce sont les aînées; mais les cadettes, dans lesquelles vos propres pères ont versé leur sang généreux, doivent avant tout être gravées dans votre mémoire. Et l'on ne vous en parle pas!.... Je m'en plaindrai à vos institutrices!

En passant devant l'ancien emplacement de la Bastille, j'eus à subir un nouvel interrogatoire sur cette célèbre prison d'État. Comme je restais forcément muette, mon père leva les épaules et continua à déclamer contre le mode d'instruction qu'on me faisait suivre.

— A en juger par tes comptes rendus (1), je t'aurais crue un vrai puits de science, et il va falloir que je t'explique encore ce que fut la forteresse de Charles V, dit le Sage. Elle s'élevait ici même, et présentait huit tours reliées entre elles par une épaisse muraille. C'est là que gémirent le célèbre Latude et tant d'autres victimes du despotisme!.... C'est là que, sur une simple lettre de cachet, on était plongé dans les fers, sans autre forme de procès que le caprice d'indignes favorites.....

— Des favorites!.... Qu'est ce que cela, papa?

— Rien, rien! reprit-il brusquement. On a donné ce nom de fantaisie à des voitures omnibus, *omnibus*, en latin, *pour tous*. Mais je rentre.... dans ma prison. En 1789, le 14 juillet, le peuple se leva comme un seul homme et fondit sur la Bastille, dont il ne resta bientôt plus pierre sur pierre. Le sol que tu foules, enfant, fut arrosé du sang des braves.

Cette évocation me fit frissonner des pieds à la tête.

— Voici la colonne de Juillet, poursuivit mon père. Elle est destinée à perpétuer le souvenir des trois glorieuses Journées qui nous ont ramené le drapeau tricolore.

— Quelle est, demandai-je timidement, cette statue qui danse, là-haut, sur un seul pied?

— C'est le Génie de la Liberté, ma fille. Saluez, ventrebleu! Mais, pour le vieux soldat, rien ne vaut la colonne de la Grande-Armée, celle qui se dresse majestueusement au centre de la place Vendôme. J'espère que tu la connais, celle-là?

— Non, papa; mais j'en ai beaucoup entendu parler.

— Eh bien, je te mènerai, un de ces matins, méditer au pied de cette noble colonne. Je veux que ton jeune cœur soit saisi d'orgueil et d'admiration à la vue de ce monument qui retrace les immortelles victoires de nos phalanges!.... Le bronze employé pour sa construction provient de douze cents pièces de canon, prises par nos armées, en une campagne de moins de trois mois. Tous les grands guerriers

(1) C'est ainsi qu'on appelle, à Saint-Denis, les notes mensuelles envoyées aux parents.

de cette époque sont représentés d'une manière frappante dans les bas-reliefs, et leurs noms gravés sur l'airain passeront aux siècles à venir!

Inutile de vous dire que je me sentais fort peu d'enthousiasme pour ce pèlerinage de la gloire. Cependant, je voulus faire parade de ma science en histoire ancienne et citai, entre mes dents, deux monuments du même genre, élevés jadis à Rome, les colonnes Trajane et Antonine.

Ce petit effort de mémoire rendit mon bon père tout heureux. Ah! si vous saviez comme il faut peu de chose pour satisfaire et charmer les parents, si facilement indulgents, qui ne cherchent que l'occasion d'admirer et de récompenser!

L'hospice des Quinze-Vingts s'offrit à nos regards.

— Puisque tu n'en es encore qu'à Hugues Capet, me dit mon père, tu dois ignorer que ce fut le roi saint Louis qui, au retour de la croisade, fonda cette maison en faveur de trois cents chevaliers frappés de cécité par le soleil brûlant de l'Afrique. Trois cents, cela fait *quinze* fois *vingt*, si tu sais mieux le calcul que l'histoire. Mais, pressons le pas, car l'heure avance. Bientôt, ajouta-t-il, nous apercevrons les créneaux du château de Vincennes.

— C'est, dis-je, le général Daumesnil qui en était gouverneur, n'est-ce pas?

— Oui... comment le sais-tu?

— Sa fille est une de mes compagnes à Saint-Denis.

— Vraiment? tant mieux. Si tu le peux, Marguerite, deviens son amie; car les enfants d'un tel homme doivent avoir un cœur d'or comme leur père. Daumesnil! le brave des braves!... T'a-t-on raconté l'histoire de ce héros digne des temps antiques?

— Je sais qu'il avait une jambe de bois avec une figure imposante et martiale.

— Eh bien! mon enfant, son âme était plus belle encore. Le brillant officier de hussards était pour le courage un lion dans la mêlée, pour la douceur un agneau dans la vie privée. Il avait déjà versé de son sang sur bien des champs de bataille, lorsqu'il perdit une jambe à Wagram. Plus tard, l'Empereur, en partant pour sa dernière et funeste campagne avait dit : « J'ai besoin dans Vincennes d'un homme sur qui je puisse compter. J'ai pensé à vous, Daumesnil. » Et le général, pour justifier cette flatteuse confiance, redisait souvent ce badinage héroïque : « Je rendrai Vincennes à l'ennemi quand il me rendra ma jambe. » Fidèle à son serment, on le vit avec une poignée de braves vétérans défendre miraculeusement contre les alliés cette place importante, qui n'était en réalité qu'une bicoque, militairement parlant. Car Vincennes, avec sa faible garnison et ses mauvais remparts, n'eût pu tenir huit jours contre les troupes innombrables qui l'assiégeaient. Toute l'Europe en armes était dans Paris : seule, la terre de Vincennes était restée France. Les commissaires anglais vinrent sommer Daumesnil de rendre la place. Le gouverneur conduisit les parlementaires dans les profonds souterrains du Donjon : « Si vous me tirez une seule bombe, leur dit-il, je mettrai le feu à tous les barils de poudre que vous voyez, et vous sauterez avec moi. » Une autre fois, pour repousser un détachement de Prussiens, il fit une sortie avec trois cents invalides presque tous jambes de bois comme lui ; et il disait en riant que l'ennemi n'avait point osé lancer ses boules de fer contre ce jeu de quilles. Devant tant d'énergique résolution, les Alliés, désespérant de s'emparer de ce précieux arsenal où tous les canons de la France s'étaient réfugiés, essayèrent de la corruption. Des offres magnifiques furent faites au gouverneur de Vincennes et le trouvèrent inébranlable. A ces propositions il opposa un sourire de pitié, et il se contenta de répondre : « Je suis assez riche. Mon refus sera la dot de mes enfants. » C'est ainsi que ce fidèle soldat, qui doit être pour l'armée un exemple éternel de l'obstination dans la discipline et le devoir, tint son serment à son souverain et sauva plus de cent millions à sa patrie. Mais malheureusement ce héros, qui avait repoussé le fléau de l'invasion étrangère, est tombé à son tour sous le souffle d'un autre fléau venu du Gange et de la Néva ! Aujourd'hui Daumesnil repose en paix sous cette terre qu'il a sauvée par son intrépidité. Nous irons porter sur sa tombe une couronne d'immortelles.

Tandis que mon père rappelait si éloquemment ces beaux souvenirs auxquels mon jeune cœur s'associait par intuition, nous avions atteint le bois de Saint-Mandé. L'air était d'une fraîcheur délicieuse; le feuillage d'automne, teinté de nuances variées comme la palette d'un peintre, étalait ses richesses; il y avait encore dans les taillis des chants d'oiseaux saluant les derniers beaux jours; et si j'avais été libre de courir çà et là, je me fusse élancée à la poursuite de quelques papillons attardés que je voyais se poser sur une haie d'épines. N'importe, j'étais heureuse et je respirais à pleins poumons. « Comme c'est bon, disais-je à mon père, de se trouver librement dans ce joli bois en face de la nature! comme ici l'on serait bien disposé à faire sa prière du matin!... Cher père, dis-moi, les paysans qui ont toujours sous les yeux l'œuvre du Créateur doivent se sentir meilleurs que les autres hommes, n'est-il pas vrai? »

Le major hocha la tête.

— Illusions de jeune fille! Les bois qui te semblent un paradis terrestre cachent souvent bien des serpents dans la mousse.

— Des serpents!... murmurai-je avec effroi.

— C'est une manière allégorique de parler. Je m'explique. Parfois, ces retraites idylliques ont servi de repaire à des brigands: témoin la forêt de Bondy, qui jouit encore d'une bien mauvaise réputation. Qui sait si nous-mêmes, dans ce bois charmant, nous ne trouverons pas, à un détour d'allée, quelque pendu décorant un chêne et se balançant dans l'espace?

— O ciel! m'écriai-je avec un redoublement de frayeur.

— Il ne faudrait pas trembler pour ça, reprit mon père. On doit s'attendre à tout dans ce monde. D'ailleurs, il n'est pas mauvais d'avoir, une fois dans sa vie, l'occasion de mettre en sa poche un morceau de corde de pendu.

Nous en étions là de cet entretien lugubre lorsque, tout à coup, un cliquetis d'armes se fit entendre à nos côtés. En même temps, des voix animées arrivèrent jusqu'à nous. Mon père tressaillit, en homme à qui l'expérience faisait pressentir le drame voisin. J'avançai la tête et aperçus, dans une clairière, deux hommes, le sabre à la main, s'attaquant avec une égale furie. Chacun d'eux avait mis habit bas, mais leur pantalon d'uniforme indiquait des militaires. L'un des combattants, déjà touché, avait sa chemise teinte de sang. A cette vue, je poussai un cri d'horreur, tandis que les quatre témoins s'approchaient vivement pour mettre fin à la lutte.

Mon père alors, avec l'autorité que lui donnait son grade, n'hésita pas à intervenir, en criant : « Arrêtez, Messieurs ! »

Et en même temps il m'engageait à me calmer et me retirer à l'écart.

Les champions cédèrent machinalement à cette injonction. Ils abaissèrent la pointe de leur sabre, sans déposer l'expression farouche qui contractait leurs traits. J'entendis, quoique à demi morte d'effroi, le colloque suivant :

— Messieurs, disait mon père, je suis militaire comme vous, major au 30e de ligne, et je déclare l'honneur satisfait au premier sang versé. Un heureux hasard m'amène par ici : laissez-moi joindre mes instances à celles de vos témoins, pour faire cesser une lutte toujours regrettable entre des hommes qui doivent se réserver pour leur pays.

— C'est inutile, major, s'écria le plus jeune des combattants. Il s'agit pour nous d'une rivalité féroce ; tout arrangement est impossible.

Et, en même temps, il entortillait d'un mouchoir son poignet blessé.

— Quoi ! Messieurs, un duel à mort, au moment où la vie des hommes de cœur est si précieuse, où la France est agitée !.... Je vous supplie d'écouter ma voix et de ne pas sacrifier à l'exagération du point d'honneur.

Pour toute réponse, un des adversaires fit à mon père un signe impératif de s'éloigner, et tous deux croisèrent de nouveau le sabre, avec cette exclamation.

— Un de nous doit rester sur le terrain.

J'étais à quelques pas ; la brise apporta jusqu'à mes oreilles ces funestes paroles. Aussitôt il s'opéra en moi une révolution complète ; autant j'étais craintive un moment auparavant, autant je puisai d'énergie dans un sentiment de compassion. Aussi rapide que la pensée, je pris mon élan, et d'un bond, au risque de me faire blesser, je me précipitai à genoux entre les deux combattants, dans la position d'Hersilie séparant les Sabins des Romains.

Mon apparition, imprévue et presque surnaturelle, remplit d'émotion tous les assistants et fut plus puissante que les remontrances d'un supérieur. Les témoins profitèrent de cet incident pour ramasser les sabres que la surprise avait fait tomber, et pour travailler à l'œuvre de réconciliation; mais déjà le plus fort était accompli, car un des deux champions, les larmes aux yeux, avait murmuré

» Ne serait-ce pas ma sœur?... » Quant à moi, une fois cet accès d'exaltation passé, je me sentis défaillir et je m'évanouis entre les bras de mon père. Il n'y eut plus alors de soins et d'intérêt que pour la jeune fille. La querelle fut oubliée, les armes rentrèrent au fourreau, et, quand je fus remise, tous, d'un commun accord, nous prîmes le chemin de Vincennes, où un déjeuner excellent couronna l'affaire, suivant l'usage immémorial. Inutile de dire que je fus l'héroïne de la fête, et qu'on remplit souvent mon verre de vin de Champagne, avec lequel je fis connaissance pour la première fois. Aussi, au sortir de table, étais-je incapable d'exécuter le reste du programme paternel, et fallut-il me ramener en fiacre, au logis de la rue Copeau, où j'arrivai profondément endormie.

E. DIONYSIS.

(*La suite prochainement.*)

LA CHANSON
DE LA GRAND'MÈRE

Un jour quand j'étais tout petit,
Que je pleurais à perdre haleine,
Ma grand'mère à bas de son lit,
Sauta malgré sa soixantaine,
Puis, me prenant entre ses bras,
Pour m'apaiser me dit tout bas :
   Dodo, mon petiot,
Tu n'es pas au bout de ta peine ;
   Dodo, mon petiot,
Garde tes larmes pour tantôt.

Ton père, mon pauvre chéri,
Qui maintenant t'aime et t'embrasse,
Quand tu poussas ton premier cri,
Fit une piteuse grimace.
Il avait raison, sur ma foi,
L'on se serait passé de toi.
   Dodo, mon petiot,
Dieu n'a rien mis dans ta besace ;
   Dodo, mon petiot,
Garde tes larmes pour tantôt.

Ah! tu jeûnas plus d'une fois
Lorsque tu reçus l'existence;
Tes cinq aînés qui vont au bois
Avaient déjà maigre pitance.

Un eût suffi, mais six, hélas...
Guillot le riche n'en a pas.
   Dodo, mon petiot,
Ta mère en a fait pénitence ;
   Dodo, mon petiot,
Garde tes larmes pour tantôt.

Hâte-toi de grandir pourtant,
Ton appétit fait du ravage,
Une bêche est là qui t'attend
Pour apprivoiser ton courage.
L'école, il n'y faut pas songer,
Avant de lire il faut manger.
   Dodo, mon petiot,
Point de hochet pour ton jeune âge ;
   Dodo, mon petiot,
Garde tes larmes pour tantôt.

Plus mal traité que la fourmi,
Qui, l'hiver, se repose au gîte,
Le pauvre, par l'âge blêmi,
N'est plus qu'une plante maudite,
L'arbre sans fruit qu'on met à bas
Meurt, mais du moins ne languit pas.
   Dodo, mon petiot,
Les malheureux vieillissent vite,

Dodo, mon petiot,
Garde tes larmes pour tantôt.

Hier, d'un fléau destructeur
La violence fut extrême,
Tout est gelé ; le percepteur
Assure qu'on payera quand même.
De par le ciel, de par l'impôt,
Rien dans la huche et rien au pot !
Dodo, mon petiot,
Nous allons faire un long carême,
Dodo, mon petiot,
Garde tes larmes pour tantôt.

VOITELAIN.

LE FILS DU CHANVRIER

II

(Suite)

Où la mère Paré démontre à son fils qu'il en sait plus que bien des gentilshommes.

Ambroise avait tant d'efforts surhumains à faire pour essayer seulement de marcher vers le but auquel il s'était proposé de parvenir ; la réalisation de l'engagement qu'il avait en quelque sorte pris avec lui-même, d'élever son ambition jusqu'aux sommets de la science, devait rencontrer de si grandes difficultés, que c'eût été déjà beaucoup d'audace à lui que d'avoir, un moment, conçu la pensée de toucher ce but, de remplir cette espèce de vœu héroïque, formé dans une heure d'émotion et d'entraînement.

Mais le fils du bonhomme Paré était une de ces natures courageuses, inébranlables, parce qu'elles ont le sentiment de leur force, poursuivant avec une volonté de fer, à laquelle la lutte donne une seconde trempe, le résultat qu'une intuition particulière leur donne la confiance d'atteindre.

Le pressentiment dont notre héros se sentit tout à coup possédé, n'avait rien des aveugles illusions de la jeunesse. Il s'était représenté ou avait instinctivement deviné les obstacles sociaux et matériels qu'il aurait à surmonter pour mettre le pied et se maintenir dans la voie qu'il voulait parcourir.

Il n'hésita pas à les aborder de front, tout en restant muet encore sur son audacieux projet et ses ambitieuses espérances. Des indifférents eussent éclaté de rire ou haussé les épaules, et ses chers parents n'eussent point douté qu'il ne fût devenu tout aussi fou que ce chevalier dont une poétique fiction dit qu'il fallut aller chercher sa raison dans la lune.

Ambroise voulut du moins épargner à l'honnête chanvrier et à sa digne compagne l'inquiétude d'avoir à faire, quelque jour, le difficile voyage de cet astre où l'immortel Arioste place le magasin des cervelles perdues sur la terre.

Il jugea, cependant, qu'il était temps de faire le premier pas ; ce qu'il y avait de plus facile, c'était de ne point laisser deviner le terme rêvé de ce point de départ : assurément, personne ne l'imaginerait.

La mère Paré qui voyait son fils bien-aimé devenir de plus en plus rêveur, lui ayant demandé à quoi il pensait :

— Je songe, répondit résolument Ambroise, que mes treize ans font de moi un grand garçon et que je suis encore un ignorant.

— Que dis-tu là, mon cher enfant? un ignorant!... Mais il n'y a pas, à dix lieues à la ronde, un garçonnet ou une fillette pour faire rouir mieux que toi le chanvre et en séparer la filasse de la chenevotte... Etre le tilleur et le broyeur le plus adroit de la jeunesse du pays... c'est pourtant beau cela!

— Je conviens que je suis fort savant sur la filasse et un maître en fait de chenevotte...

— Ah! tu vois bien! fit Jeanne Paré, avec un geste d'orgueil maternel.

— Mais il y a encore bien des choses que j'ignore et que je voudrais savoir.

La bonne paysanne regarda son fils de l'air ébahi d'une personne à laquelle on eût parlé subitement la langue des Incas.

— Mon Dieu! poursuivit-elle en joignant les mains, quelles peuvent être ces choses-là et où se trouvent-elles?

— Dans certains livres semblables à ceux que vous avez vus sans doute, chez dom Orsoy le chapelain.

— Mais que te servira-t-il de les connaître?

C'était là justement la question à laquelle Ambroise ne voulait pas satisfaire, il répondit par une échappatoire.

— Mère, dit-il, ne vous rappelez-vous pas m'avoir fait la même demande, lorsque je vous ai suppliés, vous et mon cher père, de me faire apprendre à lire et à écrire?

— Une singulière idée que tu as eue là... Enfin nous avons cédé à ton désir, et bien des fils de gentilhommes ne sont pas aussi savants que toi; est-ce raisonnable?

— Ce n'est point si déraisonnable, puisque vos petites affaires n'en vont que mieux depuis que j'ai pu rédiger vos comptes, dans lesquels vos souvenirs s'embrouillaient souvent.

— Au fait, tu as raison... et si les livres dont tu parles doivent t'apprendre quelque honnête manière de vendre une queue de filasse un peu plus cher que le prix ordinaire...

— Je vous assure, ma mère, qu'ils m'enseigneront beaucoup de choses plus utiles encore...

— Eh bien! que faut-il pour que tu puisses lire dans ces livres précieux?

— Il faut... Dame! il me faudrait savoir le latin... et le grec... comme le révérend dom Orsoy.

Jeanne Paré regarda le jeune garçon avec stupeur; ce que celui-ci voulait éviter était près d'arriver: sa mère commençait à craindre qu'il n'eût le cerveau un peu malade.

— Mère, n'ayez pas peur, s'empressa d'ajouter Ambroise; je n'ai pas perdu la tête.

Et, pour le prouver, il se jeta dans les bras de la brave femme, à laquelle il se mit à prodiguer les plus tendres caresses. Il n'eût pu trouver de meilleur argument. Aussi Jeanne, à peu près convaincue ou du moins presque rassurée, reprit-elle:

— Mais qui te l'apprendra, ce latin?

— Le chapelain, puisqu'il le sait... Ne l'a-t-il pas enseigné aux enfants de messire le prévôt, puis au fils de...

— Moyennant une somme d'argent que nous ne sommes pas assez riches, pour donner, chaque mois, au Révérend, tu le sais bien.

— Peut-être vous demanderait-il une moindre redevance.

Jeanne Paré hocha la tête d'un air de doute; mais les câlineries d'Ambroise recommencèrent plus vives, et, partant, plus persuasives. La paysanne ne put résister plus longtemps.

— Eh bien! conclut-elle, j'en parlerai à ton père et nous verrons.

Or, le bonhomme Paré, qui prétendait être le maître chez lui, avait pris, afin que sa femme ne fût même pas tentée de lui désobéir, la bonne habitude de faire tout ce que celle-ci voulait.

De ce il advint que, le jour suivant même, elle alla proposer au chapelain de prendre Ambroise en pension et de lui enseigner, pendant une année, le grec et le latin.

Ce que la paysanne avait prévu se réalisa: le prix auquel M. Orsoy eût consenti à recevoir le nouvel élève et à lui donner des leçons dépassait de beaucoup la somme dont les parents d'Ambroise auraient pu à grand'peine disposer pour son éducation.

La pauvre femme revint assez tristement apprendre à son fils l'insuccès de la visite qu'elle avait faite au chapelain.

Elle s'attendait à des larmes ou bien à un dépit de jeune homme. Ambroise remercia tendrement sa mère, et ajouta d'un ton résolu qu'il trouverait moyen de faire entendre raison au Révérend.

Le petit chanvrier reprit les travaux que l'on avait l'habitude de lui confier. Seulement, il avait alors un air grave qui eût pu faire deviner que son esprit ne restait point inactif pendant que ses mains agissaient avec une machinale dextérité.

Le lendemain matin, Ambroise revêtit ses habits du dimanche, puis il se dirigea vers la demeure du chapelain. Une demi-heure plus tard, il était en présence de ce dernier.

JULES ROSTAING.

(La suite prochainement.)

PETIT DICTIONNAIRE
DES ORIGINES ET DES INVENTIONS
(Suite.)

AGENTS DE CHANGE. — L'origine de ces gros personnages remonte à Charles IX. C'est en juin 1572 qu'ils furent créés d'office. C'étaient, à proprement parler, des courtiers de marchandises, draps, soie, laine, toile, etc. Henri IV fixa leur nombre à huit pour la Ville de Paris; en 1638, ce nombre était porté à trente. Louis XIV l'augmentait en 1645 de six nouveaux offices. Peu à peu il arriva à quatre-vingts. Tantôt, on supprimait brusquement tous les agents de change; tantôt, on les rétablissait, et, au fond de tout cela, il y avait une raison pécuniaire. Les nouveaux venus payaient leur charge à beaux deniers comptant. Aujourd'hui, les agents de change sont devenus des puissances : ce sont les prêtres de ce temple de la Bourse, où la foule cupide va sacrifier au Veau d'or.

AGIOTAGE, du mot italien *Agio*. — Comment vous expliquer cela? Figurez-vous un trafic qu'on fait le plus souvent sans argent ou avec l'argent des naïfs.

AGRICULTURE. — L'art le plus précieux de tous, si précieux, en effet, que la plupart des peuples anciens en ont attribué la découverte à leurs dieux; les Égyptiens, à Isis et à son époux Osiris; les Grecs, à Cérès et à Triptolème, son fils; les Italiens à Saturne. Les Chinois s'en donnent le mérite; mais les Chinois veulent avoir tout inventé... même la poudre à canon. Chez nous, cette science n'a fait de sérieux progrès qu'au XIXe siècle; et encore, combien ne reste-t-il pas à faire? N'est-il pas déplorable de voir les campagnes se dépeupler, l'ambition entraîner la plupart des jeunes gens vers les emplois, et les champs n'être souvent cultivés que par d'ignorants paysans, tous plus routiniers les uns que les autres!

AIGUILLES. — Les premières aiguilles à coudre ont été des épines ou des arêtes de poissons percées par le bout le plus gros. Les Indiens n'en connaissaient pas d'autres, et les anciens n'en eurent d'abord en métal que de très-grossières, comme on peut le remarquer dans les musées. Chez les modernes, ce petit instrument si nécessaire a acquis une admirable perfection. L'exactitude et la rapidité avec lesquelles on le fabrique tiennent du prodige. Il faut couper l'aiguille dans le fil d'acier, la polir, la palmer, la percer, détacher le petit morceau d'acier qui était resté dans l'œil de l'aiguille, arrondir le bout aplati, tremper les aiguilles sur un feu de charbon, les plonger ensuite dans un bassin d'eau froide, puis les recuire, puis les polir de nouveau, puis les jeter dans une lessive d'eau chaude et de savon pour les débarrasser du cambouis formé par l'huile, l'émeri et les particules d'acier que le polissage a détachées. Reste l'*affinage*, opération qui consiste à donner à la pointe un piquant parfait. Et après tout cela, comprenez-vous que les aiguilles coûtent si bon marché?

AIMANT. — Pour les anciens, la seule propriété connue de l'aimant était d'attirer le fer. Platon et Lucrèce font mention de la propagation de la vertu magnétique au travers des corps les plus durs. Une erreur populaire veut que le tombeau de Mahomet soit un coffre de fer suspendu à la voûte de la grande mosquée de Médine par une pierre d'aimant. Il ne serait pas trop sûr d'aller faire ses dévotions dessous ce cénotaphe. — L'aimant a été appliqué à la médecine; on dit qu'il soulage les goutteux qui le tiennent dans leurs mains.

AIRAIN. — Métal qu'on forge pour l'art de la statuaire avec cent parties de cuivre et huit à douze d'étain. Ce sont les Corinthiens qui l'ont imaginé, et ils s'en sont servis avec une grande habileté. — On appelle, en langage mythologique, *Age d'airain*, le temps qui suivit le règne de Saturne. Ce fut alors que les hommes fixèrent les lois de la propriété, inventèrent la guerre, les procès et les conquérants. Ah! s'ils s'étaient bornés à inventer les marionnettes !

ALAMBIC. — Vase en cuivre étamé ou en étain, et quelquefois en verre, qui sert à la distillation. L'assemblage de l'alambic (imaginé par les Arabes avant le xe siècle) se compose de trois pièces distinctes, savoir : la *chaudière* ou cucurbite, le *chapiteau* et le *condensateur*.

ALCARAZAS. — C'est encore aux Arabes qu'on doit ces vases réfrigérants formés d'une poterie très-légère et poreuse qui laisse facilement suinter l'eau à travers ses parois. L'évaporation a lieu en absorbant la chaleur du liquide contenu dans le vase, dont la température s'abaisse en conséquence de plusieurs degrés, et cela produit une boisson d'une fraîcheur délectable.

ALCHIMIE, c'est-à-dire la chimie par excellence. Ce fut Zozime, auteur du ive siècle de l'ère chrétienne, qui parla le premier d'un des grands secrets de l'alchimie, l'art de faire de l'or. Au viie siècle, Geber, auteur arabe, révéla le remède universel, ou l'art de rajeunir. Les alchimistes s'attribuaient le pouvoir de donner aux pierres précieuses le degré de perfection qui leur manque.

Sans le vouloir, et tout en cherchant la pierre philosophale, MM. les alchimistes trouvèrent, par hasard, de bonnes choses, telles que l'alcool, l'éther, l'ammoniaque, l'antimoine, le mercure, la poudre à canon. Les progrès de l'esprit humain ont enfin donné une direction utile à cette science de charlatanisme, et ont fixé la *chimie*, une des puissances modernes.

ALCORAN (*Al Koran, la lecture*). — Livre de la loi de Mahomet, que ce prophète composa avec le secours de Batyras et Sergius, moines hérétiques, et de quelques juifs. C'est un ramassis d'absurdités. Mais les musulmans croient comme article de foi que leur prophète a reçu son livre de Dieu même par le ministère de l'ange

Gabriel, tout écrit sur un parchemin fait de la peau du bélier qu'Abraham immola à la place de son fils Isaac.

ALGÈBRE. — C'est à Diophante, qui vivait à peu près dans le IVe siècle de l'ère chrétienne, qu'on attribue communément l'invention de l'algèbre. Combien de mes jeunes lecteurs voudraient que Diophante n'eût jamais existé !

ALMANACH. — Vous qui voyez, chaque année, une inondation d'almanachs de toute forme, de toute grandeur, illustrés avec esprit, et destinés à toutes les classes et à tous les âges, pourriez-vous vous imaginer que nos ancêtres ne connurent d'abord qu'un morceau de bois carré sur lequel ils inscrivaient le *cours des lunes*? Tel était le sens du mot *al monaght*. D'autres traduisent ce mot chaldéen par *le nombre*, parce que dans le calendrier on compte les jours et les mois. La mesure du temps, chez tous les peuples, a été déterminée par la durée de la révolution que la terre fait sur son axe, et de là les jours ; par celle que la lune emploie à tourner autour de la terre, d'où l'on a compté par mois lunaires ; par celle où le soleil paraît dans un des signes du zodiaque, et ce sont les mois solaires ; enfin, par le temps que met la terre à tourner autour du soleil, ce qui forme l'année. L'almanach, outre qu'il donne des notions sur toutes les divisions de temps, de saison et de jour, comme sur les fêtes, doit offrir des conseils aux classes diverses auxquelles il s'adresse. Presque tous les corps d'état ont leur almanach : les cultivateurs surtout, et pour ceux-là l'almanach devrait être l'objet des soins de l'autorité ; car il importe que les gens des campagnes aient dans ce petit livre (souvent leur livre unique) des conseils vraiment pratiques, des notions précises qui combattent leurs préjugés. Le plus ancien des almanachs est l'*Almanach royal*, qui remonte à l'année 1670. C'est là que tous les Gascons en quête d'un emploi et les cadets de famille au gousset vide trouvaient l'utile indication des protecteurs puissants. « Voulez-vous faire promptement fortune, disait un père à son fils qui partait pour Paris, vous n'avez besoin que d'un livre : apprenez et sachez par cœur l'*Almanach royal*. »

ALPHABET. — Ce mot est composé de *alpha* et *bétha* (A B), les deux premières lettres grecques. Par *alphabet* on entend le catalogue des lettres usitées dans chaque nation pour la représentation des mots. — Thaut fut le premier, en Egypte, qui distingua les lettres en voyelles et en consonnes. Cadmus introduisit en Grèce l'écriture alphabétique. Nous tenons nos lettres des Latins qui les tinrent des Grecs, lesquels les avaient reçues des Phéniciens. Les anciens attribuaient quelque chose de divin à la combinaison des lettres et à la manière de les prononcer. Les alphabets les plus riches sont le chinois, 214 lettres ; le japonais, 50 ; le sanscrit, 47 ; le servien, 40 ; le persan ancien, le slavon ancien, 39 ; le russe, 35. Mais ce grand nombre de lettres ne signifie rien. Les plus beaux ouvrages ont été faits avec le grec qui n'a que 24 lettres, le latin qui n'en a que 22, et le français qui n'en possède que 25.

ALTESSE. — Ce titre ne se donnait autrefois qu'aux rois. C'est Philippe II d'Espagne qui, le premier, l'affecta aux membres de sa famille.

AMÉRIQUE. — Ce fut en 1490 que le Génois Christophe Colomb découvrit la première île du nouveau monde. Le Florentin Améric Vespuce n'aborda en Amérique qu'en 1497 ; cependant il eut l'honneur de donner son nom à la nouvelle moitié du globe. La gloire est un fruit rarement cueilli par celui qui a planté l'arbre.

ANANAS. — C'est Don Gonzale Hernandez de Oviedo, gouverneur de Saint-Domingue, en 1535, qui fit connaître cet excellent fruit aux botanistes d'Europe. Acosta nous apprend qu'il fut apporté de Santa-Cruz aux Indes-Occidentales, et transplanté aux Indes-Orientales et en Chine, où il était connu en 1578. — Ce n'est qu'en 1735 que la culture a obtenu en France les premiers fruits de l'ananas.

APOLOGUE. — Histoire feinte, morale et instructive, qui fait parler les hommes comme les animaux et les plantes. *Apologue* ou *fable*, c'est à peu près la même chose. C'est à Esope, philosophe phrygien, que l'on attribue l'invention de cette espèce de fiction, dont le but est de corriger les mœurs humaines. Lafontaine l'a bien dit :

« L'apologue est un don qui vient des immortels. »

Celui-là le rendit immortel lui-même.

ARCHER. — Ce mot, dans son origine, signifie un homme de guerre qui se sert d'un arc. Une partie de la garde du roi de France portait autrefois ce nom. Suivant Mézeray, Charles VII ordonna, en 1448, que chaque village du royaume lui fournît un archer à pied, lequel serait choisi entre soixante jeunes gens. Cette milice composait un corps qu'on nomma *francs-archers* : *francs*, parce qu'ils ne payaient aucune taille, et *archers* parce qu'ils se servaient à la guerre d'arcs et de flèches.

PAMPHILE.

(La suite prochainement.)

ENSEIGNES NATIONALES

Les Romains. — D'abord une botte de foin ; puis la louve, — le minotaure, — un cheval, — un sanglier, — et enfin l'aigle, qui fut adoptée sous le consulat de Marius.
Rome moderne. — Les clefs de saint Pierre, surmontées d'une tiare.
Les Gaulois. — Un coq.
Les Saxons. — Un coursier bondissant.
Les Vénitiens. — Le lion.
Les anciens Bourguignons. — Un chat.
L'Empire d'Allemagne. — L'aigle à deux têtes.
Les Français. — Les fleurs de lis ; aujourd'hui les abeilles.
L'Angleterre. — Trois léopards.
Les Turcs. — Le croissant.
La Prusse. — Une aigle couronnée.
L'Espagne. — Deux châteaux et deux lions écartelés.
La Russie. — Un cavalier armé, la lance en arrêt, foulant aux pieds un dragon.
La Pologne. — Une aigle aux ailes éployées.
Les Chinois. — Des queues de cheval ou un dragon très-laid, mais peu redoutable.

Rédacteur en chef : M. Alfred des Essarts.
Propriétaire-Gérant : M. Dupray de la Mahérie.

LA VIERGE DES MARAIS

RÊVE

La nuit était profonde, et, voyageur timide,
A travers des marais cachés sous des roseaux
Je marchais, ne sachant dans cette plaine humide
Où finissait le sol, où commençaient les eaux.

Encore un pas peut-être... et la morne surface
Sur laquelle, en rampant, fleurit le nénuphar,
Tombe silencieuse où rien ne laisse trace,
Ouvrait et refermait sur moi son flot blafard.

Comment n'aurais-je pas frissonné d'épouvante ?
Je portais dans mes bras mon enfant endormi,
Et n'avais pour chemin qu'une ornière mouvante
Où s'enfonçait déjà mon pied mal affermi.

J'aurais voulu pouvoir retourner en arrière ;
Mais, de quelque côté que plongeât mon regard,
Les aunes et les joncs formaient une barrière
Qui faisait soupçonner l'écueil de toute part.

Je cherchais un appui... Tout à coup je me penche
En m'efforçant d'atteindre un vieux saule à fleur d'eau ;
Mais je glisse au moment de saisir une branche,
Et je laisse échapper mon doux et cher fardeau.

Il roule et disparaît dans l'ombre... Je me baisse,
Croyant le retrouver aussitôt... De ma main
J'écarte les roseaux, je fouille l'herbe épaisse,
Je rampe dans la vase à genoux, mais en vain !

C'est là qu'il est tombé pourtant, à cette place !
Mon enfant ! mon enfant ! Hélas ! j'ai beau crier,
Il ne me répond pas. Sous l'algue qui l'enlace
Il se débat peut-être au fond du noir bourbier.

Et la nuit couvre tout de ses voiles funèbres !
Au ciel pas une étoile, un rayon passager
Qui vienne illuminer un instant mes ténèbres,
Et me montre le gouffre où je voudrais plonger !...

J'allais douter de Dieu, quand sur le marécage
Se répandit au loin une vague clarté ;
Et comme on voit la lune entr'ouvrir le nuage
Qui masque son sourire et sa pâle beauté.

Je vis sous un manteau de brume transparente
Apparaître une femme, être mystérieux,
Que je pris pour un ange ou pour une âme errante,
Qui côtoyait la terre en retournant aux cieux.

Sur son front rayonnait, sans nimbe ni couronne,
Le feu pur de l'amour et de la charité ;
Elle avait le maintien, les traits d'une madone ;
Un bel enfant dormait sous son voile, abrité.

Elle approcha de moi lentement, fit un geste,
Et des milliers d'éclairs jaillirent de sa main,
Et les étoiles d'or de la voûte céleste
Parurent sous ses pieds éclore par essaim.

Alors chaque roseau s'alluma comme un cierge,
Communiquant sa flamme aux plus humbles des fleurs;
Alors le lis des eaux, dans sa corolle vierge,
Brûla comme une lampe aux mystiques lueurs.

Moi, parmi des iris dont j'écartais les gerbes,
J'avançais. Tout à coup de mon cœur triomphant
Part un cri... Devant moi, sous une voûte d'herbes
J'avais, au pied du saule, aperçu mon enfant!

O Dieu bon! au-dessus de l'abîme de fange
Où tout à l'heure encor je le croyais perdu,
Paisible, et le sourire aux lèvres comme un ange,
Sur des roseaux tremblants il dormait suspendu.

Quelle était donc la sainte ou bien l'enchanteresse
Qui l'avait soutenu sur ce frêle oreiller,
Où les brises du soir de leur folle caresse
Semblaient, en le berçant, ne pouvoir l'éveiller?

« Plus de doute! c'est toi, Vierge, Reine des mères,
» Qui de l'enfant béni protèges le sommeil;
» C'est toi qui, pour réponse à mes plaintes amères,
» As fait sortir des eaux ce nocturne soleil!

» Oh! que puis-je t'offrir pour prix d'un tel prodige,
» Si ce n'est le trésor que tu m'as conservé? »
Et comme un lis qu'on vient de cueillir sur sa tige,
Je tenais vers le ciel mon enfant élevé.

Mais je cherchais en vain le lumineux visage
Et les yeux pleins d'azur qui m'avaient ébloui;
Il ne restait plus rien devant moi qu'un nuage :
Le fantôme divin s'était évanoui.

Tous ces astres sortis de l'impure lagune
Pâlirent : je les vis s'éteindre en un moment;
Mais un rayon plus doux qu'un reflet de la lune
Sur les sentiers obscurs glissa du firmament.

De la forêt prochaine il suivait la lisière,
Comme pour nous montrer le chemin du retour;
Et des bouquets de chêne épars sur la bruyère
Parfois il dessinait vaguement le contour.

Dès que je pus marcher sans péril et sans crainte,
Que mes pieds devant moi surent où se poser,
Mon ivresse éclata dans une longue étreinte,
Et l'enfant s'éveilla sous mon ardent baiser.

AUGUSTE ROBERT.

LE PRISONNIER DE L'ALHAMBRA [1]

L'Alhambra, — à l'époque où il était, non pas une ruine et un souvenir, mais une forteresse, — passait pour abriter dans ses fondements une légion de brigands et de contrebandiers. Irrité de ce qu'un poste militaire fort bien gardé passât pour servir de refuge à de si vilaines gens, le gouverneur Manco (connu sous ce nom parce qu'il était manchot), le gouverneur Manco, disons-nous, fouilla les environs, délogea des crevasses des montagnes et des creux des rochers tout ce qui avait forme et figure humaines, puis institua des patrouilles, avec ordre formel d'arrêter et de lui amener quiconque paraîtrait suspect.

Un matin, une de ces patrouilles, composée d'un caporal (qui s'était distingué dans plusieurs affaires de brigands), d'un trompette et de deux simples soldats, faisait tranquillement sa ronde sur la route qui descend de la montagne du Soleil, lorsqu'ils entendirent les pas d'un cheval, et une voix d'homme disant le refrain d'une vieille chanson castillane.

Bientôt ils virent un vieux soldat dont l'uniforme paraissait avoir subi de rudes épreuves ; il conduisait par la bride un magnifique cheval arabe, caparaçonné à l'ancienne mode mauresque.

Le caporal s'avança vers l'étranger et poussa un vigoureux : *Qui vive ?*

— Ami.

— Qui êtes-vous ?

— Un pauvre soldat qui arrive du champ de bataille, le crâne fendu et la bourse vide.

L'étranger s'était approché ; le morceau de soie noire, dont sa tête était enveloppée, et sa barbe grise lui donnaient quelque ressemblance avec ces diables qu'un ressort fait sortir du fond d'une boîte ; cependant un air doux et mélancolique venait tempérer cette terrible physionomie.

Après avoir répondu aux questions de la patrouille, le soldat se crut autorisé à lui en adresser quelques-unes à son tour.

[1] Conte imité de l'anglais.

— Sans vous commander, dit-il, puis-je savoir quelle est cette ville, au pied de la montagne?

— Comment! le nom de cette ville! c'est trop fort, en vérité. Voilà un individu qui rôde dans la montagne du Soleil et ne sait pas que cette ville est Grenade!

— Grenade! est-ce possible?...

— Allons, mon brave homme, dit le trompette, pendant que vous y êtes, ignorez-vous aussi que voilà les tours de l'Alhambra?

— Trêve de plaisanterie, répondit l'étranger; si c'est vraiment l'Alhambra, j'ai à faire au gouverneur les plus importantes révélations.

— C'est très-facile, dit le caporal, car nous avons l'intention de vous conduire devant lui.

Le trompette avait pris en main la bride du coursier; les deux soldats s'étaient emparés chacun d'un bras de l'étranger; le caporal, se plaçant en avant, cria : Marchons! et ils se dirigèrent ainsi du côté de l'Alhambra.

La vue d'un soldat étranger en guenilles et d'un beau cheval arabe amenés captifs par la patrouille, eut bientôt ameuté tous les habitants de la forteresse et les groupes de flâneurs qui se rassemblent d'ordinaire au point du jour près des sources et des fontaines. La roue de la citerne s'arrêta, et l'eau cessa de tomber dans les cruches, lorsque le caporal passa avec son prisonnier. Bientôt l'escorte se vit accompagnée et entourée.

Une foule de réflexions et de conjectures furent immédiatement échangées : C'est un déserteur, disait l'un; — un contrebandier, disait l'autre; — un bandit, disait un troisième; puis enfin le bruit courut qu'on avait pris le chef d'une redoutable bande de voleurs; et tous étaient bien certains qu'une fois au pouvoir du gouverneur Manco, l'individu, quel qu'il fût, n'échapperait pas.

Le gouverneur se tenait dans une des salles intérieures de l'Alhambra, prenant son chocolat en compagnie d'un frère franciscain du couvent voisin, et d'une charmante enfant de quinze ans, qu'il avait recueillie autrefois, sans savoir pourquoi, mais qu'il aimait comme sa fille. Du reste, Rosita, — c'est le nom qu'il lui avait donné, — Rosita, resplendissante de jeunesse, de fraîcheur et de grâce, était maintenant la consolation de ses vieux jours.

Ce fut avec une visible satisfaction que le gouverneur apprit la grande nouvelle de la capture faite par le vigilant caporal. Son visage s'illumina même d'un éclair de joie quand on lui eut dit que le prisonnier était là, dans la cour extérieure, attendant le bon plaisir de Son Excellence. Manco demanda son épée, la ceignit, donna à sa moustache un air menaçant, s'assit avec dignité dans un immense fauteuil à dossier droit et, d'une voix qui fit tressaillir Rosita, cria :

— Qu'il entre!

Le soldat fut introduit, toujours serré de près par le caporal et ses hommes, mais conservant malgré son humiliante situation, une apparence de calme, presque de dignité, qui ne réjouissait nullement le gouverneur. — Celui-ci s'attendait à voir cet homme se jeter à ses pieds, et lui demander, les larmes dans la voix, la grâce qu'on implore des souverains.

— Eh bien! dit le gouverneur, après un moment de silence, qu'avez-vous à dire? — qui êtes-vous?

— Un soldat, qui arrive du champ de bataille, d'où il n'a rapporté que des cicatrices et des contusions.

— Soldat, soldat fantassin; du moins vous en portez le costume. Mais j'apprends que vous avez un cheval arabe. Vous l'avez sans doute rapporté aussi de la guerre avec vos blessures.

— Excellence, j'ai d'étranges choses à vous dire au sujet de ce cheval, — que dis-je, des choses merveilleuses, qui intéressent non-seulement la sécurité de la forteresse, mais la sécurité de Grenade. Je ne puis faire ces confidences qu'à vous-même ou à des personnes en qui vous auriez une entière confiance.

Le gouverneur réfléchit un instant, puis ordonna au caporal et à ses hommes de se retirer, mais leur recommanda tout bas de se poster derrière la porte, prêts à paraître au premier signal.

— Je n'ai rien de caché, dit-il, pour ce vénérable frère; quant à cette enfant, sa discrétion est à toute épreuve, elle peut donc rester.

— Certainement, répliqua d'une voix émue le soldat, qui regardait Rosita avec un singulier intérêt, que mademoiselle reste; je n'y vois aucun inconvénient, au contraire.

Lorsque les autres témoins se furent retirés, le soldat commença ainsi :

— Je vous l'ai dit, Excellence, je suis militaire, et j'ai passé par toutes les épreuves de ce glorieux état, moins peut-être pour servir mon pays, je vous le dis franchement, que pour tâcher d'oublier les malheurs dont j'ai été accablé. Je vous fais grâce de détails à ce sujet. Sachez seulement que mon enrôlement expirait il y a quelques jours. J'étais heureux de me trouver libre, désirant depuis longtemps visiter l'Alhambra; mais la crainte de me voir réintégrer dans l'armée fit que j'hésitai à demander mon chemin. Je me mis donc à errer un peu à l'aventure, et hier au soir, au coucher du soleil, je traversais une vaste plaine de la Vieille Castille.....

— Que me contez-vous là? s'écria le gouverneur. La Vieille Castille est de cent à cent cinquante lieues d'ici.

— Précisément, répondit froidement le soldat; j'ai prévenu votre Excellence que j'avais d'étranges choses à lui dire, mais mon histoire est vraie autant que bizarre, et j'espère que vous daignerez m'écouter.

— Allons, continuez, dit le gouverneur, frisant sa moustache.

— Le jour baissait, poursuivit le soldat; je me mis en quête d'un endroit où je pourrais passer la nuit, mais je cherchai en vain la moindre habitation. Je vis que je serais forcé de coucher sur la dure et de prendre mon havre-sac pour oreiller, — autant eût valu rester soldat. Avant de me résoudre à dormir une fois de plus à la belle étoile, je fis encore du chemin, et j'arrivai à un pont jeté sur un immense ravin, au fond duquel coulait un petit filet d'eau. A l'une des extrémités du pont s'élevait une tour mauresque dont la partie supérieure était en ruines : mais ma joie fut grande en voyant le bas intact et bâti de façon à présenter un renfoncement assez profond; ceci me parut tout simplement le meilleur des gîtes. — Mais avant de m'y établir, je descendis au fond du ravin; une source y coulait pure et fraîche, et je m'y désaltérai avec délices. Puis, j'ouvris ma valise, je pris un ognon et quelques croûtes de pain, — mes seules provisions, — et je commençai à souper, me réjouissant d'avance de l'abri que me fournirait cette tour, à moi, pauvre soldat encore tout meurtri... Vous savez, Excellence, ce que la guerre fait endurer.

— Je suis sûr que je le sais mieux que toi, — dit fièrement le gouverneur.

— Pendant que je grignotais tranquillement mon pain, poursuivit le soldat, j'entendis un bruit sous la voûte. — Bientôt un homme en sortit, tenant par la bride un vigoureux coursier. La seule lumière des étoiles ne me permettait guère de distinguer à qui j'avais affaire. Un homme rôdant dans ce lieu désert... c'était assez suspect. — Je me dis : C'est peut-être un voyageur attardé comme moi, ou bien un contrebandier, ou bien encore un brigand.

Bah! grâce à ma pauvreté, je n'avais rien à perdre, et je continuai à manger tranquillement mes croûtes.

Il conduisit son cheval à la source, tout près de l'endroit où j'étais assis, de sorte que je pus l'examiner à mon aise. Il portait l'uniforme mauresque, avec cuirasse et casque d'acier poli que je distinguai vaguement à la faible lueur des étoiles. Son cheval, aussi, avait la selle et les étriers mauresques. Il le conduisit, ainsi que je l'ai dit à votre Excellence, au bord de la source, où l'animal plongea la tête jusqu'aux yeux et but avec une effrayante avidité.

— Camarade, lui dis-je, votre monture avait soif...

— Je le crois bien, répliqua l'étranger, il y a bien un an qu'il a bu pour la dernière fois.

— Vraiment! m'écriai-je, les chameaux que j'ai vus de près en Afrique, n'en feraient pas autant. — Voyons, vous me paraissez un peu soldat, venez donc vous asseoir ici et partager le repas d'un soldat. Je dirai entre nous à votre Excellence que je n'étais pas fâché d'avoir un compagnon dans ce lieu désert, et bien que ce fût un infidèle, — son accent ne me laissait plus aucun doute sur sa religion, — mes scrupules s'évanouirent, et je n'hésitai pas à penser que tous les soldats sont frères, à quelque croyance qu'ils appartiennent. Je l'invitai donc à prendre sa part de mon souper; car si maigre qu'il fût, c'était toujours lui offrir l'hospitalité.

— Je n'ai pas le temps de m'arrêter, dit-il; j'ai une longue route à faire d'ici à demain matin.

— De quel côté? dis-je.

— En Andalousie.

— C'est précisément mon chemin, répondis-je, éprouvant je ne sais quel attrait irrésistible; puisque vous ne voulez pas vous arrêter pour souper, peut-être me permettrez-vous de monter en croupe avec vous; je vois que votre cheval est solide et peut bien nous porter tous deux.

— Convenu, dit le maure.

Du reste, ce personnage était un peu forcé d'accéder à ma demande après l'offre que je lui avais faite. Il monta donc et je montai derrière lui.

— Tenez-vous bien, me dit-il, mon cheval va comme le vent.

En effet, la bête passa bientôt du trot à un galop effréné. On eût dit que les rochers, les arbres et les maisons partaient derrière nous comme des flèches.

— Quelle ville est-ce cela? dis-je.

— Ségovie. — Et avant que le mot fût échappé de ses lèvres, les tours de Ségovie avaient disparu. — Nous vîmes passer comme en rêve les montagnes du Guadarama, l'Escurial, les murs de Madrid, les plaines de la Manche. Monter et descendre les montagnes, traverser les villes encore endormies d'un profond sommeil, parcourir les plaines, franchir les rivières, tout cela fut l'affaire de quelques instants, au bout desquels le soldat s'arrêta court : « Nous voici, me dit-il, au terme de notre voyage. »

Je regardai autour de moi, mais sans voir la moindre trace d'habitation; rien que l'entrée d'une caverne. Mais j'aperçus une foule d'individus en vêtements mauresques, les uns à cheval, les autres à pied, accourant de tous côtés et se pressant à l'orifice de la caverne, comme des abeilles dans une ruche. — Sans me donner le temps de faire une question, le soldat éperonna sa monture, et nous entrâmes comme les autres; il me semblait que nous descendions dans les entrailles mêmes de la montagne. Bientôt je vis briller une lumière, dont l'éclat augmenta à mesure que nous avancions. Je remarquai alors, en passant, d'immenses couloirs s'ouvrant à droite et à gauche, comme des galeries dans un arsenal; les uns renfermaient des boucliers, des casques, des cuirasses, des lances, des cimeterres accrochés aux murs; les autres, d'immenses monceaux de munitions de guerre et d'équipements militaires. Ces belles provisions firent bondir mon cœur de soldat. Puis, dans d'autres cavernes, je vis de longues files de cavaliers armés jusqu'aux dents, leurs lances levées et leurs bannières déployées, prêts au combat; mais ils se tenaient en selle immobiles comme des statues. Dans d'autres salles, des guerriers étendus dormaient profondément. Tous portaient l'ancien costume mauresque.

Enfin, nous entrâmes dans une immense caverne, pour ne pas dire un palais, dont les murs semblaient incrustés d'or et d'argent, et constellés de diamants, de saphirs, de toutes sortes de pierres précieuses. A l'extrémité supérieure trônait, sur un siège d'or, un roi mauresque entouré de ses nobles et gardé par des nègres aux cimeterres tirés. Toute la foule qui continuait à entrer, et s'élevait à plusieurs milliers d'individus, défila devant son trône en lui présentant ses hommages. Les uns, couverts de bijoux, portaient de splendides vêtements; d'autres, des armures émaillées et polies ; d'autres encore des armures fortement endommagées et rouillées.

Je n'avais rien dit jusque-là, car, vous le savez, Excellence, la discipline habitue le soldat à être sobre de questions ; mais je ne pouvais plus y tenir.

— Je vous en prie, camarade, dis-je alors, m'adressant à mon compagnon, que signifie tout cela ?

— C'est un grand et terrible mystère. Sachez, ô chrétien, que vous avez sous les yeux l'armée et la cour de Boabdil, le dernier roi de Grenade.

— Que me dites-vous là ? m'écriai-je. Boabdil et sa cour furent exilés il y a plusieurs siècles, et sont morts en Afrique.

— C'est ce que rapportent, en effet, vos chroniques mensongères, répliqua le Maure ; mais sachez que Boabdil et les guerriers qui ont tenté le dernier effort pour sauver Grenade, sont tous enfermés dans la montagne par un puissant enchantement. Il est écrit que dans un temps plus ou moins long, Boabdil descendra de la montagne à la tête de son armée, rentrera en possession de l'Alhambra ; et, après avoir formé de nouvelles recrues, marchera à la conquête de la péninsule.

— Et quand cet événement doit-il s'accomplir ? demandai-je, assez incrédule.

— Allah seul le sait ; nous espérions que le jour de la délivrance était proche, mais l'Alhambra est trop bien gardé par un vieux et vaillant soldat qui se nomme le gouverneur Manco ; tant qu'il sera à son poste, je crains bien que Boabdil et ses troupes n'aient qu'à se tenir tranquilles.

Ici le gouverneur se redressa comme un homme dont l'amour-propre est flatté, et mit la main gauche sur le pommeau de son épée. Il doutait beaucoup, non sans quelque raison, de la véracité de son prisonnier, mais l'effet désiré par celui-ci était produit et sa vanité venait d'être agréablement satisfaite.

— Je ne veux pas abuser de votre attention, dit le soldat au gouverneur ; et je termine mon histoire en quelques mots. Mon compagnon descendit de cheval.

— Gardez ma monture, me dit-il, pendant que je vais présenter mes hommages à Boabdil.

Plusieurs pensées me vinrent alors. Attendrais-je que cet infidèle revînt pour me reprendre en croupe et m'emporter Dieu sait où ; ou bien profiterais-je de son absence momentanée pour battre vivement en retraite. J'eus bientôt pris une décision : le cheval appartenait à un ennemi avoué de la foi, et, suivant les règles de la guerre, serait de bonne prise. Je montai, et, piquant des deux, je me dirigeai vers la sortie.

Arrivé à quelque distance, il me sembla bien entendre derrière moi un bruit de voix et d'armures, mais je partis au triple galop, sans trop savoir où j'allais, et espérant toujours atteindre mon but. Quand je fus certain d'être à l'abri de toute poursuite, j'adoptai des allures moins effrénées, et je me reposais d'une si longue route, quand je rencontrai votre patrouille, qui m'apprit que j'étais précisément au pied de l'Alhambra, la forteresse du redouté gouverneur

Manco. Je résolus aussitôt de voir votre Excellence, de l'informer de ce que j'avais vu, et de l'avertir des périls dont Elle est menacée, afin que vous puissiez prendre plus que jamais des mesures de défense, puisque la sécurité du royaume lui-même est en question.

Le gouverneur regarda fixement le soldat et lui dit sévèrement :

— Vous imaginez-vous, par hasard, que je crois un mot de cette prétendue révélation que vous venez de me faire? sachez qu'un vieux soldat n'est pas si crédule. Holà! gardes, mettez cet homme sous le verrou.

La jolie enfant, que l'interrogatoire et le récit du prisonnier avaient vivement intéressée, lança au gouverneur un regard suppliant, mais le gouverneur fit en sorte de ne pas s'en apercevoir.

— Vous occuperez, ajouta Manco, une des chambres de la grande tour, et nous verrons si vos Maures viendront vous délivrer.

— Votre Excellence fera ce qui lui plaira, répondit froidement le prisonnier. Donnez-moi un logement quelconque dans la forteresse, et vous aurez droit à toute ma reconnaissance. J'ai mené une vie passablement errante, dans ces derniers temps, et je ne serai vraiment pas fâché d'avoir trouvé un abri.

Le prisonnier fut conduit à sa cellule; le cheval arabe installé dans l'écurie du gouverneur, et le sac du captif enfermé dans le coffre de Son Excellence.

On trouvera la conduite du gouverneur moins rigoureuse quand on saura qu'à cette époque, les montagnes des environs de Grenade étaient infestées par une bande de brigands d'une rare audace, envahissant le pays sous les déguisements les plus habiles, s'informant sournoisement des jours de départ des marchandises; s'arrangeant enfin pour savoir d'avance si tel ou tel voyageur valait la peine d'être dévalisé. Le gouvernement s'inquiéta, avec raison, d'un semblable état de choses, et les commandants des diverses garnisons avaient reçu l'ordre d'être sur le qui-vive et de s'emparer de tout individu suspect. Le gouverneur Manco mettait un zèle prodigieux à remplir les instructions de ses supérieurs, et il était certain d'avoir pris dans ses filets un des plus redoutables de la bande de brigands.

Cependant l'histoire fit son chemin, et on en parla non-seulement dans la forteresse, mais dans toute la ville de Grenade. On disait que Manuel Borasco, le chef même des bandits, était tombé entre les mains du gouverneur Manco.

La tour où le soldat avait été condamné à subir sa captivité se détache en quelque sorte de l'Alhambra sur une colline voisine, séparée de la forteresse principale par un ravin. Il n'existait pas de murailles extérieures ; aussi une sentinelle s'y tenait sans cesse. La fenêtre de la chambre du prisonnier, fortement grillée, donnait sur une petite esplanade où les bourgeois de Grenade, ceux surtout qui avaient été plus ou moins volés, venaient dévisager le pauvre diable, comme les nôtres vont regarder les singes au Jardin des Plantes. Mais personne ne reconnaissait, dans cet homme d'une apparence si peu redoutable, le farouche Manuel Borasco. On vint de la ville, on vint de partout, mais nul ne put se décider à prendre au sérieux le prétendu brigand; quelques-uns même commençaient à croire que son histoire pouvait bien être vraie. Une vieille et populaire tradition rapportait, en effet, que Boabdil et son armée étaient renfermés dans la montagne.

Bientôt les allures pacifiques et souriantes du soldat le firent traiter en ami par les gens du peuple, qui venaient chaque jour distraire sa captivité. Cet homme semblait infiniment plus heureux qu'un prisonnier ordinaire; nous verrons qu'il avait ses raisons pour cela. Toutefois, l'opposition étant de tous les temps et de tous les pays, on commença à murmurer contre la rigueur du gouverneur Manco, et à considérer le prisonnier tout simplement comme un martyr.

Cependant, la gaieté du soldat était intarissable; on avait fini par lui procurer une vieille guitare, sur laquelle il s'accompagnait volontiers, et l'on s'aperçut qu'il avait une voix fort agréable. Bientôt, les jeunes gens de l'endroit s'assemblèrent tous les soirs, sur l'esplanade, pour y danser des boléros, que chantait complaisamment le captif du gouverneur. Un observateur attentif eût remarqué qu'il ne quittait guère des yeux la fille adoptive du vieux Manco, et qu'il suivait ses moindres mouvements avec la plus tendre sollicitude. Elle avait tout fait au monde, du reste, pour adoucir cette captivité, qui paraissait de plus en plus injuste; le matin, elle recevait son premier bonjour; le soir, elle restait la dernière, et se retirait le plus tard possible. Dans la journée, elle lui apportait furtivement quelques restes de la table du gouverneur, et, de temps à autre, un verre de vin de Malaga.

Depuis quelques semaines, les jours se suivaient et se ressemblaient par leur douce monotonie; lorsqu'un matin, le caporal avec lequel nous avons fait connaissance, au commencement de cette histoire, entra tout effaré dans la chambre de Son Excellence, et s'écria avec l'accent du plus profond désespoir:

— Il est parti! il est parti!

— Qui donc est parti?

— Le soldat, ce diable de brigand... le chef de la bande; la cellule est vide et la porte était fermée; Dieu sait par où il est sorti!

— C'est impossible; Rosita doit savoir où il est, c'est elle qui lui porte son souper; qu'on la fasse venir!

On visita toute la forteresse, pas de Rosita. Rosita aussi avait disparu. En entrant dans son cabinet, le gouverneur vit son coffre ouvert : le sac du soldat n'y était plus, mais le reste se trouvait absolument à la même place que la veille. Lorsque le trouble et la colère laissèrent à Manco la liberté de ses facultés, il aperçut un papier sur sa table et lut ce qui suit :

» Pardonnez à votre petite Rosita de vous quitter ainsi... Cet homme que vous
» traitiez en criminel, auquel vous refusiez tout adoucissement, mais que, par
» compensation, les étrangers aimaient tant, cet homme est *mon père*. Il y avait
» longtemps qu'il me cherchait, et la Providence a voulu que sa captivité lui
» servît à me retrouver. L'amour paternel lui a donné de la patience, mais cette
» patience ne pouvait pas durer toujours. Je voulais éviter de vous paraître ingrate,

» à vous qui m'avez recueillie et élevée avec tant de sollicitude... Hélas! je vous ai
» vu intraitable; nous vous aurions tout dit... mon pauvre père vous eût fourni la
» preuve irrécusable que je suis bien sa fille.

» Nous reviendrons quelque jour, je vous le promets, mais seulement quand
» vous aurez appris à être plus crédule, et surtout quand vos idées de brigands
» auront disparu... en ce qui nous concerne, toutefois. Vous avez toujours été
» bon pour moi, et jamais je n'oublierai ce que je vous dois. Pardon et merci. »

Quelques paysans, interrogés par les soldats, répondirent qu'avant le lever du soleil, ils avaient été réveillés par le pas d'un cheval lancé au galop; et que, s'étant levés pour voir d'où venait et où allait un cavalier si matinal, ils avaient distingué vaguement deux ombres emportées par le plus fougueux des coursiers, et disparaissant dans les premiers feux de l'aurore.

Ernest FILLONNEAU.

EXEMPLES REMARQUABLES DE VITESSE

La lumière du soleil, qui nous parvient en 8 minutes 13 secondes, fait 69,695 lieues par seconde, c'est-à-dire 34,357,480 lieues pendant les 8 minutes et quart à peu près.

La terre a deux mouvements, l'un annuel, c'est-à-dire celui par lequel elle décrit son orbite autour du soleil dans l'espace d'un an, alors sa vitesse, dans cet orbite, est de 23,531 lieues par heure, ou 6 lieues et demie par seconde; l'autre diurne, c'est le mouvement de sa rotation journalière sur elle-même; sa vitesse, dans ce mouvement, pour un point de sa surface à l'Équateur, sera de 375 lieues par heure ou 9,000 lieues par 24 heures.

Le son parcourt 1,038 pieds ou 175 toises par seconde, 10,380 toises ou plus de cinq lieues de poste par minute.

Un boulet de canon (du poids de 24 livres) parcourt environ 1,800 pieds ou 300 toises par seconde; c'est pourquoi un homme peut voir la lumière du coup de canon qui le tue, mais il n'entendra pas le coup.

Un bateau à vapeur parcourt 590 à 600 pieds par minute, donc par heure 6,000 toises ou trois lieues de poste.

Mais la vapeur produit encore un effet plus rapide par le moyen des locomotives sur les chemins de fer. On rapporte qu'en 1841 Brunel, le célèbre constructeur du tunnel sous la Tamise, paria avec plusieurs de ses amis qu'il parcourrait sur une locomotive, en moins de 100 minutes, le chemin de fer de Londres à Bristol, qui a une longueur de 120 milles anglais ou 48 lieues métriques de France. Monté sur la locomotive *The Courier*, à laquelle était attaché un *tender*, il fit ce trajet en 90 minutes, c'est-à-dire 32 lieues à l'heure. C'est la plus grande vitesse qu'on ait obtenue.

Les *hémérodromes*, ou coureurs de profession chez les Grecs, pouvaient courir un jour entier sans se fatiguer; et s'il en était ainsi, combien devaient-ils faire de chemin en un jour, puisque Antistius, de Lacédémone, et Philonides, coureur d'Alexandre, parcoururent, dit Pline, en 24 heures, un espace de 1,200 stades (à peu près 44 lieues).

Le même Pline raconte qu'un jeune Romain, âgé de neuf ans, qui vivait sous le consulat de Fonteius et Vipsanius (l'an 59) fit depuis midi jusqu'au soir 75 milles, soit 22 lieues un quart.

En 1767, un Bohémien nommé Focke, coureur de la duchesse de Weimar, fit 76 lieues de suite en 42 heures; il ne prit d'autre repos que le temps de remettre ses dépêches à Carlsbad et de recevoir la réponse.

PORTRAITS A LA PLUME

LE BONHOMME SERAPHIN

Mes chers amis, vous tous, grands et petits, qui avez tant aimé et qui aimez tant encore le théâtre Séraphin, transporté aujourd'hui au boulevard Montmartre après être resté si longtemps au Palais-Royal, je dois bien vite vous dire que mon intention n'est pas de vous entretenir du susdit théâtre, non plus que de ses gloires passés, présentes et futures.

Mon *bonhomme Séraphin* est un personnage que vous avez bien souvent rencontré dans ces admirables Tuileries, votre jardin de prédilection. Tantôt vous le voyiez charmant les ramiers au beau plumage et les petits fripons de pierrots, non pas avec cet élégant costume que le *Monde illustré*, si j'ai bonne mémoire, prêtait naguère à son charmeur de fantaisie, mais bien revêtu d'un paletot toujours simple et toujours de la plus parfaite propreté... Il avait des ramiers sur ses mains, sur ses épaules et jusque sur son chapeau, qui ne se souciait pas le moins du monde de nos modes actuelles... Les pigeons venaient prendre la mie de pain qu'il introduisait pour eux entre ses lèvres, et les moineaux braillards ou babillards, si vous l'aimez mieux, voletaient devant et derrière lui en se disputant les miettes qu'il leur lançait.

Un de nos meilleurs amis dont vous avez sans doute entendu quelquefois prononcer le nom par vos parents, Gustave Nadaud, a sûrement connu mon bonhomme Séraphin... je veux d'ailleurs me le persuader... autrement, en effet, aurait-il composé la délicieuse et si touchante chanson que je vais vous donner pour ma bienvenue au *Journal de la jeunesse*:

I

Dans ma ville de province,
Étant enfant, j'ai connu
Un vieillard petit et mince
Dont le nom m'est revenu.

> Il s'habillait à la mode
> Des écoliers ; mais enfin
> Il était vieux comme Hérode,
> Le bonhomme Séraphin.
> Et nous disions au collège
> Que ses cheveux fins et longs,
> Ayant traversé la neige,
> Étaient redevenus blonds.

Vous le reconnaissez, n'est-il pas vrai ? Vous voyez encore ses longs cheveux naturellement bouclés et d'une si douce blancheur qu'ils semblaient vraiment blonds ; il était petit et mince, comme le dit le premier couplet de la chanson de Nadaud... Décidément, tu as connu mon bonhomme Séraphin, et j'en suis bien heureux ; car son portrait va considérablement gagner à être tracé par ton aimable et bien-aimée plume.

II

> Notre tête est une cage
> Faite pour un hôte ailé ;
> Elle a perdu son usage
> Quand l'oiseau s'est envolé.
> Dans sa folie ingénue,
> Le pauvre vieillard disait
> Sa jeunesse revenue :
> Est-ce lui qui s'abusait ?
> Avec ses traits doux et blêmes
> Il inspirait la pitié ;
> Les petits enfants eux-mêmes
> L'avaient pris en amitié.

Vous rappelez-vous avec quelle verve ce brave et excellent homme vous racontait des historiettes chaque jour nouvelles pendant qu'il donnait la pâture à ses chers pensionnaires ? quels délicieux sourires il faisait naître sur vos lèvres roses, et combien de douces larmes il vous a fait répandre ! Il n'était pas fou, tant s'en faut, mais il était tout doucement revenu et sans qu'il s'en doutât, à cette jeunesse qui touche de si près à l'enfance !

III

> Tous les jours quand la cohorte
> Des écoliers matineux
> Rasait le seuil de sa porte,
> Il prenait rang avec eux.
> Puis, dans un coin de la classe,
> Sans se distraire un moment,
> Toujours à la même place
> Il ouvrait son rudiment.

>   Puis enfin, quand les aiguilles
>   Marquaient midi, grave et lent,
>   Il allait jouer aux billes
>   Ou guider un cerf-volant.

Plus d'une fois nous nous sommes arrêté pour regarder et écouter les rondes qu'il vous chantait tout en tournant avec vous... Vous n'aviez pas pitié de son

âge, cruels et charmants enfants; quand la double fatigue des jambes et de la voix l'obligeait à s'arrêter, vous n'abandonniez pas ses mains, et de vos timbres frais et argentins, auxquels ils ne savait ou ne pouvait pas résister, quand vous lui disiez : « Encore, encore, encore, bon ami ! » il recommençait à tourner et à chanter de plus belle et jusqu'à complet épuisement... Un jour, il nous en souvient, nous lui avons demandé la permission de lui offrir notre bras et nous l'avons entraîné loin de vous, mais pas si loin pourtant que nous ne vous entendissions encore crier de toute la force de vos petits poumons : « Au revoir, à demain, bon ami, n'est-ce pas? »

Comme les rondes qu'il avait pour habitude de chanter ne ressemblaient en rien aux *Lauriers coupés, au beau Château*, à *ma Tante tire le lire le lire*, etc., nous eûmes la curiosité de lui demander de qui il les tenait? — Je ne sais pas, nous répondit-il. — C'est donc vous qui les avez faites? alors je vous en fais bien mon compliment ; car elles sont charmantes, et je voudrais bien les avoir. — Très-volontiers, et je vous les dirai dès demain, mais elles ne sont bien sûr pas de moi; car je me rappelle maintenant que mon père me les chantait autrefois. — A demain, lui dis-je en pressant ses mains, à demain.

Mais le lendemain et le surlendemain, non plus que les jours suivants, il ne revint plus...

Qu'était-il devenu ? Vous en êtes-vous seulement inquiétés?

IV

Ainsi, d'année en année,
Il suivait le même cours;
Et la classe terminée
Pour lui commençait toujours.
Un matin, le vieil élève
A son banc ne parut pas :
Il avait, comme en un rêve,
Passé de vie à trépas.
Et les enfants de la ville
Qui le croyaient endormi,
Jusqu'à son dernier asile
Conduisirent leur ami.

Ce que vous dit là Nadaud dans ce couplet si touchant est-il vrai ?... Avez-vous accompagné jusqu'à sa dernière demeure celui qui vous a tant aimés et tant amusés? Il s'était éteint dans la nuit, les yeux tournés vers le ciel et en songeant à ses chers petits amis pour lesquels il fredonnait encore, tout en rendant sa belle âme à Dieu, la dernière ronde qu'il vous avait chantée la veille.

Hélas! non, chers enfants, vous n'avez pas suivi votre vieil et excellent ami jusqu'au champ du repos... Il serait injuste à nous de vous en faire un reproche, vous ignoriez qu'il ne fût plus de ce monde, et vous ne l'avez appris que plus tard par un des surveillants des Tuileries.

Et maintenant je ne puis que vous souhaiter, comme je le souhaite à tous ceux que vous aimez et à nous personnellement, que Dieu, s'il nous permet d'arriver à un très-grand âge, nous accorde l'heureuse et tranquille vieillesse de votre bon ami, que vous appellerez tous dès maintenant le *Bonhomme Séraphin*.

V

>Si le ciel, en ma vieillesse,
>Devait rompre la cloison
>Qui tient captive l'hôtesse
>Que je nomme ma raison,
>Au moins, dans son inclémence,
>Qu'il adoucisse ma fin
>En m'accordant la démence
>Du Bonhomme Séraphin ;
>Et parmi la bande folle
>Je veux qu'il me soit permis
>De retourner à l'école
>Avec mes petits amis.

Vous n'avez certainement pas encore oublié votre vieil ami, nous voulons le croire; mais vous avez trouvé un autre sujet de distraction dont il nous faut bien dire quelques mots, quoiqu'il nous paraisse infiniment moins intéressant que le précédent... Nous voulons parler de *la petite bourse des timbres*.

Avec quelle ardeur, mes chers amis, vous vous livrez à vos échanges quotidiens ! La grande, la vraie, la terrible Bourse ne fait pas plus de bruit que la vôtre; les agents de change, les assesseurs et les agioteurs ne se démènent pas et ne crient pas plus que vous. Vous n'aurez bientôt plus rien à envier à votre grosse sœur ; vous lui avez pris jusqu'à ses termes. N'avons-nous pas entendu, dernièrement, sortir de vos rangs pressés des mots comme ceux-ci : « Les *Etats-Unis* se disputent considérablement ; la *Prusse* est chaque jour de plus en plus en discussion; l'*Autriche* ne donne pas lieu à beaucoup d'affaires, elle est au calme plat; la *Grèce* est demandée; la *République de l'Equateur* et les descendants de Bolivar sont en hausse; l'*Espagne* fait prime, etc. » — Un conseil d'ami en finissant. Ne vous laissez pas trop facilement aller aux mielleuses propositions des grands coulissiers et des grandes coulissières qui se glissent incessamment parmi vous. On vous a fait faire en ma présence des échanges véritablement ruineux. Vous avez reçu, ô naïfs boursiers ! des timbres d'une valeur à près nulle, ou tout au moins fort ordinaire, pour d'autres timbres d'une importance réelle. Ne vous aventurez pas dans ces graves spéculations sans avoir consulté l'agent de change paternel, et vous vous en trouverez bien... ou plutôt renoncez à toute spéculation pour redevenir aimables et jeunes. Il serait triste de penser que le *Bonhomme Séraphin* ait été le dernier enfant de ce siècle.

Paul Malézieux.

MANIES D'AUTEURS

Asinius Pollion, le plus fécond écrivain romain, avait chaque jour une heure fixée pour le travail. Passé ce temps, il n'eût pas ouvert un livre ni tracé un mot sur ses tablettes pour tout au monde.

Le célèbre jurisconsulte Cujas avait contracté l'habitude singulière d'étudier et de travailler couché tout de son long sur un tapis, le ventre contre terre, ayant ses livres autour de lui.

L'historien Mézeray s'était fait une loi de ne travailler qu'à la chandelle, même en plein jour, au milieu de l'été ; et comme s'il fût persuadé qu'il n'y avait plus de soleil au monde, il ne manquait jamais de reconduire, même à midi, jusqu'au milieu de la rue, le flambeau à la main, ceux qui lui faisaient visite.

Un autre historien, Varillas, vécut toujours dans la solitude, ne travaillant qu'au grand jour. Il se vantait d'avoir été trente-quatre ans sans manger une seule fois hors de chez lui. Il déshérita un de ses neveux pour lui avoir écrit une lettre qui péchait par l'orthographe.

Thomas, de l'Académie française, restait tous les jours au lit jusqu'à midi; c'est là que, les rideaux bien fermés, il méditait, composait et rédigeait dans sa mémoire l'ouvrage qui l'occupait; ensuite il se levait et le jetait par écrit à peu près d'un seul trait.

Bayle, le fameux auteur du Dictionnaire, avait un tel goût pour les baladins et les marionnettes, qu'aussitôt qu'il entendait le tambour ou la trompette qui les annonçait il quittait tout, et se rendait des premiers sur la place, d'où il ne revenait que le dernier. GUIGNOL eût été heureux de le connaître et n'eût pas manqué de lui assigner devant son théâtre un tabouret d'honneur.

LE FILS DU CHANVRIER

(Suite et fin.)

III

Comme quoi le jardinage peut faire un latiniste.

— Mon Révérend, avait dit Ambroise à M. Orsoy, je viens terminer l'affaire que ma mère n'a pas pu conclure avec vous hier.

— Que veux-tu, mon ami ! la science est beaucoup trop chère pour les pauvres gens; c'est un malheur, et si j'avais été assez riche pour...

— Qu'à cela ne tienne, Votre Révérence; nous pouvons nous entendre, si vous le voulez bien.

— Mon Dieu! je ne demande pas mieux; voyons, parle.

Le jeune paysan tortilla un moment son toquet de gros drap, et, sans autre transition oratoire, poursuivit:

— Savez-vous, mon Révérend, que le brave père Claude votre jardinier commence à se faire bien vieux...

Le chapelain regarda son interlocuteur avec un certain étonnement, puis il répondit en haussant les épaules:

— Comment ne le saurais-je pas? Cela se voit assez à l'air cassé du pauvre homme et au désarroi de mon jardin. Aussi aurais-je déjà donné au père Claude un aide jeune et vigoureux, quelque bon garçon que j'aurais cherché, si j'étais plus riche, comme je le disais tout-à-l'heure... Mais il n'y a nul rapport entre ce que tu me dis là et le sujet de ta visite.

— Que Votre Révérence veuille bien m'excuser: j'avais deviné votre désir de donner un aide au père Claude, et l'idée m'est venue de vous offrir d'être son apprenti.. J'ai de bons bras, des reins solides, je me connais un peu au travail de la terre...

— Tu ferais assurément un excellent apprenti jardinier, mais ce n'est pas cela que ta mère...

— Ayez la bonté d'accepter mon offre, et je vous réponds du consentement de mes chers parents.

— Mais ici tu ne gagneras rien, tandis qu'avec ton métier de chanvrier...

— Oh! j'ai bien réfléchi, allez... Votre Révérence n'a plus qu'à prononcer...

— Ma Révérence ne peut faire mieux que d'accepter, si tu dis vrai.

Ambroise lança joyeusement son toquet aux solives du plafond et s'écria :

— Dieu soit loué! je pourrai donc apprendre le latin et le grec!

— Hein? fit le Révérend, qui ne savait plus s'il devait en croire ses oreilles. Que viens-tu, maintenant, me parler de grec et de latin?

— Il faut bien que je vous en parle, cependant.

— Mais il s'agit de mon jardin.

— Justement.

Le chapelain laissa tomber ses bras avec découragement; il lui sembla au-dessus de ses forces de débrouiller le fil de nouveau enchevêtré de la conversation.

— Je veux dire, mon Révérend, reprit Ambroise, que m'ayant agréé pour être l'apprenti jardinier du père Claude...

— Ah! nous revenons au jardinage.

— Au contraire, nous arrivons au grec et au latin... vous comprenez...

— Va toujours, soupira M. Orsoy qui se résignait à accepter cet entretien comme une épreuve céleste.

— Eh bien! j'ai pensé qu'en échange de la moitié du prix que vous avez demandé pour me les apprendre vous consentiriez à recevoir le travail de mes bras... Oh! soyez tranquille, le jardin n'en souffrira pas, je remuerai la terre pendant le jour, et j'étudierai durant la nuit... Enfin voulez-vous que mes peines complètent le prix, trop élevé pour nous, des leçons que je désire recevoir de Votre Révérence?

M. Orsoy eut un long regard d'admiration pour Ambroise, puis il dit :

— Je ne veux pas recevoir une obole pour le prix de mes leçons; viens t'installer ici : demain, je te donnerai la première de ces leçons.

Or, le chapelain Orsoy était un homme dont les sentiments se résumaient dans ces mots: *devoir et droit*. Il les interprétait avec toute l'inflexibilité d'une conscience sévère pour lui-même jusqu'au stoïcisme. Cela ne veut point dire que cette fermeté de principes en fit un homme insensible ou inhumain. Un événement malheureux eût-il, par exemple, empêché le bonhomme Paré de payer, en temps convenu, le prix de la pension d'abord demandé pour son fils, assurément M. Orsoy n'eût point tourmenté le chanvrier. Mais Ambroise s'étant spontanément engagé à donner, en payement des leçons tant désirées, son travail comme apprenti jardinier, et les choses ayant été ainsi acceptées de part et d'autre, le chapelain n'eût pas fermé les yeux sur la mort d'une plante mal soignée, ni toléré que l'étude empiétât un seul instant sur l'horticulture, dont elle était, de la sorte, devenue la compagne et le tutélaire appui.

M. Orsoy, il est vrai, n'envisageait pas avec moins de rigueur le soin d'accomplir son propre engagement.

Dès le jour de son installation chez le chapelain, notre héros fut placé sous les ordres du père Claude, qui ne lui ménagea pas la besogne.

Vers le milieu de la journée, M. Orsoy ouvrit son cabinet au jeune garçon, et, pendant une heure, il ne vit plus dans Ambroise qu'un élève digne de la plus grande sollicitude.

Puis ce dernier eut, jusqu'au soir, à s'occuper du jardin

Après le souper, le chapelain et son disciple s'enfermèrent de nouveau. Toute la soirée fut consacrée au latin et au grec.

La leçon terminée et Ambroise s'étant mis au lit, il rêva que ses arrosoirs étaient de gigantesques encriers, que les arbres du jardin avaient, au lieu de feuilles vertes, des feuillets de livre, et que M. Orsoy plantait dans son cabinet des choux qui, en poussant, prenaient la forme d'un *alpha*, d'un *bêta*, d'un *oméga* ou de toute autre lettre de l'alphabet grec; c'était aussi le père Claude, auquel étaient venues des oreilles d'âne longues comme le bras; il s'entêtait à faire sortir de la terre des *nominatifs*, des *vocatifs*, des *ablatifs*, et ne récoltait que de superbes chardons.

Ce songe de littérature horticole fut tout à coup interrompu par plusieurs coups frappés à la porte du dormeur. Il souleva à demi ses paupières; l'aurore répandait ses premières lueurs. Ambroise passa à la hâte un vêtement et alla ouvrir.

Il vit alors le chapelain qui portait un livre sous chaque bras, et qui le salua d'un classique : *Macte animo, puer*.

Ambroise se frottait encore les yeux que déjà M. Orsoy s'était établi à une petite table et avait ouvert ses livres.

— Votre Révérence, demanda le premier qui commençait enfin à deviner le but de la visite matinale du chapelain, me fait-elle la grâce de venir me donner une leçon!

— Mon devoir n'est-il pas de cultiver ton esprit comme tu cultives mon jardin?

— Mais vous n'avez pas l'habitude, mon Révérend, de vous lever aussi matin, et l'usage ne saurait être, je pense, que le maître vienne éveiller l'élève.

— Il n'est point d'habitude ni d'usage pour la conscience. Peu importe l'heure à laquelle je me lèverai, pourvu que je remplisse scrupuleusement mon obligation. Je viendrai donc, tous les matins, te réveiller, car c'est moi qui suis intéressé, en raison de cette conscience, à ce que nous ne passions pas à dormir inutilement un temps que je dois mettre à profit pour te payer ma propre dette.

La leçon commença et dura sans autres commentaires jusqu'au

moment où le père Claude inaugura la journée. Ambroise redevint aussitôt aide-jardinier.

A l'exception du dimanche, tous les jours suivants furent employés de la même manière. Il aurait vraiment été difficile de savoir ce qu'il fallait le plus admirer de la stoïque et infatigable persévérance du maître, ou du courage montré par le disciple, marchant à la conquête de la science sans fléchir entre un pénible labeur et une étude non moins pénible.

Cet état de choses dura une année environ.

Ambroise n'eût pu, au bout de ce temps, passer pour un latiniste de première force; mais il était assez savant pour comprendre ou écrire la langue généralement parlée par les maîtres en médecine et en chirurgie, science qui en était encore à ses notions élémentaires. Quant au grec, il en connaissait parfaitement toutes les racines.

Notre héros avait sans doute fait un grand pas; cependant que de résolution, que de confiance en lui-même il lui fallait encore pour marcher à la réalisation de son rêve de gloire et d'humanité!

— Cher enfant, venait de lui dire la bonne Jeanne Paré, avec une logique et une affection maternelle, qui eussent assurément ébranlé une âme moins forte, moins providentiellement appelée à réaliser de grandes choses que celle d'Ambroise; cher enfant, tu entends et tu parles le latin presque aussi bien, dit-on, que le révérend M. Orsoy; tu es, en même temps, devenu plus habile et plus malin, en fait de jardinage, que le père Claude lui-même : veux-tu entrer dans les ordres comme le chapelain? Il m'a promis de te faire recevoir parmi les novices qui se consacrent au service de l'Église... Ou bien, préfères-tu le métier de jardinier? Nous chercherons à te faire agréer dans quelque château en qualité d'aide principal. Il est temps de tirer parti de ce que tu as appris. Ton père et moi sommes malheureusement trop pauvres pour que tu ne fasses rien de lucratif; nous vieillissons, et peut-être aurons-nous bientôt plus que du mal à gagner notre seule existence. Si tu ne te hâtais de choisir un état, tu serais donc exposé, mon pauvre enfant, à ne plus savoir où trouver le morceau de pain de tous les jours.

En parlant ainsi, la brave femme versait des larmes que les baisers de son fils essuyaient à grand'peine.

— Tranquillisez-vous, ma mère, répondit-il; je redeviendrai chanvrier s'il le faut... ou je me ferai jardinier... Mais je veux dès demain avoir un état, afin que vous puissiez vieillir en paix, et que le souci de mon avenir ne vous arrache plus de larmes.

Ambroise se détacha des bras de sa mère, et, comme ce jour-là était un dimanche, il alla cacher sa peine dans la solitude. Il se sentait non pas découragé ou déçu, mais arrêté encore une fois dans son vol.

Ce mot « un métier » résonna longtemps aux oreilles d'Ambroise comme le glas fatal de ses espérances.

Puis, imitant ces lutteurs qui, près de sentir leur épaule toucher le sol, tentent un effort suprême et souvent victorieux, l'élève du chapelain se raidit contre l'obstacle devant lequel il se débattait en vain. Le feu d'une ardente volonté brilla alors dans ses yeux et y sécha quelques pleurs de dépit.

— Allons, murmura Ambroise, il vaut mieux ramper que ne plus avancer.

Il prit le chemin de la ville, et y entra l'air plus résolu que jamais...

IV

BARBIER!

Lorsque le bonhomme Paré, que l'initiative prise par sa femme avait mis en humeur de faire le maître, demanda gravement à

Ambroise s'il avait fait choix d'un état, celui-ci répondit en souriant à sa mère :

— Pouvais-je manquer de vous obéir et ne pas avoir à cœur de calmer vos inquiétudes ? Permettez-moi donc d'être...

— Clerc ?

— Nullement.

— Alors jardinier ?... Va pour jardinier.

— Mais pas du tout... Je désire être barbier.

— Barbier !

— Si vous le voulez bien.

— As-tu étudié le latin et appris le jardinage pendant un an et demi pour être barbier ? D'ailleurs, il faudrait...

— Oh ! père, j'ai prévu toutes vos objections, et je me suis mis en mesure de leur répondre d'un seul mot : maître Lhuillier consent à me prendre chez lui ; en retour des petits services que je pourrai lui rendre, il s'engage à me nourrir et à me donner trois *écus à la croisette* par année.

— Maître Lhuillier s'est moqué de toi, ou bien il a perdu la tête.

— C'est un homme qui sait fort bien ce qu'il fait, et nos conventions n'attendent plus que votre approbation.

— Bien que je ne comprenne rien à ton nouveau désir, intervint Jeanne, je ne vois pas grands motifs pour que nous t'empêchions de le suivre ; ainsi...

Le bonhomme Paré interrompit sa femme d'un air d'autorité :

— Doucement, madame Jeanne, reprit-il, c'est à moi à prononcer, et je déclare que... je ne trouve aucune raison de m'opposer au dessein d'Ambroise. J'ai fait connaître ma volonté ! Ne m'échauffez plus les oreilles ; je ne rabattrai rien de ce que j'ai dit.

Jeanne et son fils acceptèrent en souriant, et le second en sautant au cou du chanvrier, la conclusion de ce conciliant despote conjugal et paternel.

Nous avons, dans le commencement de ce récit, rappelé à nos lecteurs qu'à l'époque où il se place les barbiers étaient en même temps chirurgiens. On aura donc déjà pressenti la raison du choix fait par Ambroise. Tout en voyant manier, en s'essayant à manier les ciseaux et le rasoir, il allait voir aussi faire, plus ou moins bien, usage de la lancette, du couteau-courbe, du pélican et de quelques autres instruments de chirurgie.

Mais, pour comprendre pourquoi notre héros n'avait pas, tout de suite et sans hésitation, jeté ses vues sur un métier touchant de si près, quoique d'une manière infime, à l'art qu'il voulait étudier, il faut savoir à quelles rudes épreuves son abnégation et son amour-propre allaient être soumis.

Lhuillier avait consenti à le recevoir beaucoup moins à titre de second, d'aide, ou même d'élève, qu'en qualité de valet, de garçon de boutique.

Les premières fonctions qu'Ambroise eut à remplir consistèrent, en effet, à balayer la boutique, à l'entretenir d'eau, à rincer les bassins, à blanchir le linge, repasser les ciseaux, nettoyer les peignes.

Elles occupèrent trois mois de sa vie, pendant lesquels il employa une partie des nuits à continuer ses études.

Ce temps écoulé, un service assez bizarre, qu'il eut occasion de rendre à son patron, fit monter en grade le fils du chanvrier.

Les deux barbiers-chirurgiens dont nous avons parlé en commençant étaient en grande rivalité. Or, le concurrent de maître Lhuillier était près de l'emporter, lorque Ambroise conseilla à ce dernier d'attacher à sa boutique l'appât d'une inscription latine; il s'offrit en même temps à la composer en termes dignes d'un disciple de Gallien. Le barbier jugea l'expédient ingénieux et s'empressa de l'employer; il s'en trouva fort bien. Se disant alors qu'un jeune homme qui savait le latin devait avoir toutes les qualités nécessaires pour raser et tondre convenablement, il mit les ciseaux et le rasoir aux mains d'Ambroise.

Quelques semaines ne s'étaient pas écoulées que le jeune barbier faisait merveille. Les pratiques vinrent et reparurent plus nombreuses que jamais.

Un sentiment de justice et de gratitude, étayé sur la crainte de voir son concurrent lui enlever Ambroise, porta aussitôt Lhuillier à proposer au digne garçon de doubler les quatre *écus à la croisette* qu'il lui donnait par an. L'honnête barbier y gagnait encore cent pour un.

— Ce n'est pas assez, répondit Ambroise.

Lhuillier pâlit.

— Que veux-tu donc? balbutia-t-il.

— Je désire que vous m'appreniez à phlébotomiser et à faire usage des instruments de chirurgie dont vous vous servez. Je souhaite encore assister le plus souvent possible aux opérations que vous irez pratiquer, et vous y aider, dès que je me sentirai assez habile pour cela.

Le barbier respira. Sa figure, qui s'était éclaircie, reprit cependant et presque aussitôt un air de gravité ; il réfléchit quelques instants avant de répondre.

— Tu me demandes là beaucoup de choses, reprit-il ; et si je n'avais pour toi autant d'amitié que j'en ressens, je verrais bien que ce serait faire un marché de dupe.

— Maître Pataille l'accepterait peut-être, lui...

— Pataille est un âne, tu le sais bien ; ne parlons plus de cet écorcheur, interrompit Lhuillier avec une inquiétude qu'il chercha vainement à dissimuler... D'ailleurs, je consens à ce que tu désires... par pure amitié, je te le répète ; mais tu ne peux faire moins que de t'engager à ne pas me quitter de deux années..

Ambroise réfléchit à son tour et répondit :

— Je vous servirai encore pendant une année et aux mêmes conditions...

— Ce n'est pas assez, et je ne saurais consentir...

— Alors, maître Pataille, lui...

— Que la fièvre quarte étrangle maître Pataille... et... et l'affection dont je ne puis me défendre pour toi... qui, au bout de cette année, deviendras peut-être mon concurrent, mon rival, mon ennemi, mon bourreau !

— Soyez tranquille, je vous jure que je n'ai nul désir d'usurper vos droits sur les mentons et sur les têtes que vous gouvernez à Laval.

— Ne nous occupons donc plus de Pataille que pour le culbuter.

Maître Lhuillier tourna les talons en se frottant les mains ; il avait calculé que, si Ambroise se mettait à user de la lancette et du pélican comme il jouait déjà du rasoir et des ciseaux, sa fortune, à lui Lhuillier, serait à peu près faite au bout d'une année !

Et le malin barbier ne devait, en effet, se tromper que de bien peu de chose.

A l'expiration du traité conclu entre nos deux personnages, le coffre-fort de maître Lhuillier était à demi-plein ; sa boutique valait une petite fortune.

L'escarcelle d'Ambroise contenait... deux écus ! Des six qu'il avait gagnés, il en avait donné trois à sa famille, et avait dépensé l'autre pour son entretien.

Il résolut de se mettre bravement en route pour Paris.

Il y arriva huit jours après son départ de Laval, et moins riche de moitié seulement. Ambroise avait fait la route à-pied et couché, la plupart du temps, à la belle étoile.

La misère, qui a détroussé ou assassiné tant de génies, l'attendait à la porte de la grande ville. Il allait devenir sa proie, car, lui aussi, il était un génie!

V

CHIRURGIEN DU ROI.

Le premier soin d'Ambroise avait été de s'enquérir de Jean Chapelain.

La réputation du jeune médecin commençait à se fonder. Un grand seigneur qu'il avait guéri d'un mal jugé mortel venait de l'attacher à sa personne.

Ambroise n'eut donc pas de peine à découvrir la demeure du seul homme sur l'appui duquel il pouvait fonder quelque espérance.

Jean Chapelain.

Déjà il était assez difficile pour un inconnu, qui avait toute la mine d'un pauvre diable, d'arriver jusqu'à Chapelain.

Après deux ou trois essais inutiles, Ambroise, à défaut d'autres arguments, eut recours à la force physique dont la nature et le travail matériel l'avaient doué. Il prit par les épaules le valet qui lui barrait la porte, et entra chez le médecin.

Ce dernier ne reconnut pas, à première vue, notre héros, et lui demanda ce qu'il désirait.

— Vous saluer d'abord, maître. Vous voyez que je suis fidèle au rendez-vous que je vous ai donné, il y bientôt trois ans, lors de votre passage à Laval.

Chapelain examina plus attentivement les traits dont l'intelligence et la noblesse l'avaient jadis frappé, puis il s'écria en ouvrant les bras :

— Ambroise Paré !
Et tous deux s'embrassèrent cordialement.

A leur accolade succédèrent les questions du médecin. Ambroise raconta simplement l'emploi fait par lui des trois années qui venaient de s'écouler.

René de Montejean.

— Ton cœur, répondit Chapelain, est à la hauteur de ton intelligence. Je te présenterai demain à Jacques Goupil, et j'obtiendrai que tu sois, sans qu'il t'en coûte un écu, admis à suivre les cours de médecine qu'il fait au Collége de France... Mais il faut vivre en étudiant. Auras-tu ce qui est indispensable pour cela ?

— J'ai la moitié d'un écu à moi, répondit orgueilleusement Paré.

Chapelain sourit de la naïve confiance de son ami.

— Avant la fin de la semaine, ta moitié d'écu sera dépensée, dit-il. Comment feras-tu?

— Il me restera toujours mes bras, répliqua tranquillement Ambroise. Vous oubliez, maître, que j'ai appris à phlébotomiser et à manier le couteau courbe ; je sais aussi jardiner et raser...

Chapelain admira de nouveau ce courage que nulle difficulté n'arrêtait, nulle épreuve ne lassait, puis il ajouta en souriant :

— Tu es déjà un puits de savoir ; mais n'oublies pas que tu auras toujours une place à ma table et un abri sous mon toit.

Ambroise Paré touchait enfin au but : ses études médicales allaient commencer sérieusement.

Chapelain tint sa promesse : pendant deux ans il soutint de ses conseils, de son influence, grandissant chaque jour avec une légitime réputation, les nobles efforts de l'élève, bientôt distingué entre tous, de Jacques Goupil.

Si notre modeste récit pouvait être autre chose qu'un simple crayon de la lutte que ce génie naissant eut à soutenir, nous aurions à vous dire comment Ambroise Paré, après avoir terminé ses études médicales au Collége de France, fut attaché, en qualité de chirurgien, au maréchal de France, René de Montejean, dans le château duquel notre histoire a commencé, et comment il assista à la campagne d'Italie, qui se termina seulement à la prise de Turin.

Nous devrions vous montrer notre héros recevant au collège Saint-Edme le titre de docteur en chirurgie, digne et juste récompense de plusieurs cures admirables.

Vous le verriez avec nous glorieusement mériter d'être appelé à la cour de Henri II, y devenir le chirurgien ordinaire du Roi, et, plus tard, payer sa dette à Chapelain, en se portant caution de l'innocence du médecin, faussement accusé d'avoir voulu empoisonner Charles IX.

Il y aurait encore bien de grandes et glorieuses choses à citer dans la vie de celui que l'on a justement surnommé *le père de la chirurgie*, du génie bienfaisant auquel la ville de Laval a élevé une statue, du célèbre praticien qui a pu dans une heure de triomphe sur la nature et de sublime modestie, diviniser en quelque sorte la science dont il est resté l'honneur, la diviniser, disons-nous, par cette réponse inscrite sur le socle de sa statue :

« *Je le pançai, Dieu le gary.* »

JULES ROSTAING.

DU CHIFFRE TITULAIRE DE QUELQUES ROIS DE FRANCE

Il y a des gens patients qui s'en vont se livrant sur tout sujet à des calculs parfois intéressants. Un d'entre ces érudits a remarqué qu'en additionnant les chiffres qui composent l'année de la naissance ou du décès de quelques-uns des rois de la troisième race, on trouvait dans le résultat de chaque addition le chiffre titulaire de chaque prince. Ainsi :

Louis IX naquit en 1215 : additionnez les quatre chiffres de cette date, et vous aurez 9 ou IX, chiffre titulaire du saint roi.

```
    1
    2
    1
    5
   ---
    9
```

Charles VII, dit le *Sage*, naquit en 1402. Additionnez, vous trouvez 7 ou VII.
Louis XII, le Père du peuple, né en 1461. Ces chiffres donnent 12 ou XII.
Henri IV, mort en 1610.

```
    1
    6
    1
    0
   ---
    8, c'est-à-dire deux fois 4 ou IV.
```

Louis XIV, devient roi en 1643.

```
    1
    6
    4
    3
   ---
   14 ou XIV.
```

Il meurt en 1715.

```
    1
    7
    1
    5
   ---
   14 ou XIV.
```

Il était âgé de 77 ans.

```
    7
    7
   ---
   Encore 14 ou XIV.
```

GUIGNOL

A la Comédie française

C'est peut-être parce que je m'appelle Guignol que je me plains de la monotonie du répertoire de la Comédie française. Il est impossible de la fréquenter pendant six mois, — excepté dans les occasions où l'on trouve des *Duc Job* et des *Giboyer*, — sans être frappé de ce défaut.

Mais j'ai fait des réflexions. Pour donner au répertoire du Théâtre-Français la variété qui lui manque, et que réclament impérieusement le goût public aussi bien que les intérêts de MM. les comédiens, il faudrait de bons auteurs nouveaux, de même que pour faire un civet il faut toujours un lièvre.

L'administrateur actuel, M. Édouard Thierry, est éclairé assez brillamment pour composer le répertoire de façon à contenter les hommes purement sérieux et les hommes lettrés; il connaît l'histoire de notre pays, il n'a pas besoin de nos conseils, il trouve dans son savoir personnel tous les renseignements nécessaires à l'accomplissement de ses fonctions. Mais il ne peut faire que nos auteurs dramatiques contemporains soient des hommes de génie ; il n'est pas donné à M. Thierry de créer une armée de poëtes en frappant du pied la terre, comme Pompée. Ce qu'il a à faire, et c'est son droit et son devoir, c'est de choisir parmi les œuvres des morts illustres celles qui se recommandent par des beautés éternelles, par l'analyse et la peinture des sentiments, par l'expression des grandes passions. Un semblable choix, croyons-nous, n'a rien d'hostile pour les poëtes contemporains.

Si je demande, moi Guignol, que le répertoire du XIXe siècle soit représenté si souvent, ce n'est pas que le présent me semble appelé à reproduire le passé; mon opinion est que Corneille et Racine, revenus parmi nous, ne referaient pas les œuvres qu'ils nous ont laissées; mais c'est que je vois dans les œuvres applaudies par chaque génération un contrôle et un conseil pour celles qui se font sous nos yeux. Il y a dans ces monuments glorieux des qualités que le temps ne peut effacer, des qualités qui relèvent directement de la nature même de l'humanité, et qui n'ont rien à démêler avec le culte ou le mépris des unités aristotéliques.

Tout cela est bien, et je ne crois pas avoir à redouter le reproche d'injustice envers la réforme dramatique, en disant que l'ancien répertoire ne saurait être jamais trop suivi ; je prends, ou plutôt j'essaie de prendre notre théâtre moderne au sérieux, je ne cherche pas à le décourager, et même je ne veux craindre pour lui le voisinage d'aucune gloire.

Mais, quelle que soit la valeur de l'ancien répertoire de la France, on ne devrait peut-être pas s'en tenir obstinément au répertoire national. Voilà mon idée.

On devrait puiser hardiment dans le répertoire des théâtres étrangers ; on devrait populariser définitivement parmi nous les œuvres dont se glorifient l'Espagne, l'Allemagne et l'Angleterre. Sans doute, je ne conseille pas à MM. les comédiens de produire sur la scène française toutes les pièces dramatiques de Lope de Vega, de Calderon, de Shakspeare, de Marlowe, de Schiller ou de Goëthe ! Une pareille tentative serait tout simplement une absurdité ; foi de Guignol, elle ne peut convenir qu'à une nation née d'hier, comme l'Amérique, par exemple, si l'Amérique est une nation, et au cas où elle consente à jouer le drame autrement qu'elle ne le joue depuis deux ans.

M'est avis que nous pouvons, sans honte, demander à l'Espagne, à l'Allemagne et à l'Angleterre, qui nous demandent tant de choses, une trentaine de poëmes dramatiques. Cette hospitalité généreuse sera bientôt récompensée. Les applaudissements de l'auditoire ne manqueront pas aux interprètes du répertoire étranger. La représentation des ouvrages encore inconnus de Shakspeare, de ceux de Schiller et de Calderon, excitera parmi les poëtes contemporains de la France une émulation féconde, et dans le parterre du Théâtre-Français une opulente souscription.

Outre le plaisir et l'instruction qu'elle offrirait au public, la représentation du répertoire étranger aurait encore un autre avantage : elle imposerait silence aux plaintes des auteurs contemporains. Dès qu'ils verraient sur la scène française les œuvres des maîtres illustres qu'ils se donnent pour aïeux, les régénérateurs de notre théâtre n'oseraient plus incriminer la représentation de *Cinna* et de *Britannicus* comme un acte d'hostilité.

Le jour où Schiller et Shakspeare seraient sérieusement naturalisés parmi nous, à un sérieux théâtre comme le Théâtre-Français, l'école nouvelle perdrait le droit d'imputer à l'ignorance de l'auditoire la tiédeur de l'accueil fait à tant d'ouvrages nouveaux.

Il va sans dire que je demande la représentation littérale du répertoire étranger ; car la représentation littérale peut seule offrir au public un utile enseignement. Une fois entrés dans la voie des retranchements et des modifications, où s'arrêteraient les traducteurs ? Leur goût personnel serait une garantie bien insuffisante. Il faut traduire ou inventer ; l'imitation est un travail boiteux qu'on ne saurait trop sévèrement proscrire.

Quant aux comédiens eux-mêmes, qui se claquemurent généralement dans une douzaine de rôles, ils trouveraient dans la représentation du répertoire étranger des leçons fécondes qu'ils demanderaient vainement soit à l'ancien, soit au nouveau répertoire de la France. Les rôles tracés par Shakspeare, par Schiller, par Calderon, ont une ampleur et une variété que Corneille n'avait pas entrevues, et que la tragédie française répudie. Gustave Planche disait même que cette ampleur et cette variété, qui distinguent Calderon, Shakspeare et Schiller, n'ont encore été montrées jusqu'ici, par nos poëtes contemporains, que dans leurs manifestes et leurs préfaces.

Charles COLIGNY.

LE CHAPEAU DU PRÉSIDENT

(Mœurs russes.)

II

(Suite et fin.)

La taverne du *Tzar Pierre* était située au premier, dans une maison de bois, comme il y en a tant à Pétersbourg.

Plusieurs cabinets de société, selon la mode anglaise et française, avaient leur porte d'entrée donnant sur un corridor à peu près noir.

L'intérieur de la taverne, en général, ne manquait pas de *comfort*.

Tout y était assez bien tenu : on ne voyait pas grouiller trop de vermine sur les siéges, et les insectes n'y avaient pas établi une multitude de nids.

Cela pouvait passer pour propre, — aux yeux des Russes qui n'ont guère de préjugés à l'endroit de la malpropreté ; — le matériel n'exhalait pas une odeur trop désagréable.

On se restaurait convenablement dans cette taverne, où les amateurs de la cuisine occidentale pouvaient se régaler en dépensant une couple de roubles.

L'hôtelier se faisait remarquer par sa bonne mine, et il vivait en fort bonne intelligence avec la police impériale, dont quelques affidés inférieurs l'honoraient parfois de leur visite.

Quatre heures allaient sonner. Le plaideur et le magistrat se dirigeaient certainement, chacun de leur côté, vers la taverne, lorsqu'un officier de gendarmerie, ouvrant la porte du salon principal, demanda à parler à l'hôtelier.

Celui-ci se présenta tout éperdu, craignant déjà le knout ou du moins le châtiment du fouet. Il avait plus d'une peccadille sur la conscience. Or, à Pétersbourg, le moindre péché véniel vous expose à périr sous le bâton.

La vue d'un affidé de la police secrète l'épouvantait.

— Hé ! hé ! fit l'officier de gendarmerie, c'est bien toi qui diriges la taverne du *Tzar Pierre?*

— Oui, c'est moi, très-honorable général.

Au mot de général, l'officier se rengorgea.

Il continua :

— Tout à l'heure deux hommes vont venir dîner chez toi...

— Ils seront très-bien servis, général.

— Ça m'est égal, et ça ne me regarde pas, répondit fort peu aimablement l'officier...

L'hôtelier salua, autant que la flexibilité de son épine dorsale put le lui permettre ; le ton de son interlocuteur lui commandait un respect tout moscovite, accompagné du mutisme absolu.

— Je suis envoyé ici par monseigneur le comte de Benkendorff... pour surveiller les deux individus qui vont venir... On compte sur ta discrétion et ton habileté...

— Je me mets aux ordres du très-vénéré chef de la police, et je ferai tout pour...

— Silence ! exclama l'officier... silence... Tu vas me placer dans un cabinet adjacent à celui que tu offriras à tes hôtes... Tu fermeras la porte de ce cabinet secret, et au signe du noble Grotnoï, tu me viendras avertir... J'ai dit... Fais ton devoir.

Aussitôt l'hôtelier obéit.

Des bruits de pas s'étaient fait entendre. L'officier de gendarmerie se cacha dans un cabinet qui lui fut indiqué, et les deux commensaux en question furent introduits à côté de ce cabinet, dont l'ouverture était pratiquée dans la cloison de bois.

Un magnifique dîner parut. Le plus beau sterlet en fut le principal ornement et ne tarda pas à émouvoir la fibre gastronomique du juge qui, resté seul, pendant que Grotnoï triomphant allait demander tout bas à l'hôtelier si quelqu'un les avait précédés dans la taverne, en se déclarant envoyé par le comte de Benkendorff, considéra avec attention les plats déjà servis et les dévora du regard.

— Monsieur, dit néanmoins le président du tribunal civil à Grotnoï, qui rentrait, il faut avant toute chose terminer complétement notre affaire.

Il gardait son sang-froid ; il pensait au but sérieux du repas.

— Après le dîner, après le dîner... répliqua le plaideur.

— Oh ! non... à l'instant même... Il faut que les affaires marchent avant le plaisir.

— Mais *votre bonne naissance* doit avoir l'appétit fort aiguisé par la longue course qu'elle a faite pour se rendre de sa demeure en cette taverne... Dînons d'abord, et après nous achèverons de conclure notre marché.

— Je ne l'entends pas ainsi...

En frappant son pouce et son index, le magistrat fit comprendre à Grotnoï que la transaction pécuniaire devait précéder la récréation gastronomique.

— Pourquoi m'entêterais-je à ce propos ? pensa le pauvre noble... Que le flagrant délit ait lieu avant ou après le dîner, cela importe peu... C'est un détail...

Quant au juge, il souriait malignement. Son œil suivait tous les mouvements de Grotnoï, et l'espérance de palper bientôt « le prix de sa bienveillance » le transportait au paradis... Il s'agissait d'une somme bonne à prendre et bonne à garder.

— Est-ce que vous ne voulez pas remplir nos conventions ? demanda-t-il aussi bas que possible, avec un ton de reproche.

— Pardonnez-moi... J'ai promis à votre *haute naissance* de lui donner dix mille roubles, et je tiendrai religieusement ma promesse, fit Grotnoï en élevant un peu la voix.

— Chut ! observa le magistrat russe. Ici les murs sont de bois : ils pourraient avoir des oreilles, des yeux même... Procédons avec prudence... et en secret.

A ces mots, dits sans trop d'intention par son hôte, Grotnoï, craignant que celui-ci ne conçût quelques soupçons et ne se mît à fureter autour du cabinet où le dîner était servi, s'empressa d'obtempérer aux désirs du cupide magistrat.

Il lui remit un petit rouleau de billets de banque.

— Je vous remercie, dit le juge avec le ton de la plus exquise politesse, et comme s'il s'agissait là d'une action très-loyale et très-naturelle... L'affaire est arrangée.

En même temps, il compta les billets, après les avoir attentivement examinés.

Puis, de plus en plus calme et grave :

— Le compte y est bien, dit-il... J'aime l'exactitude... par état... Les poids justes conviennent aux balances de la justice.

Et il déposa le rouleau de billets de banque dans son chapeau qu'il avait placé sur son banc, à côté de lui.

Mais ce n'était pas tout à fait ce qu'attendait le plaideur.

Grotnoï avait assuré au chef de la police « qu'il ferait retrouver les billets sur la personne du président. »

Or, ils n'étaient qu'*à côté* de la personne ; et si en ce moment eût paru l'officier de gendarmerie, Grotnoï passait pour un calomniateur ; car chez les Russes, la forme emporte le fond, et l'on tient moins à l'esprit qu'à la lettre, lorsqu'on expédie un ordre ou lorsqu'on exécute une loi.

Dans l'espoir que son hôte finirait par mettre l'argent en sa poche, le pauvre noble différa de donner le signal convenu avec l'agent de police.

— Ne laissez pas traîner comme cela une si forte somme... dit-il au juge ; serrez-la dans votre poche... Votre *bonne naissance* pourrait être volée par un des domestiques de la taverne, dit Grotnoï au juge.

— N'ayez aucune crainte, reprit celui-ci... La somme est bien là... Je la prendrai au moment du départ.

De guerre las, le plaideur renonça pour un temps à conseiller l'encaissement des dix mille roubles au rusé magistrat, qui tout joyeux, s'écria :

— Maintenant, dînons. Buvons le kwas et mangeons le sterlet.

— Dînons, répéta un peu tristement Grotnoï.

On servit. Les plats se succédèrent, et le juge eut un appétit vorace qui fit honte à celui du plaideur inquiet.

Les convives absorbèrent une notable quantité de kwas, c'est-à-dire d'eau acidulée par la farine de seigle ou par un peu de miel.

Déjà le dîner tirait à sa fin ; déjà l'officier de gendarmerie s'impatientait dans sa cachette, et l'hôtelier attendait le signal pour avertir son hôte secret, lorsque soudain s'ouvrit la porte du cabinet de société où nos deux commensaux se restauraient si copieusement.

Un jeune homme parut, haletant, qui salua à peine, et exclama en entrant :

— Ah ! mon cher oncle ! quel bonheur pour moi de vous trouver ici !... Il y a une heure au moins que je vous cherche... J'ai parcouru tout Pétersbourg... Ouf !

III

Le neveu du magistrat était charmant de sa personne, blond, vif, alerte, plein d'entrain; c'était un Russe de la fine espèce.

Grotnoï considéra de la tête au pied cet importun, qui venait certainement déranger à son insu les plans si bien concertés entre le plaideur et le comte de Benkendorff, qui tombait là comme une bombe.

— Salut à vos honneurs ! dit allègrement le jeune homme, après avoir soufflé et repris son assiette.

— Ah ! çà... que viens-tu faire dans cette taverne ? demanda le juge avec un air de mécontentement visible...

— Ce que je viens faire !...

— Oui... pourquoi me relancer jusqu'en ce lieu de repos et de bonne chère ?... Que diable !... il y a temps pour tout... Je ne veux pas mourir à la peine !... Qui t'amène ?...

— Mon cher oncle, je suis essoufflé comme un courrier impérial qui a crevé une demi-douzaine de chevaux...

— Assieds-toi alors, et parle, dit le juge en paraissant se radoucir.

Le nouveau-venu joua de plus en plus l'empressé, et fit d'abord mine de s'asseoir ; puis, se ravisant :

— Non, dit-il, ma tante me gronderait... Elle m'a tant recommandé la promptitude !

— Voyons, reste debout, et parle... De quoi s'agit-il ?

— D'un message très-important, qui ne peut souffrir aucun retard.

En effet, Grotnoï vit le jeune homme présenter au magistrat une large lettre, sous enveloppe, cachetée, scellée comme les plis officiels.

— Vous permettez?... demanda le juge à son amphitryon.

— Votre *bonne naissance* peut agir à sa guise, répondit fort humblement Grotnoï, déguisant bien sa colère concentrée.

Le président du tribunal civil mit ses lunettes, toussa, cracha fort doctoralement, et lut tout bas la missive que son neveu avait déclarée de la dernière importance.

Après la lecture :

— Monsieur, dit-il avec gravité à Grotnoï, ma femme, dans cette lettre, m'annonce que je suis attendu avant une heure au tribunal civil, pour affaire pressante...

— Ah! fit le pauvre noble, pouvant à peine dissimuler sa joie subite, lui qui, un moment auparavant, avait si habilement déguisé sa colère, ah! je ne vous retiens pas!... Je m'en garderais bien.

— Mon neveu, continua le magistrat, s'adressant au jeune homme, vous me connaissez pour être consciencieux... Je vais me rendre à mon devoir, aussitôt que j'aurai pris la tasse de thé que mon aimable amphitryon a commandée... Courez vers votre tante, aussi vite que vous êtes accouru vers moi... Allez... avant une heure, je siégerai au tribunal.

Cet ordre n'admettait pas de réplique.

Le jeune homme s'éloigna avec la rapidité d'un trait.

En ce moment, Grotnoï avait les yeux sur la porte du cabinet où était renfermé l'agent de police.

Quand le magistrat eut terminé la lettre, quand l'hôtelier eut apporté le thé, Grotnoï redoubla de déférence envers son invité.

Il paya très-généreusement le dîner.

— Vous partez? demanda-t-il au magistrat, qui semblait s'apprêter à se lever de table.

— Non, pas encore, répondit très-placidement le président du tribunal civil... J'ai encore une demi-heure devant moi... On n'abandonne pas de gaieté de cœur un homme tel que vous...

Pour le coup, Grotnoï n'y tint plus. Il se croyait assis sur des charbons ardents; combien le dénoûment de cette aventure se faisait attendre !

Son invité ne paraissait pas pressé de sortir.

Et, ce qu'il y avait de plus désagréable, il ne mettait pas son chapeau, ce chapeau qui devait faire trouver les dix mille roubles « sur la personne du prévaricateur. »

Mais enfin le moment suprême arriva.

— Cher monsieur, dit le juge, je vous félicite sur votre manière de traiter votre monde, et si, plus tard, vous avez quelque procès introduit en justice, je vous recommanderai à celui de mes collègues qui sera chargé de le juger.

— Mille grâces à votre *bonne naissance*, répondit Grotnoï.

Le magistrat se leva, se couvrit, et se dirigea vers la porte.

Aussitôt Grotnoï, ayant exécuté un certain mouvement, l'hôtelier, qui était présent, siffla entre ses dents blanches.

C'était le signal. L'officier de gendarmerie sortit de sa cachette, et, s'adressant au juge :

— Au nom de l'empereur, et par ordre de M. le comte de Benkendorff, je vous arrête! dit-il, d'un ton d'inquisiteur.

— M'arrêter! répondit avec calme l'invité de Grotnoï... Et quel motif?... je suis président du tribunal civil.

— J'ai ordre d'opérer sur votre personne une visite rigoureuse, répliqua l'agent de police, et je vais y procéder moi-même... Laissez-moi agir sans opposer de résistance...

— Oh! oh! il n'est pas besoin de tant de cérémonie! s'écria aussitôt Grotnoï avec exaspération... Oh! ne vous donnez pas la peine de le fouiller... Vous trouverez, je vous en réponds, les billets de banque dans son chapeau... Otez-lui donc son chapeau... ôtez...

A ces mots, le président n'attendit pas une nouvelle injonction de l'officier; il sourit encore plus malignement qu'il ne lui était arrivé de le faire pendant le copieux repas payé par le plaideur, et il se découvrit sans hésiter.

Le chapeau était vide !

Qu'on se figure la stupéfaction du pauvre noble, et l'air méprisant que se donna alors le juge, qui l'emportait sur son accusateur.

— Fouillez-moi, monsieur l'officier, je l'exige, — ordonna-t-il en jetant sur Grotnoï un regard d'indignation... Fouillez-moi!... il faut mettre au pied du mur les calomniateurs... il faut que l'empereur sache à quoi s'en tenir sur ses fonctionnaires.

— Votre *bonne naissance* exige... reprit l'agent de police.

— Oui, absolument... j'en ai le droit... je le veux... faites.

Grotnoï tremblait de colère... Comment !... les billets de banque n'étaient plus dans le chapeau! comment !... le juge les avait donc empochés!... c'était inexplicable!... c'était diabolique!... Bien sûr, malgré son assurance, le juge allait se voir prendre en flagrant délit...

Après avoir fouillé, l'officier de gendarmerie déclara que l'accusation avait porté à faux, et que l'innocence du juge éclaterait au grand jour.

Le malheureux Grotnoï !... il perdit sa cause le lendemain, et de plus, comme il n'avait pas fourni son dépôt, il fut obligé de restituer les dix mille roubles fournis par la police.

Sa ruine totale, sans pareille, lui prouva qu'il y a « des juges à Pétersbourg, » et que la raison du plus rusé est souvent la meilleure.

IV.

Jamais tour de chapeaux, exécuté par le plus habile prestidigitateur, n'avait mieux réussi.

Faut-il l'expliquer ? faut-il apprendre au lecteur par quels moyens le juge prévaricateur avait obtenu cet excellent résultat ?

Voici le fait, qui retrace une scène des mœurs russes, et dont l'authenticité est complète.

Le comte de Benkendorff avait plusieurs hauts acolytes.

L'un d'eux, ayant eu connaissance de la convention qui était intervenue entre le chef suprême de la police et Grotnoï, pour arriver à prouver la culpabilité du magistrat incriminé, se rendit chez celui-ci, et, moyennant une gratification assez grasse, le prévint de tout ce qui allait se passer et du danger extrême qui le menaçait.

Ainsi secrètement averti, le magistrat avait fait la leçon à sa femme et à son neveu, et joué au plus fin avec Grotnoï.

Lors de la visite du jeune homme à son oncle, dans la taverne du *Tzar Pierre*, les chapeaux avaient été fort habilement changés, et les dix mille roubles en billets de banque « ne se trouvant plus sur la personne » du magistrat, avaient été mis en sûreté.

Le neveu avait on ne peut mieux aidé l'oncle.

Qu'on ne s'étonne pas de pareilles actions commises dans un pays où les malversateurs fourmillent, où les ruses destinées à servir la cupidité de tous les fonctionnaires atteignent le sublime du genre.

Rien n'égalait, dans aucun gouvernement de l'Europe, les friponneries déguisées, burlesques même, des serviteurs du tzar Nicolas. On cite notamment celle d'un colonel d'artillerie qui, chargé de vérifier la fourniture d'un certain nombre de caissons et de boulets fabriqués pour le compte de l'empereur de Russie dans une fonderie particulière de Pétersbourg, reçut de l'argent pour placer un de ses subordonnés à la porte d'une cour, avec ordre de noter le chiffre des charretées qui en sortaient. A mesure que les charretées défilaient devant lui, on les faisait rentrer par une porte de derrière pour passer de nouveau sous ses yeux, — absolument comme cela a lieu dans les effets de personnel employés au Cirque, lorsque le défilé d'une armée s'opère devant les spectateurs et que les figurants, courant bien vite derrière la toile de fond, passent jusqu'à vingt fois sur la scène.

AUGUSTIN CHALLAMEL.

CURIOSITÉS HISTORIQUES

SURNOMS RELATIFS A CERTAINES VILLES

Bien avant le xve siècle, les habitants de la plupart de nos villes de province avaient reçu des sobriquets malins. Quelquefois on s'en sert encore tout en ignorant leur origine ancienne. Nous en réunissons une certaine quantité par ordre alphabétique ; on disait :

Les *buveurs* d'Auxerre, — les *jureurs* de Bayeux, — les *chats* de Beaugency, — les *ânes* de Beaune, — les *vilains* de Beauvoisis, — les *esturgeons* de Blaye, — les *pelletiers* de Blois, — les *aloses* de Bordeaux, — les *écuyers* de Bourgogne, — les *roussins* de Bretagne, — les *usuriers* de Cahors, — les *chevaliers* de Champagne, — les *sèches* de Coutances, — les *champions* d'Eu, — les *harengs* de Fécamp, — les *chiens* de Flandres, — les *anguilles* de Melun, — les *usuriers* de Metz, — les *ânes* de Meung, — les *biquets* de Mondoubleau, — les *lamproies* de Nantes, — les *guépins* d'Orléans, — les *chanteurs* de Sens, — les *niais* de Sologne, — et enfin les *grenouilles* de Vendôme.

Les villes d'Italie avaient aussi presque toutes leur surnom, très-flatteur par exemple :

BOLOGNE la Grasse, — FLORENCE la Belle, — GÊNES la Superbe, — LUCQUES l'Industrieuse, — MILAN la Grande, — NAPLES la Gentille, — PADOUE la Docte, — RAVENNE l'Antique, — ROME la Sainte, — et VENISE la Riche.

LA DOT D'UNE JEUNE FILLE RUSSE
AU XVIIe SIÈCLE

Il faut croire qu'en Russie, à cette époque, les richesses n'étaient pas totalement absorbées par les hautes classes, et qu'il se trouvait parmi le peuple des fortunes qui permettaient d'établir les enfants avec une certaine somptuosité.

En 1669, la veuve d'un nommé Tchirikof, simple plébéien, maria sa fille au Stolnik Chérémetef. Indépendamment de plusieurs terres, d'une maison à Moskou et de plus de deux cent-cinquante maisons de paysan, situées dans diverses provinces, cette bonne mère, qui jouissait d'une aisance assez respectable, donna à la jeune mariée :

1° Huit images de Notre-Seigneur, de la Vierge et de saint Nicolas, enchâssées en argent et vermeil, et enrichies de diamants et de rubis ;

2° Plusieurs croix également ornées de pierres précieuses ;

3° Des colliers de rubis et de diamants ;

4° Des émeraudes et des perles ;

5° Des bonnets ou mitres, garnis de grenats et autres pierres ;

6° Des boucles d'oreilles de diamants, de rubis, d'émeraudes ;

7° Des chaînes d'or garnies de diamants, avec des croix ;

8° Nombre d'habits de dessus et de dessous, en velours, en satin, en taffetas, garnis de martre zibeline, de diamants, de boutons de vermeil, de dentelles ;

9° Des ustensiles de toilette, des tasses, coupes, etc., le tout en vermeil ;

10° Des souliers et des bottines de satin et de velours, richement travaillés en or ;

11° Un grand lit de damas rouge à fleurs d'or, une couverture de satin brodée en or, garnie de martre zibeline, et un autre lit plus petit de damas jaune, avec la couverture de satin de Perse ;

12° Enfin dix chemises de mousseline, trente chemises de toile et trente draps.

Cette mère opulente ne savait pas écrire !... Ce fut son frère qui signa pour elle le contrat.

LES VACANCES

DE LA FILLE DU MAJOR

II

LE RÉCIT. *(Suite et fin.)*

Le lendemain, mon père s'en alla racontant partout mon trait de courage, et comme quoi j'avais sauvé la vie à deux jeunes officiers. Mais ce n'était pas de cela qu'il s'agissait : j'étais menacée de la soirée du colonel, et obligée d'improviser une toilette laborieuse. Vous ne connaissez pas ces embarras, vous autres enfants du jour dont on se plaît à caresser l'amour-propre par la recherche excessive des parures; vous qu'on fait mondains à l'âge où vous ne devriez pas même soupçonner le monde. Tout me manquait. Par bonheur notre hôtesse déploya un dévouement parfait, et la digne Espagnole mit à ma disposition tous ses chiffons, à savoir : une robe de mousseline blanche festonnée en rouge et mesurant un mètre à la ceinture ; des souliers de satin rose larges comme des bateaux, et qui, par leur vétusté, accusaient d'anciens et nombreux boleros; une résille écarlate agrementée de filigranes ; une parure de corail; un éventail indigène, et enfin, la fameuse mantille nationale pour faire mon entrée.

J'étais passablement embarrassée à l'idée d'endosser ce costume andaloux, quand mon père tomba comme un ouragan au milieu de ces apprêts de toilette excentrique.

— Qu'est-ce que cela? s'écria-t-il, en fronçant les sourcils. Sommes-nous en carnaval? Depuis quand une jeune fille s'habille-t-elle comme une duègne de théâtre?

Sans prendre garde à la grimace que fit madame Romero, il continua ainsi :

— La robe blanche, passe encore, en la fronçant à la vierge, mais quant au reste, supprimé. Une coiffure naturelle... et la beauté du diable...

Ce fut un voltigeur du régiment, gascon d'origine, artiste capillaire, qui fut chargé de me friser et de me pommader.

— Vois-tu, ma fille, disait mon père présidant à cette opération délicate, les militaires sont bons à tout. On trouve dans le 30ᵉ de ligne des talents en tout genre : musiciens, maîtres d'armes, barbiers, tailleurs, cordonniers, menuisiers, horlogers, jardiniers, maçons. C'est pourquoi, en campagne, le soldat français a tant de ressources en lui-même. Chacun apporte son industrie ; avant d'être conscrits, ils avaient tous un état. A Maubeuge, par exemple, on avait engraissé à la caserne un descendant du compagnon du grand saint Antoine. Quand il fut question de changer de garnison, l'on décida de tuer l'animal plutôt que de l'emmener, d'étape en étape, à la tête du régiment. Je me préoccupai de la manière dont il serait expédié. Oh bien ! oui, il se trouva à point nommé dix bouchers, dix charcutiers qui confectionnèrent instantanément hure, pieds, saucisses, boudins ; et je pus juger par moi-même que Véro-Dodat n'aurait pas fait mieux.

Oh ! comme je me sentais tremblante quand je fus au moment de partir ! Si j'avais osé, j'eusse prétexté un bon mal de tête, et une tasse de tisane solitaire eût été pour moi un régal plus agréable que les rafraîchissements promis. Mais je savais combien le major avait à cœur de me faire connaître à son supérieur. Je ne pouvais donc échapper à cette épreuve redoutable.

J'entre dans un salon, au premier étage, place de l'Estrapade. J'avais le vertige. Je distinguai confusément des messieurs raides dans leur uniforme, et des dames assises les unes contre les autres.

et pour la plupart attifées sans goût avec un mélange des couleurs les plus criardes.

— Colonel, dit mon père en me tirant de force au milieu du cercle, je vous présente une élève de la Légion d'honneur, cette enfant dont je vous ai si souvent entretenu et que vous voulez bien accueillir avec bonté, ainsi que madame.

Je n'eus certes pas à me plaindre de l'intérêt général. Toutes ces dames m'entourèrent en m'encourageant. Il est vrai que j'en entendis quelques-unes dire avec compassion : « Pauvre petite! comme elle est naïve! » Mais mon embarras cessa lorsqu'une toute charmante demoiselle, la nièce du colonel, vint me prendre par la main et s'empara de moi.

Combien j'aurais été heureuse de passer ainsi toute la soirée dans mon coin!

Je me rassurai peu à peu, et en observant, j'aperçus à l'extrémité du salon le jeune lieutenant que nous avions évité la veille, au Jardin des Plantes. Je le regardai avec curiosité et cherchai des yeux son petit chien. J'en parlai à mademoiselle Mélanie. Le jeune homme vit notre attention se porter sur lui et il s'approcha pour saluer la nièce du colonel.

— Avez-vous amené Fédor? lui demandai-je tout bas.

— Vous savez donc le nom de mon chien, mademoiselle? c'est beaucoup d'honneur pour lui.

— J'aurais bien voulu juger de ses petits talents de société.

— Justement, je ne puis le conduire en société parce qu'il est fort mal élevé.

— On m'a pourtant dit que c'était un savant.

— Oui, mais il a un grand défaut.

— Lequel?

— Celui de... de lever un peu trop souvent la patte.

— Lever trop la patte? repris-je sans comprendre, c'est donc un de ses tours charmants?

— Un très-vilain tour, au contraire, qu'il me joue souvent malgré les coups de cravache.

— Oh! méchant, vous frappez ce pauvre Fédor pour l'instruire.

Décidément mon embarras obscurcissait mon intelligence, et mon regard interrogeait encore.

Le lieutenant, en souriant, se pencha alors à mon oreille et me donna l'explication.

Vous ne sauriez croire l'indignation avec laquelle j'accueillis cette confidence un peu sans-gêne. Je devins cramoisie, et de grosses larmes roulèrent dans mes yeux. Cela prouvait qu'on me traitait en petite fille, moi qui me figurais être déjà un personnage.

Sur ce, le lieutenant s'éloigna, et mon père qui de loin avait observé cet *à parte*, s'approcha pour savoir de quoi il s'agissait.

Je ne pouvais parler. Pour rien au monde je n'eusse osé répéter cette conversation, et je me contentai de dire entre mes dents :

— L'impertinent, il m'a manqué de respect.

Heureusement, mon bon père avait l'oreille un peu dure et il n'entendit pas mon exclamation de dépit ; sinon, il aurait pu en résulter une affaire désagréable.

Puis, comme il était impatient de faire montre de mes talents :

— Voyons, ma fille, dit-il tout haut, puisque tu apprends la musique et que tu as une jolie voix, il faut, sans te faire prier, donner un petit échantillon de ton savoir-faire. On sera indulgent pour ton inexpérience. Chante-nous la ballade de la *Dame Blanche*.

Chanter, grand Dieu ! je me sentais plutôt l'envie de pleurer. Je devins rouge comme une cerise, et balbutiai que cela m'était impossible.

— Impossible ? répéta mon père ; ce mot-là n'est pas français.. Voyons, nous écoutons.

Obligée de m'exécuter et n'ayant pas le secours de l'accompagnement, je me plantai droite au milieu du salon et ouvris la bouche..... Mais ce fut en vain que j'essayai de tirer un son ; la peur me paralysait le gosier. La maîtresse de la maison et sa charmante nièce Mélanie vinrent à mon secours, en dépit des récriminations de mon père.

— Qu'avez-vous donc, major ? demanda le colonel ; vous ne trembliez pas ainsi au siége d'Anvers.

— Ah ! c'est que les enfants sont plus taquinants que la mitraille.

Les regards foudroyants de mon père me rendirent tout à coup la voix. Mais au refrain de la ballade :

> » La Dame blanche vous regarde,
> La Dame blanche vous entend. »

Au lieu de filer le son, je jetai un regard sur une glace en face de moi et me voyant si ridicule, je perdis toute contenance et éclatai en sanglots.

Mon père alors, pour réparer ma sottise, changea tout à coup de tactique.

— Laissons là cette petite sotte, dit-il. Si vous le permettez, colonel, je vais chanter à sa place, ma guitare est dans l'antichambre.

Et le voilà qui, avec une voix mâle et douce à la fois, se mit à entonner le couplet suivant :

> De la franchise militaire
> Pour me conduire j'ai fait choix ;
> Je sors de la ligne vulgaire
> Et suis un vrai soldat parfois.
> Méprisant les traits de l'envie,
> Vivant de peu, toujours content,
> Je vais mon chemin dans la vie
> Tambour battant. (*bis*.)

J'ai oublié le reste de la chanson ; mais je sais qu'elle finissait en disant qu'il « faut mener les femmes tambour battant, » et cela ne contribuait pas à calmer mes craintes d'être grondée.

Après la musique, mon père passa aux tours d'escamotage, dans lesquels il excellait. Mais ces talents de société qui le faisaient rechercher et applaudir me semblaient à moi ridicules et contraires à sa dignité. Dans mon petit cerveau, je m'imaginais qu'on ne pouvait amuser les autres sans être soi-même un baladin de profession. C'est ainsi que les enfants s'étonnent volontiers, se formalisent même, de la gaieté d'esprit de leurs parents.

On n'était pas tellement occupé des tours de cartes et du va-et-vient de la muscade, qu'il ne régnât dans le salon une certaine agitation dont je ne me rendais pas compte, et où je voyais seulement un air de moquerie à mon égard. Les officiers chuchottaient dans l'embrasure des fenêtres ; de temps en temps le colonel se joignait à eux, et sa femme s'éventait fortement, comme si elle était sous le coup de quelque souffrance morale. Mademoiselle Mélanie qui, depuis mon explosion de larmes, n'avait pas cessé de me prodiguer ses assurances amicales, remarquait aussi l'agitation de sa tante.

— Je crois bien, me dit-elle, que je suis le sujet de tout ce tourment. Vous saurez, ma chère, qu'on m'a demandée en mariage, et qu'une telle décision est une grande affaire pour ma famille. Car le prétendant est un étranger qui, malheureusement, me ferait quitter la France.

— Quel dommage ! murmurai-je.

— Au reste, vous allez le voir... Déjà il devrait être arrivé.

Au même instant, madame la colonelle pria sa nièce de s'occuper de servir le thé. Pendant l'absence de Mélanie, le bon colonel se fit un plaisir d'annoncer à ses invités qu'une brillante union se présentait pour sa fille adoptive ; qu'il regrettait seulement de ne pas donner un semblable trésor à un brave militaire, d'autant plus que M. le baron de Zeller, riche étranger, n'exerçait aucune profession, ce qui lui inspirait moins de confiance.

En entendant ce nom et ces paroles, je me levai vivement ; et comme pour réparer mes gaucheries précédentes, et justifier mieux les recommandations de mon père, je m'écriai, triomphant de ma timidité :

— Pardon, colonel... mais j'ai entendu dernièrement à Saint-Denis, quelqu'un qui connaît beaucoup M. de Zeller, dire que c'est un *chevalier d'industrie*..... C'est pourtant un état cela !

Vous voyez d'ici le coup de théâtre. Mélanie, qui rentrait en ce moment et avait saisi ma naïve assertion, faillit laisser tomber la théière ; la colonelle se trouva mal ; son mari devint cramoisi ; tout le monde s'entre-regarda avec stupéfaction ; mon père s'élançant vers moi d'un air furieux, ne put s'empêcher de me pincer jusqu'au sang, et il m'entraîna hors du salon en me prodiguant les épithètes les plus véhémentes.

Mais tout cela ne me fut pas si sensible, que le sourire moqueur du jeune officier qui, en frisant sa moustache blonde, semblait se dire *in petto* : « Décidément la fille du major est une petite sotte. »

Telle fut la fin de mon début dans le monde. Seulement, je sus depuis que mon indiscrétion avait rendu service à ma jeune amie ; mes renseignements se trouvèrent justes ; car il n'était que trop vrai que le riche allemand n'était qu'un *grec*. Mélanie, d'après le vœu de son oncle, devint par la suite l'heureuse épouse d'un brave officier.

Le jour suivant, comme un ciel couvert que n'éclaircit aucun sourire du soleil, mon esprit, assombri au souvenir de tous les mécomptes de la veille, me plissait le front et me clouait la langue. Empêchée par une fausse honte, j'omis de souhaiter le bonjour à mon père, qui en prit souci. Le déjeuner se passa dans le silence le plus complet.

— Tu boudes ? dit le major en se levant de table ; à ton aise, ma fille ; mais c'est la pire manière pour se faire pardonner ses torts. La mauvaise humeur est la migraine de l'âme. Je vais sortir tout seul ; j'ai décidé de te laisser à la maison. Tu resteras avec madame Romero qui m'a promis de t'apprendre à faire la cuisine ; au moins si tu n'es bonne à rien dans un salon, essaye de devenir une habile ménagère. Vise à mériter le *cordon bleu*. Fais-nous pour dîner une *Olla podrida*, c'est un mets espagnol dont je suis très-friand. Quant à moi, je vais aller voir mes protecteurs, solliciter de l'avancement, et savoir à quoi m'en tenir sur les bruits sinistres qui circulent. Je te le répète : tu n'as d'autre fortune à attendre que mes épaulettes et ma modeste retraite ; et si tu restes une fille maussade, il te sera bien nécessaire pour briller d'avoir un père général.

Je passai ma journée avec un tablier de cuisine devant les fourneaux de notre hôtesse ; l'odeur du charbon me fit mal à la tête et augmenta encore ma mauvaise humeur. Mon premier essai dans l'art culinaire ne fut pas heureux. L'*Olla podrida*, dont j'ai oublié la recette, ne fut pas mangeable ; et le pauvre major, de retour de ses courses, harrassé, découragé, se plaignit tout le temps du dîner de l'ingratitude des grands, de l'eau bénite de cour, de l'exigence des enfants, etc., etc. Tout cela ne m'enhardit pas ; je restai muette, et nous nous couchâmes encore sans nous embrasser. Ce fut la journée la plus monotone et la plus triste de mes courtes vacances, car je ne fus pas contente de moi.

Le lendemain de ce jour néfaste, les nuages du ciel et ceux de mon visage étaient dissipés. Vers le soir, mon père me dit :

— Petite, nous allons passer une heure ou deux dans un lieu que toi ni tes compagnes n'avez jamais beaucoup fréquenté. Nous allons au café. Tu pourras jouir d'un spectacle bien intéressant. Je veux te faire assister à une partie d'échecs entre les plus fameux joueurs de l'Europe. Je suis moi-même très-habile à ce simulacre de guerre, et je ne serais pas fâché que tu jouisses des succès de ton père.

Chemin faisant, il m'entretint de son passe-temps favori.

— L'invention du jeu d'échecs a été attribuée à plusieurs peuples. Dans la vie de l'empereur Alexis Commène, racontée par sa propre fille, la princesse Anne, (ce n'est pas toi qui écriras jamais celle de ton pauvre père!) il est dit positivement que les Grecs l'ont appris des Perses. Mais, d'après le récit d'un auteur arabe, c'est aux Indiens que doit appartenir l'honneur de cette découverte. Voici l'histoire : Séhéran, roi de l'Inde, gouvernait d'une manière si folle qu'en quelques années il réduisit ses peuples à la plus grande détresse. Les Brahmines et les Rayas (comme qui dirait chez nous les évêques et les curés), lui firent d'humbles et infructueuses remontrances. Alors un malin, plus prudent que les autres, chercha le moyen de donner au despote une leçon qui ne pût le fâcher. C'est pourquoi il imagina l'ingénieux jeu d'échecs où le *Roi*, quoique la plus importante pièce, ne peut faire un pas sans le secours des *pions* et des *cavaliers* qui représentent l'infanterie et la cavalerie. Dans l'Orient, berceau de l'apologue (et non de *la Pologne*, comme disent quelques ignorants pékins), un conseil coulé de cette manière devait plaire. Le nouveau jeu amusa le roi qui en comprit la morale et finit par réformer son système de conduite et de gouvernement. Cette anecdote, toute singulière qu'elle peut te paraître, ne manque pas de vraisemblance. L'analogie des mots *sacchia* et *échecs*, par lesquels les Italiens et les Français le désignent avec le *jeu du Shah*, *jeu du Sheh* (jeu du Roi), sous lesquels il est connu en Orient, peut confirmer cette opinion. Quoi qu'il en soit, il est certain que cette combinaison savante est fort ancienne, et que de tout temps, beaucoup d'hommes célèbres y ont été très-adonnés.

Ce fut le jeu des rois, comme la chasse était leur plaisir. Parmi les plus fervents amateurs, on peut citer Charlemagne, Louis XII, François 1er, Voltaire, le grand Frédéric, le joyeux curé de Meudon (que je ne te nommerai pas), et enfin le célèbre musicien Philidor qui les a enfoncés tous. C'est un des amusements favoris des Chinois. A Pékin, on le fait apprendre aux demoiselles comme un art d'agrément; de même qu'à Paris on leur fait jouer du piano-forté et danser la gavotte, et on a raison. Je te l'enseignerai aussi un jour, afin que tu puisses faire ma partie quand je serai à la retraite.

L'idée d'aller au café, voire même au café de la Régence, me souriait peu. Je ne savais de ces endroits que ce qu'en savent les pensionnaires, et je frémissais de me trouver au milieu de gens qui devaient fumer, boire, et se disputer peut-être. Je suivis mon père jusqu'à la place du Palais-Royal; là, il me fit entrer dans une maison un peu plus brillante qu'une autre, mais bien différente pour les ornements et l'éclairage du luxe qu'étalent de nos jours les nombreux établissements du même genre. Au rez-de-chaussée était une salle un peu basse garnie de tables de jeu. L'une d'elles était occupée par deux hommes absorbés, le menton dans la main, dans la contemplation d'un grand échiquier étalé devant eux. Derrière chaque joueur un groupe serré suivait avec une attention soutenue les mouvements des deux adversaires. Je me glissai à la suite de mon père qui prit, comme un habitué, sa place au milieu des spectateurs. Un profond silence régnait dans l'assemblée, on eût entendu une mouche voler.

Tout à coup ces mots : « Échec au roi » retentirent : les champions se levèrent, l'un le front haut et radieux, l'autre la mine renfrognée.

— Major, dit le perdant, voulez-vous votre revanche de l'autre jour?

— Volontiers, répondit mon père, mais laissez-moi d'abord féliciter Saint-Amand sur le beau coup qu'il vient de faire; Philidor lui-même en eût été jaloux.

Pendant que mon père faisait sa partie, celui qu'il avait nommé Saint-Amand me plaignant d'être ainsi isolée voulut bien causer avec moi et me proposa une partie de dominos, que je n'acceptai pas, car je n'y connaissais rien.

Le major, au début, perdait du terrain ; je le devinai à la manière saccadée dont il fredonnait son air favori de *Maison à vendre* :

« — Monsieur, vous avez une fille.
« — Parbleu, monsieur, je le sais bien. »

Il me semblait être sur la sellette ; j'avais l'air d'une victime avec la toilette que vous savez. Aussi ne fus-je pas étonnée de voir un grand jeune homme, blond, pâle et mince, s'arrêter devant moi et chantonner en m'examinant :

« Connais-tu la contrée où sous le noir feuillage,
« Brille comme un fruit d'or le fruit du citronnier. »

J'ai su depuis tout ce que ces paroles, traduites de Goëthe, avaient de mélancolique poésie. Mais dans le moment je les pris pour un persiflage. Mon père aperçut le jeune homme, et lui tendant la main sans lever les yeux de l'échiquier :

— Ah ! c'est vous, Alfred ? lui dit-il ; comment va la muse ?

— L'ingrate s'est envolée pour le moment, je crois ; aussi je reviens aux échecs *con furia*.

Ce nom d'*Alfred*, je ne sais pourquoi, fit galoper mon imagination de jeune fille. J'étais tombée dans la rêverie et j'avais oublié ce qui m'entourait lorsque mon père s'écria :

— *Échec et mat!* J'ai gagné.

Et tout joyeux de son triomphe et des applaudissements de la galerie, il me dit de sa voix la plus douce :

— Allons, fillette, tu t'es bien amusée, n'est-ce pas ? Il est temps de regagner notre domicile et de s'en aller coucher.

Saint-Amand, et celui qu'on appelait Alfred, serrèrent cordialement la main du major, et j'entendis le jeune homme dire tout bas en me saluant : « Pauvre Mignon ! »

Une fois dehors, désirant avoir l'explication de ces paroles, je m'enhardis jusqu'à demander à mon père quel était ce grand monsieur blond, aux manières distinguées et à l'air railleur.

— Hum, hum, fit le major, curiosité de jeune fille. C'est un garçon d'esprit, je ne dis pas, mais vivant un peu trop dans les nuages. C'est ce qu'on appelle un poëte, un rêveur. A quoi ça mène-t-il? Le moindre conscrit fait bien mieux mon affaire. Je le lui pardonne cependant parce que cela ne l'empêche pas d'être de première force aux échecs.

J'ai su depuis que ce beau joueur, ce poëte découragé, celui qui m'avait nommée « Mignon » était Alfred de Musset.

J'arrive à la dernière journée de mes vacances qui ne fut certes pas la plus gaie.

De grand matin, des roulements de tambour m'éveillèrent en sursaut. On battait le rappel. La préoccupation des jours derniers s'expliquait : des troubles sérieux venaient d'éclater dans Paris; le peuple dépavait les rues et formait des barricades. Madame Romero, dans son épouvante, avait oublié de prendre son chocolat; et moi-même, en voyant mon père obligé de partir en toute hâte pour commander un bataillon, j'avais perdu la tête.

— Rassurez-vous, mademoiselle, me dit le soldat du major, le bon Mistenflûte, que mon père avait laissé à la maison pour veiller sur moi; dans notre état il n'y a pas de danger. Le militaire est toujours triomphant, les balles ont beau siffler à droite et à gauche, ça ne nous regarde pas, ça nous rase l'épiderme. Pour moi, bien que je sois fier de l'honneur que j'ai aujourd'hui d'être votre bonne d'enfant, je regrette crânement de ne pas aller à la danse avec les camarades. Sans cette gueuse de fièvre qui m'a cloué quinze jours à l'hôpital, j'aurais en ce moment entre les doigts ma clarinette de cinq pieds, et je bisque d'autant plus que je suis porté depuis longtemps pour la croix, et cré coquin de sort! c'était l'occasion ou jamais de l'enlever. Gloria aurait été si fière de moi!

— Gloria! lui demandai-je, qu'est-ce que c'est?

— Une brave fille, qui n'a pas froid aux yeux..... vivandière au 30ᵉ, comme qui dirait ma promise. Mais motus, le major m'a recommandé la circonspection : « Lamoureux qu'il m'a dit, tu seras sobre dans tes discours. » Pourtant je crois qu'il n'y a pas d'offense à expliquer à mademoiselle comme quoi je recherche Gloria pour le bon motif, et que dans six mois, mon temps fini, je l'épouse et l'emmène au pays.

— Lamoureux! répétai-je toute surprise, c'est donc votre nom de famille?

— Pardi! nous sommes en Picardie Lamoureux de père en fils. Seulement, pendant les vacances de mademoiselle, le major m'a baptisé Mistenflûte, histoire de rire.

Quel que fût mon trouble, je ne pus m'empêcher d'apprécier la sollicitude prudente de mon père, qui s'inquiétait, pour mes jeunes oreilles, de toute expression équivoque.

— Si vous le permettez, je vous ferai connaître Gloria; un vrai bijou! C'est la fille du régiment. Le colonel qui a si bon cœur la traite comme sa propre enfant. De fait, elle n'est guère plus âgée que vous, et pourtant ça vous a fait déjà plus d'une campagne. Madame Romero, sa compatriote, l'aime et l'estime; elle pourra vous en parler. Notre régiment l'a ramenée d'Espagne, après le Trocadero. La pauvre petite était abandonnée dans une ferme incendiée. Ni père ni mère, quoi! Mais le soldat français a du cœur, et l'orpheline fut adoptée à l'unanimité. On l'appela Gloria, parce que c'est la devise du drapeau français, et que ce nom vous a une tournure espagnole. Bref, elle a grandi dans les rangs; et à propos de rangs, nous étions plusieurs en ligne pour nous disputer sa main. Il y a le tambour maître, avec ses cinq pieds six pouces, qui faisait le moulinet à son intention, et le caporal Tournichon, qui astiquait ses moustaches quand il défilait devant elle. Mais c'est moi, Lamoureux, qu'elle a honoré de sa préférence. Ah! si je pouvais lui offrir pour cadeau de noce une belle croix qu'elle m'attacherait sur la poitrine de ses petites menottes!

Pendant cette conversation, que je vous abrége, et durant laquelle mon esprit inquiet était ailleurs, l'heure avait marché et l'émeute prenait des proportions menaçantes. La rue Copeau, si calme d'ordinaire, était remplie de rumeurs. Des cris nombreux attirèrent notre attention. « Nous sommes *perdious!* » dit madame Romero en faisant irruption dans la chambre. « Ils élèvent une *barrigade* à quelques pas de notre *puerta*. Mademoiselle, votre papa vous a confiée à moi..... Descendons dans la cave, où nous serons le mieux à l'abri. »

Cette fuite me répugnait, et je préférai rester sous la garde de Mistenflûte. Mais lui-même avait ouvert la fenêtre, et, en apercevant les insurgés déjà fortifiés derrière une redoute de pavés et, de l'autre côté de la rue, un peloton de soldats qui s'avançait avec précaution en longeant les murailles, il sentit bouillonner son courage enchainé par sa consigne.

— Mademoiselle, me dit-il, le major m'a enjoint de faire sentinelle près de vous, mais c'est encore vous défendre que d'aller dans la rue dissiper ces pékins!.... Vous n'aurez pas peur toute seule, n'est-ce pas? Tenez, fourrez-vous dans l'armoire aux habits!... C'est l'affaire d'un clin d'œil et je reviens!...

Et d'un bond il s'élança pour aller rejoindre ses camarades.

Machinalement je me penchai à la fenêtre qu'il avait laissée entr'ouverte pour le suivre des yeux. Mais soudain le premier coup de feu fut tiré, et la balle vint frapper le volet au-dessus de ma tête.

Je compris alors toute l'étendue du danger; je n'oublierai de ma vie l'anxiété avec laquelle, blottie au fond de mon armoire, je suivis par la pensée le drame qui se passait si près de moi. Chaque détonation arrivait à mon cœur. « Mon père, m'écriai-je, ô ciel, conservez moi mon père!... » Le péril qui menaçait ses jours doublait à mes yeux sa bonté; la crainte de le perdre développait en moi un sentiment de tendresse dont jusqu'alors je ne m'étais pas bien rendu compte. Je finis par tomber dans une sorte de prostration qui ne me permit plus de mesurer le temps.

Tout à coup l'escalier retentit du bruit de pas précipités. La porte de la chambre s'ouvrit violemment, et des cris confus se firent entendre. Une sorte de commotion me tira de ma torpeur; je crus, dans mon effroi, que les insurgés étaient entrés dans la maison.... Qu'allais-je devenir?

Une voix presque éteinte prononça mon nom. Je la reconnus..... c'était celle du soldat de mon père..... Je m'élançai de ma cachette.

Hélas! je ne m'étais pas trompée. Ce malheureux, atteint dangereusement sur la barricade même qu'il venait de prendre d'assaut était rapporté par ses camarades dans un état désespéré.

— Dieu soit loué ! dit-il, mademoiselle, il ne vous est rien arrivé. Le major sera content de moi, je l'espère ; j'ai attrappé une prune.

Je compris, à l'air consterné des autres soldats et au sang qui s'échappait en abondance de sa blessure, que le pauvre garçon était gravement blessé. On l'étendit sur mon lit de sangle ; on me demanda du linge, et il me fallut faire de la charpie. Madame Romero était toujours prudemment dans sa cave, je dus donc présider moi-même au pansement du malheureux. Il avait reçu une balle en pleine poitrine.....

Je restai pétrifiée en face de ce triste spectacle. Mes dents claquaient, mes jambes se dérobaient sous moi ; mais intérieurement je me disais : « Il faut montrer que tu es la digne fille d'un brave. »

La porte s'ouvrit violemment, et une femme se précipita dans la chambre en poussant des cris affreux. C'était Gloria, la jeune cantinière du 30e, suivie du lieutenant au petit chien.

En rentrant à la caserne par la rue Saint-Jacques, ils avaient appris que la barricade de la rue Copeau avait été enlevée par quelques-uns des leurs et ils accouraient pour demander des détails.

A l'aspect de son fiancé expirant, Gloria se tordit dans les convulsions du désespoir. Émue de sa cruelle douleur, je me précipitai à genoux à ses côtés auprès du lit du moribond, et le sentiment de la compassion me donna la force de dire quelques bonnes et tendres paroles à la triste désolée.

Le blessé rouvrit les yeux par un effort suprême.

— Mademoiselle Marguerite, dit-il d'une voix presque éteinte, merci ; ayez pitié de la malheureuse enfant. Il me faut la quitter ! Je suis sûr que vous avez bon cœur, jurez-moi de ne pas l'abandonner.

Je lui promis en sanglotant d'être pour elle une amie, une sœur.

Le lieutenant, au chevet du lit, soutenait la tête du mourant, qu'il encourageait par des paroles cordiales. Son visage, animé par l'émotion, ses yeux brillants et attendris à la fois, ses narines dilatées et paraissant encore humer l'odeur de la poudre, me le firent voir tout autre, et je fus heureuse de l'approbation tacite qu'il semblait m'accorder.

— Ne pleure pas, disait Lamoureux, s'adressant à sa fiancée d'une voix entrecoupée et à peine intelligible ; j'ai fait mon devoir, je m'en vais content. Tu dois avoir un cœur de troupier, puisque tu es des nôtres. Il faut s'attendre à tout dans notre métier ; ce n'est qu'un accident, et une belle mort est préférable au désagrément de rester invalide. Je voudrais revoir le major et qu'on m'amenât un prêtre pour m'aider à franchir le pas.

Mais dans ce moment de tumulte ou ne pouvait avoir facilement de secours, ni pour l'âme, ni pour le corps.

Un nouveau bruit se fit entendre. Cette fois, c'était mon père. Enfin ! je me précipitai dans ses bras avec transport.

Il avait entendu la prière du mourant.

— Mon brave, dit le major qui pâlit en reconnaissant son soldat préféré, tu demandes un prêtre ? C'est à toi à nous bénir tous, car le soldat qui meurt pour son pays, est un héros pour la terre et un martyr dans le ciel. Au nom du roi, ajouta-t-il en détachant sa propre croix et la plaçant sur la poitrine haletante du blessé, je te fais chevalier de la Légion d'honneur, tu l'as bien mérité.

Un éclair de satisfaction brilla sur le visage du malheureux. Il tenait toujours la main de la vivandière, presque insensible de douleur.

— C'est mon cadeau de noce, dit-il en lui présentant la décoration qui lui coûtait la vie.

Ils s'embrassèrent. Cet effort redoubla les souffrances du patient.

Tout le monde pleurait autour de ce lit d'agonie. Les plus vieux troupiers essuyaient du revers de leur main une larme furtive.

— Adieu, major, adieu les amis ; vous direz comment on meurt au 30ᵉ de ligne. N'oubliez jamais Lamoureux... dit Mistenflûte... ajouta-t-il tout bas en se penchant de mon côté.

Ce fut son dernier mot.

Vous ne sauriez croire, mes enfants, combien ce nom, qui prête à rire, faisait un singulier contraste en sortant de ces lèvres décolorées. Aussi est-il resté sacré dans ma mémoire, et ne l'ai-je jamais prononcé depuis qu'avec attendrissement et vénération.

Pardon de vous attrister par ce récit, mais je ne saurais oublier ce spectacle navrant. En vous le retraçant, des larmes involontaires mouillent encore mes yeux. C'était la première fois que je voyais mourir, la première fois que je voyais aimer !

Nous eûmes toutes les peines du monde à arracher la triste Gloria au corps de son fiancé. Madame Romero lui donnait dans son langage maternel toutes les consolations de la religion; car la jeune fille, malgré la vie des camps, était restée pure et avait conservé la dévotion d'une véritable Espagnole.

De ce jour, je ne fus plus une enfant. Les sentiments généreux, les pensées sérieuses se développèrent en moi instantanément, presque à mon insu. Je passai la soirée avec mon père, ma main dans sa main, toute au bonheur de me le voir rendu. Sous l'impression des événements de la journée, nous parlâmes des choses les plus tristes; de la fragilité humaine, de l'espoir d'une autre vie, etc.

Je ne dormis pas de la nuit. Tout ce qui s'était passé devant mes yeux se représentait à mon imagination frappée. Je m'agitais dans mon lit, je parlais tout haut, j'avais la fièvre. Le pauvre major, malgré sa propre fatigue, me veilla avec la sollicitude d'une tendre mère. Il me fit de la tisane et ne me quitta qu'au point du jour. Je le remerciai bien vivement de sa bonté, lui demandant pardon de tous mes enfantillages précédents, l'assurant que désormais il trouverait en moi une fille soumise, sincère et dévouée.

Au réveil, je me sentis brisée comme après une maladie. Je ne pouvais me lever, et pourtant j'avais le plus grand désir de me rendre utile, de soigner mon père à mon tour, et d'aller savoir des nouvelles de la pauvre Gloria.

— Chère enfant, me dit le major en m'embrassant avec tendresse, je vais te faire de la peine, mais je crois que dorénavant je puis compter sur ta raison. Il faut nous séparer dès aujourd'hui pour rentrer à Saint-Denis. Tes vacances n'expirent que demain, mais par ces temps de troubles, tu seras mieux dans ton cloître paisible, et moi je serai bien moins embarrassé pour aller au feu quand je ne me sentirai pas une fille sur les bras..... Tu n'aurais qu'à tomber malade avec toutes ces émotions..... Que deviendrions-nous ? Du courage, je vais aller demander au colonel la permission de m'absenter quelques heures pour te reconduire et je reviens. Lève-toi tranquillement en m'attendant.

Il donna deux tours de clé à la porte.

Lorsque je me vis seule, enfermée dans cette chambre où s'était passé le drame de la veille, vous jugez si j'eus peur. Je n'osais regarder du côté où le pauvre Lamoureux avait rendu le dernier soupir. On avait bien fait disparaître le lit de sangle, mais quelques traces de sang souillaient encore le plancher, quoiqu'on l'eût lavé à plusieurs reprises. Je m'habillai en tremblant.

Tout à coup, j'entendis frapper discrètement à la porte.

— Qui est là? dis-je d'une voix mal assurée.

— Un lieutenant du régiment, me répondit-on, qui voudrait parler au major.

Je reconnus la voix de M. Fortuné, et, je ne sais pourquoi, cette voix étrangère me fit du bien à entendre.

— Mon père est sorti, repris-je en approchant mes lèvres du trou de la serrure; il est allé chez le colonel, mais il ne tardera pas à rentrer. Ne pouvez-vous l'attendre? Donnez-vous la peine de vous asseoir.

— Pardon, mademoiselle, dit l'officier; mais sur l'escalier, c'est difficile.

— Je ne puis vous ouvrir. Comprenez-vous pourquoi?

— Non vraiment.

— Voyons, cherchez mon excuse.

Je n'étais pas fâchée de le mettre moi-même à la devine, en me rappelant mes maladroites questions.

— Vous êtes encore couchée, sans doute?

— Mais non, puisque je suis debout près de la porte.

— Vous m'en voulez peut-être de ma familiarité de l'autre soir?

Je me sentis rougir à ce souvenir.

— Que vous êtes peu perspicace à votre tour! me hâtai-je d'ajouter. Si je ne vous fais pas entrer c'est que je suis aux arrêts forcés, par ordre supérieur; c'est-à-dire enfermée à clé.

— Oh! je comprends à présent. Je le regrette parce que, après les émotions de la veille, je venais demander de vos nouvelles et prendre les ordres du major pour le service funèbre de notre pauvre camarade, lequel aura lieu vers midi.

— Oh! m'écriai-je, j'aurais bien désiré y assister; mais mon père doit me reconduire à Saint-Denis aujourd'hui même. Et Gloria, parlez-m'en; je veux la voir et lui faire mes adieux. Comment est-elle ce matin?

— La pauvre fille nous serre le cœur à tous. Au désespoir de la nuit a succédé un calme effrayant. Votre bonne hôtesse n'a pas quitté sa compatriote. Mais au moment où on lui donnait ses vêtements pour se lever, elle les a repoussés avec horreur : « Non, s'est-elle écriée, je ne les remettrai plus. Je ne suis plus la jeune et folle vivandière. Dorénavant, je veux de longs voiles de veuve et des habits de deuil; et bientôt j'irai au couvent prononcer des vœux éternels, afin de consacrer ma vie à soigner les blessés et les pauvres malades. »

— Elle a raison, dis-je, d'une voix pénétrée; l'Évangile nous assure que c'est la meilleure part. Depuis hier je vois clairement que dans la vie il y a bien des peines à attendre, bien des croix à porter.

— Il ne faut pas parler ainsi à votre âge, mademoiselle Marguerite. Vous avez un si bon père.

— Je le sais, il est tout pour moi. Aussi, mon Dieu! si j'allais le perdre, lui mon seul appui, ma seule affection! Que deviendrais-je?

— Le ciel vous le conservera, mademoiselle, vous méritez d'être heureuse. Hier, j'ai admiré votre présence d'esprit, votre courage, votre bonté; permettez-moi de vous offrir mon amitié, et écoutez la promesse que je vous fais ici de veiller de tout mon pouvoir sur les jours précieux du brave major.

— Oh! merci, mon bon M. Fortuné, dis-je en me rapprochant de la porte et en mettant avec expression ma main sur mon cœur, que je sentais battre de reconnaissance; je vais emporter sous les verroux le souvenir de cette pieuse promesse. En échange, je ne vous oublierai pas dans mes prières.

— A mon grand regret, je ne puis rester plus longtemps, mademoiselle. Je vous fais l'adieu d'un frère. Voici ma carte, ayez la bonté de la remettre au major, en l'instruisant de ma visite.

Et il roula finement cette carte pour me la passer par le trou de la serrure.

Je ne connaissais que le nom de baptême de l'officier. Je regardai avec intérêt celui de sa famille. Il était aristocratique. Je pris mon paroissien et glissai la carte parmi les feuillets, sans doute pour la déchiffonner.

Mon père rentra bientôt. Je lui appris la visite du lieutenant.

— C'est bel et bon, dit le major, mais il faut partir subito. J'ai pour principe que plus une chose coûte, plus il faut la brusquer. Nous appelons ça, « enlever à la baïonnette. » Fais ton paquet de conscrit et, d'après l'avis du colonel, je vais te reconduire en fiacre, ce sera un plaisir de plus à ajouter à ceux de tes vacances. Viens faire tes adieux à madame Romero qui t'a préparé une soupe à l'ail pour te donner du cœur au ventre.

Je demandai la permission d'embrasser au moins mon amie Gloria, avant de quitter Paris; mais on me répondit qu'elle dormait et qu'il ne fallait pas troubler son repos. Je crois que ce refus était convenu pour ne pas m'attendrir de nouveau. Aussi partis-je le cœur bien triste sans avoir pu faire quelques modestes emplettes que j'avais rêvées et en étouffant à chaque instant un gros soupir.

Nous eûmes à traverser la grande ville toute palpitante de la secousse de la veille. On voyait partout la trace fraîche encore de la lutte. Je frémissais en pensant à tout ce qui s'était passé dans ces rues maintenant désertes, dans ces maisons dont les boutiques et les fenêtres restaient prudemment fermées. Le faubourg Saint-Denis surtout, qui avait été le théâtre le plus acharné de la guerre civile et où mon pauvre père avait passé la veille une partie de la journée sous les armes, me fit une impression profonde. « Oh! que les hommes sont méchants! » répétais-je à chaque tour de roue.

Ce fut avec ces idées peu consolantes que je rentrai dans ma royale prison. Cependant, l'idée de la liberté est si vivace qu'en voyant la porte se refermer sur moi, et en revoyant la grille du parloir, j'éprouvai le froid de la tombe. Même, j'eus de la peine à quitter la modeste toilette qui m'avait tant contrariée au départ, pour endosser de nouveau l'uniforme en étamine noire. Il me semblait prendre le deuil des beaux jours. Triste présage!

— Adieu ma fille, dit mon père très-ému pour sa part, en me serrant dans ses bras. Que diable! nous ne nous quittons pas tout à fait, puisque nous habitons le même département. Je suis en garnison à Paris pour quelque temps j'espère. Je viendrai te voir le plus souvent possible. Nous nous écrirons aussi; ce n'est pas pour rien que Louis XI a inventé la poste aux lettres. Il nous faut, moi faire mon métier, toi ton éducation; car, quoique je ne veuille pas récriminer en ce moment, j'ai pu juger que tu as encore bien des choses à apprendre pour orner ton esprit, bien des imperfections à rectifier pour former ton cœur. Tu es au moral et au physique dans ce qu'on appelle l'âge ingrat, où les mains sont rouges, le nez gros, et le cœur sommeillant : mais la terre est bonne, patience, la moisson poussera. Seulement, sois persuadée, mon enfant, ajouta-t-il en terminant ce sermon, qu'on ne trompe jamais un père. Qu'est devenue la carte de visite du lieutenant? tu ne m'en as pas parlé. Je gage que tu l'auras mise, *par mégarde*, dans ton livre d'heures.

Vous comprenez combien je fus honteuse d'être ainsi devinée et comme je me reprochai cette légèreté.

Cette courte et simple admonition de mon bon père me fut très-sensible, et termina encore plus tristement mes tristes vacances. Je sus plus tard, qu'en revenant de chez le colonel, le major avait rencontré le lieutenant qui lui avait appris lui-même notre conversation à travers la porte, et la remise de la carte en question que j'avais maladroitement passée sous silence. Cela me fit voir qu'il ne faut jamais rien cacher à ses parents, même les choses les plus innocentes, parce que tout finit par se découvrir, et que la confiance et la sincérité sont la meilleure politique et le plus grand charme de la jeunesse.

ÉPILOGUE

Ce furent mes seules et uniques vacances. Qui de nous sait ce qui lui est réservé dans l'avenir? L'année suivante, j'eus l'affreux malheur de perdre mon père, en Afrique. Le 30e de ligne fut désigné pour faire partie d'une expédition dans l'Atlas, et le pauvre major, blessé mortellement, tomba sur la terre étrangère en prononçant mon nom chéri! Il venait d'être nommé lieutenant-colonel, et se réjouissait de cet avancement au point de vue de mon avenir. Il n'avait encore que quarante-cinq ans, et une si brillante carrière lui était réservée! Vous concevez mon désespoir?

J'appris que le pauvre lieutenant, M. Fortuné de C...., qui s'était distingué par une grande valeur, dans toutes les occasions, avait été trouvé mort aux côtés de mon père. Était-ce pour le défendre de son corps et tenir la généreuse promesse qu'il m'avait faite? J'aimai à le croire. Aussi, n'ai-je jamais désuni ces deux mémoires dans mes prières.

Je n'eus pour tout héritage qu'un nom sans tache, les croix de mon père, son épée, ses épaulettes, sa montre, douze petites cuillères en vermeil, un cabaret en porcelaine de Chine (ce qu'il appelait le commencement de mon ménage), une peau de tigre, et un yatagan au fourreau d'or, sabre d'honneur qu'on avait déposé sur sa tombe. On m'expédia cela en France, avec ses papiers, ses états de service, etc., et croyez-vous que je n'eus même pas de quoi payer le port! Je restai donc orpheline à l'âge où on a le plus besoin de protection et d'appui. Je n'avais que quinze ans et je fus obligée, à cette époque d'insouciance et d'illusions, de travailler sérieusement pour me créer un avenir, et mériter d'être reçue à Saint-Denis. Je devins successivement postulante et novice. C'est là où votre père vint me chercher pour m'épouser et me rendre heureuse sans avoir souci de ma pauvreté. Noble et généreux cœur, envoyé de la Providence pour réparer les rigueurs du sort. Car, croyez-le bien, mes enfants, à côté de la peine et de la souffrance, le ciel place toujours le baume et la compensation.

Je suis persuadée que vous voudriez savoir aussi ce que devint l'intéressante Gloria. Fidèle à son vœu, l'ex-vivandière se fit sœur de charité. J'allai souvent la voir, depuis, au Val-de-Grâce (hôpital militaire), où elle se consacra, en souvenir de son fiancé, à soigner les soldats malades. Elle suivit aussi les troupes françaises dans diverses expéditions lointaines; non plus Gloria, la joyeuse fille des camps, distribuant à boire en riant et excitant les courages: mais la pieuse fille de Saint-Vincent, sœur Véronique, l'ange consolateur qui panse les blessures sous le feu de l'ennemi et aide les héros à mourir en chrétiens. Elle est morte à son tour, bénie et vénérée de tous; et quoique jeune encore, elle avait été surnommée, à cause de la maturité de sa vertu et de son dévouement sans bornes : *La mère du soldat.*

E. DIONYSIS.

Un des meilleurs tableaux de l'Exposition de 1863 a inspiré à une femme du monde, qui cache son talent sous le pseudonyme modeste de *Pâquerette*, les jolies pages qu'on va lire :

PARALLÈLE ENTRE PARIS ET SAINT-ODILE

COUVENT SITUÉ AU SOMMET DES VOSGES.

Ce titre paraîtra bien paradoxal : comparer deux choses qui se ressemblent si peu ! — Mettre sur la même ligne la ville bruyante, le mouvement perpétuel et l'asile calme et saint, c'est là une idée assez bizarre, je l'avoue, mais que je vais cependant essayer de définir.

Le beau n'a-t-il pas mille manières de se révéler, et n'importe sous quelle forme nous l'admirions, ne pénètre-t-il pas notre âme ?

Paris est, sous le rapport des arts et des sciences, le foyer de toutes les lumières. Je lève les yeux et je vois des monuments magnifiques, des chefs-d'œuvre d'architecture; j'entre dans un musée, j'admire les grands maîtres de toutes les écoles, à chaque pas dans la rue je coudoie peut-être un génie de la science, et si je domine du haut d'un de ces beaux monuments la vaste cité, mon regard se perd dans un horizon sans limites; une brume transparente s'étend sur cet océan qui me donne la pensée de l'infini, comme le dit si élégamment un aimable narrateur : « On y respire avec allégresse cette atmosphère intellectuelle qui en-« veloppe Paris et qui en est le charme propre et incomparable. »

Cependant les faiblesses humaines sont là comme partout; plus encore, le génie du mal y travaille à côté de celui du bien, il y a tous les vices et l'on frémirait si l'on en pénétrait le mystère : mais l'attention est facilement détournée de cette triste vue, par tout ce qui se présente d'imposant et de grandiose.

On vit dans une liberté absolue, sans que le voisin vous gêne, on est seul dans la foule. Le goût s'épure, les idées s'élargissent, l'âme s'élève avec la perfection, on se sent plus près de Dieu !

Maintenant, montons sur les hauteurs de nos belles Vosges, entrons dans ces murs pleins de paix et d'antiques souvenirs; habitons-les pendant des jours, des semaines, des mois, et nous retrouverons ce même sentiment d'admiration et de bonheur intérieur que je viens de décrire.

De ces hauteurs ne plane-t-on pas aussi au-dessus des petitesses de la vie, comme ces nuages légers qui couvrent la plaine? Le bruit de ces ruches humaines qu'on appelle des villes de province ne parvient pas jusqu'à moi, et si parfois quelques nouvelles pénètrent dans ces murs, elles arrivent affaiblies comme le bruit de clochette du troupeau qui me paraît si petit là-bas au pied de la montagne.

Si je m'assieds sur la terrasse, devant la plaine, je crois voir l'infini de la mer, et ce spectacle est si grand qu'il entre quelque chose de cette grandeur dans mon âme.

Quand je m'enfonce dans la forêt, sous ces sapins sombres, j'ai plus encore que les chefs-d'œuvre de la peinture et de l'industrie, j'ai la nature elle-même, si sauvage et si belle! Les tapis de mousse verte et blanche qui sont étendus sur les rochers ne valent-ils pas nos Gobelins? Quelle musique vaut celle du vent passant au travers des sapins comme sur les cordes des harpes éoliennes? Quelle éloquence est comparable à celle de ce silence? il semble que Dieu va parler et que tout se tait pour l'écouter.

Mais que vois-je au bord du chemin? quelles sont ces plantes qui me répugnent? les unes sont belles pourtant, un beau pourpre les colore; les autres sont horribles de forme et hideuses de couleurs.

Hélas! ces plantes vénéneuses ne représentent-elles pas cet esprit du mal que j'ai entrevu dans la foule et qui, ici même, rappelle l'immortelle sentence : « Souviens-toi. » Souviens-toi que tu as péché, que le Paradis t'a été fermé, et qu'à côté du beau, il y a toujours le souvenir du châtiment.

Pourtant ici, comme dans la grande ville, je passe sans me laisser trop attrister par cette pensée du mal que j'entrevois, car la grandeur de tout ce qui m'entoure me dit aussi d'espérer, et puisque ce principe du bien et du mal se trouve partout, je suis forcée de m'écrier comme Goëthe : « Sans l'ombre il n'y aurait pas de lumière ! »

Entraînée pas les beautés qui m'entourent, j'arrive près de ces ruines féodales qui se dressent, majestueuses, sur la cime de la montagne. J'envie le sort de la châtelaine qui habitait ces murs. Peut-être la plaindrez-vous, femmes légères et frivoles, auxquelles il faut les plaisirs mondains; mais n'est-ce pas là que se révélait la femme forte de l'Évangile ? Ces châteaux des Vosges n'étaient pas, comme ceux de l'intérieur de la France et du midi, le rendez-vous des trouvères et troubadours; la femme n'y régnait pas en souveraine ; la poésie n'avait pas adouci les puissants seigneurs, la guerre et ses combats était leur seule occupation ; les femmes travaillaient et priaient pour les farouches possesseurs de ces manoirs.

Oui, c'est là, sous ces arceaux silencieux, dans le cloître paisible que l'âme souffrante peut trouver de la force, ou bien dans la foule, au milieu de ses bruits confus, perdue dans l'admiration du beau qui l'élève jusqu'à son Créateur.

PAQUERETTE.

IDYLLE

LES ROSES ET LE CENTENAIRE

Un paysan passait, courbé sur son bâton.
C'était le plus ancien des vieillards du canton;
Car, depuis sa naissance, à peu près cent années
Par l'horloge du Temps avaient été sonnées.

Or, comme il cheminait lentement, lentement,
Et marquait chaque pas par un gémissement,
Des roses d'églantier, bien fraîches, bien gentilles,
Dirent pour le railler :

« — Prenez donc des béquilles,
Bon vieux, à tout instant vous semblez trébucher...
Vous devriez dormir plutôt que de marcher :

Pour un débile aïeul qui sous les ans succombe,
L'oreiller le meilleur c'est celui de la tombe. »

Le centenaire alors, regardant de côté,
Leur répondit :

« — Quelle est votre légèreté,
O fleurettes !... sied-il d'être ainsi vaniteuses?
L'âge et l'infirmité, sont-ce choses honteuses?
Vous charmez tous les yeux; sur le feuillage vert
Vous brillez... Moi toujours je n'ai pas eu l'hiver.
Ah ! songez-y, bientôt votre frêle corolle
Se flétrira ; bientôt de votre éclat frivole
Il ne restera rien, pas même un souvenir;
Et moi, je vous verrai pencher et vous ternir. »

Il disait vrai, l'aïeul. Un jour, quand sous le givre,
Les roses d'églantier eurent cessé de vivre,
Le centenaire allait comme par le passé,
Il allait, affrontant la pluie et l'air glacé...
Ainsi l'hiver avait cueilli toutes ces roses,
— Vierges de la Nature, à peine encore écloses —
Tandis que le doyen des vieillards du canton
Cheminait lentement, courbé sur son bâton.

ALFRED DES ESSARTS.

COPIE TEXTUELLE

D'un certificat délivré par un maire de campagne

« Nous sousigné mere dela comune de Gen.... certifions que le nomé Michel cultivateur et professeur de la destruction des bêtes puantes y demeurant, nous a déclaré avoir tué une louve près la lisière du bois dont il avait rencontré les pattes. Nous nous sommes transporté de suite sur le lieu des dites pattes, accompanié de noté adjoin qui a de suite reconu la bête assomée non pas d'un cou de fusi mais bien avecq un brain de fagot. Nous avons reconnu que la dite louve était un loup, pour laquelle raison nous n'avons pu accorder la prime que pour le loup seulement, de l'avis de notre adjoin, auquel nous avons coupé les deux oreilles pour être annexé au présan sertificat et servir à M. le préfet pour prime et avons signé avec noté adjoin, dont nous déclarons que c'est la vérité, réservant les dites pattes pour être encloués à la porte de la comune.

» Fait à Gen.... ce vint octobre 1841.

» Signé N... meire, et O... adj. »

PETIT DICTIONNAIRE

DES ORIGINES ET DES INVENTIONS

(Suite et fin.)

BAS AU MÉTIER. — C'est en 1656 seulement, que fut établie en France la première manufacture de bas au métier. Un simple compagnon serrurier de Basse-Normandie eut l'honneur de remettre au ministre Colbert la première paire de bas fabriquée ainsi, pour en faire hommage à Louis XIV. Cependant les bonnetiers prirent l'alarme et gagnèrent secrètement un valet de chambre qui donna plusieurs coups de ciseaux dans les mailles, de sorte que ces mailles coupées firent autant de trous lorsque le roi voulut mettre les bas. L'invention fut rejetée, et le pauvre inventeur donna son secret aux Anglais. — Quant aux *bas de soie*, François Ier, roi de France, est le premier qui en ait porté, en 1545.

BATEAUX A VAPEUR. — Le premier de ces bateaux, qui ait été appliqué au transport des voyageurs et des marchandises, fut construit en 1807 à New-York, par Fulton. — Vint ensuite Henri Bell qui, à Glascow (Écosse), construisit *la Comète*, pour naviguer sur la Clyde. Dès 1823, le commerce employait déjà trente-trois bâtiments de ce genre. Aujourd'hui, la vapeur est la reine du monde où rien ne marche plus qu'avec sa permission.

BAYONNETTE. — Bayonne partage sa gloire entre l'invention de cette arme meurtrière, qui date de 1692, et l'expédition de jambons renommés. Je donne la préférence au comestible.

BOMBES. — Autre moyen de tuer son prochain. Cela date du XVIe siècle. Les premières bombes furent jetées sur la ville de Wachtendoneck, en Gueldre, assiégée par le comte de Mansfeld, en 1588. Des historiens affirment que déjà en France, en 1521, on s'en était servi au siège de Mézières.

BOUSSOLE. — Le vénitien Marco-Polo, ayant voyagé en Chine, en rapporta la boussole en 1260. Admirable instrument qui sert à indiquer aux navigateurs le point de l'horizon vers lequel ils ont à se diriger.

C

CAFÉ. — L'indispensable boisson, le nectar des temps modernes! — A voir combien le café est répandu aujourd'hui en Europe, on ne se douterait pas qu'il y soit si récent. On rapporte qu'au milieu du XVe siècle, un certain Gemmaleddin, qui demeurait à Aden, faisant un voyage en Perse, y trouva des gens de son pays qui prenaient du café et vantaient cette boisson. De retour à Aden, il prit du café pour combattre une indisposition et s'en trouva bien. Son exemple mit à la mode le café qui, tour à tour, passa à la Mecque, au Caire et à Constantinople. Les sultans commencèrent par l'interdire, mais on sait que le café a triomphé des sultans. Chez nous, l'usage de cette excellente fève ne fut introduit qu'en 1669, par Mustapha Ferrugo, ambassadeur de Mahomet 1V. Le premier lieu public appelé *Café* fut ouvert à Marseille, en 1671. Marseille a vaillamment défendu son droit de création, et c'est dans cette ville qu'on admire les plus beaux cafés de France.

CARROSSES. — L'usage des carrosses ne remonte pas au delà de Charles VII, roi de France. En 1461, ils n'étaient pas communs, puisque le premier président du Parlement montait une mule pour aller à sa campagne, et que son fermier amenait une charrette et de la paille fraîche, aux veilles des quatre bonnes fêtes, pour conduire madame la présidente et sa fille, que leur chambrière escortait sur une bourrique. — En 1644, le prince de Condé eut un carrosse avec des glaces; avant ce temps, ils n'étaient fermés qu'avec des rideaux de cuir. C'est vers cette époque qu'on a vu le premier carrosse suspendu par des ressorts et dont la caisse ne portât point sur l'essieu.

CARTES A JOUER. — La plupart des auteurs en accordent la découverte aux Français, et disent qu'elles furent inventées pour procurer quelque soulagement à Charles VI, lorsque ses accès de folie lui laissaient des intervalles de tranquillité. Jacquemin Gringonneur fut le premier qui peignit les cartes en or et couleurs diverses. Le jeu de piquet a été inventé sous Charles VII.

CHAMBRE NOIRE. — J.-B. Porta, physicien du xvie siècle, remarqua que les objets du dehors se dessinaient comme des ombres sur la muraille et au plancher de sa chambre bien fermée, par le moyen d'une petite ouverture pratiquée dans le volet et à travers laquelle passaient les rayons du soleil. Surpris de cet effet singulier, il s'avisa de mettre au trou de sa fenêtre un verre lenticulaire : telle a été l'origine de la chambre obscure depuis si perfectionnée.

Cela n'était rien en comparaison de l'admirable découverte faite par Niepce et Daguerre, laquelle consistait à fixer, en deux ou trois minutes, par la puissance de la lumière, sur une plaque d'argent poli, les images de la chambre noire. Ce fut le *Daguerréotype*, qui devint la *Photographie* (ou dessin de la lumière). La Photographie est plus qu'une mode, c'est une rage. Levez les yeux : pas de toit, pas de mansarde qui n'ait son photographe; on fait partout des portraits au cinquième étage, dans le voisinage du soleil. Celui-ci prête complaisamment ses rayons, et toutes les laideurs ont leur portrait à bon marché.

CHAPEAUX. — Avant le règne de Charles VI, le chapeau ne s'était pas montré. On n'avait porté que le bonnet, le mortier et le chaperon. Le roi, les princes et les chevaliers avaient seuls le droit de se servir du mortier, espèce de bonnet de velours galonné. Donc, du temps de Charles VI, on commença à porter le chapeau à la campagne; François Ier l'acclimata à la ville.

CHOCOLAT. — Apporté en Europe par les Espagnols vers 1524. Le cardinal de Richelieu donna l'exemple en en faisant un usage constant. On consomme annuellement en Europe près de trente millions de livres de cacao, amande qui forme la base du chocolat. C'est le fruit d'un arbre nommé *Theobroma Cacao*, dont la culture fut introduite à la Martinique, en 1660, par le juif Benjamin d'Acosta.

CLOCHES. — Inventées en 400 par l'évêque Paulin, de Campanie; connues en France dès le vi^e siècle. C'est pour les Russes l'instrument musical par excellence. La plus grosse cloche connue est celle du couvent de Trotzkoï (de la Sainte-

Trinité), près Moscou. Elle fut fondue, en 1746, par ordre de l'impératrice Élizabeth, mais aux frais du couvent. Elle a dix-huit pouces d'épaisseur, treize pieds neuf pouces de diamètre, c'est-à-dire quarante et un pieds trois pouces de circonférence. Le fameux bourdon de Notre-Dame est, en comparaison, une simple clochette.

D

DIAMANT. — La taille du diamant doit son origine au hasard. Louis de Berquen, natif de Bruges, est le premier qui la mit en pratique, en 1476. Il s'aperçut que deux diamants s'entamaient si on les frottait un peu fortement l'un contre l'autre : il n'en fallut pas davantage pour lui faire naître l'idée de les polir et de les tailler à facettes.

Les diamants les plus gros ont des noms. Il y a le *Sancy*, qui a appartenu à Charles le Téméraire, duc de Bourgogne; il y a le *Régent*. La collection du roi de Portugal vaut soixante-douze millions.

Les dames ont la manie ruineuse de se parer de diamants. Ceux qui conviennent aux jeunes filles — et ceux-là sont les plus précieux — sont : Douceur, Politesse, Piété, Ordre, Amour du Travail.

E

ÉPINGLES. — C'est en Angleterre qu'ont paru les premières épingles, en 1569. — Auparavant, on se servait de brochettes de bois, d'ivoire ou d'épine. Notre principale fabrication en ce genre est à l'Aigle, département de l'Orne.

ÈRE CHRÉTIENNE. — On n'a pas commencé avant le VIIIe siècle, à compter, dans l'histoire, les années qui ont suivi la naissance de Jésus-Christ.

Quant au commencement de l'année en particulier, il n'a pas toujours été fixé au 1er janvier, comme cela se pratique depuis trois siècles. Sous les Mérovingiens, l'année partait du 1er mars et même du 25. Sous les Carlovingiens, elle commençait à Noël. Sous la troisième race, ce fut à Pâques ; ce qui nous semble naturel, puisque alors tout renaît dans la nature. Mais, en 1564, Charles IX fixa par ordonnance le premier jour de l'an au 1er janvier, et cet usage a été maintenu, sauf durant les treize années de l'Ère républicaine où tout fut bouleversé, ans, mois, semaines et jours. Le 22 septembre devint le 1er *vendémiaire* et aussi le 1er jour de l'année. Chaque mois était divisé en trois *décades* ; les Saints ayant été supprimés, les jours étaient dédiés soit à des plantes, soit à des animaux : *Châtaigne, Potiron, Panais, Ane, Citrouille, Navet* et *Tomate* ornent vendémiaire, et ainsi de suite. Les jours complémentaires, au nombre de six, avaient reçu le beau nom de *Sanculotides*. On y célébrait les fêtes de la Vertu, du Génie, du Travail, de l'Opinion, des Récompenses et de la Franciade. Nous aimons à penser que, ces jours-là, le bourreau avait congé.

F

FEU GRÉGEOIS. — Ce terrible engin de guerre doit son invention à un ingénieur d'Héliopolis, en Syrie, nommé Callinique, qui l'employa avec succès dans les combats que les généraux de l'armée navale de Constantin Pogonat livrèrent aux Sarazins, près de Cyzique, en Hellespont. Il brûla leur flotte, montée par trente mille hommes. Les vaincus trouvèrent sans doute moyen de surprendre le secret de cette composition : car au siège de Damiette, par saint Louis, ils firent un usage du feu grégeois, qui coûta la vie à bon nombre de Croisés. On dit qu'il y entrait du soufre, du naphte, de la poix, de la gomme et du bitume.

FIACRES. — Les carrosses de louage, appelés *fiacres*, parurent à Paris en 1650. On les a nommés ainsi parce que le sieur Sauvage, leur inventeur, logeait à l'image Saint-Fiacre.

G

GALVANISME. — Cette découverte est due au docteur Louis Galvani, médecin à Bologne, qui la fit par hasard, en 1785, en préparant des bouillons de grenouilles pour sa femme, dont la santé était très-faible. Ces amphibies écorchés se trouvaient près d'une machine électrique en mouvement : un scalpel ayant été approché des nerfs cruraux de l'une des grenouilles, tous les muscles furent agités d'une vive commotion. C'est cette commotion reconnue électrique, et qui s'opéra par le contact de métaux différents, tels que l'argent et le zinc, qui fait la base de la découverte de Galvani. Beaucoup de savants, et surtout le célèbre physicien Volta, de Pavie, ont travaillé sur le galvanisme.

H

HARMONICA. — Instrument de musique, d'un effet singulier, qu'on attribue aux Allemands, et que Franklin a fait connaître en 1760. Il consiste en plusieurs verres ronds de différents diamètres, attachés dans une boîte carrée. On met de l'eau en quantités mesurées dans ces verres, et passant sur leurs bords le doigt mouillé, on en tire des sons mélodieux, semblables à ceux que les Persans produisent en frappant sur sept coupes de porcelaine remplies d'eau, avec des baguettes d'ivoire ou d'ébène. Lenormand a perfectionné l'*Harmonica* : il l'a composé de lames de verre placées parallèlement et sur lesquelles on frappe avec deux petits marteaux de liége fin, enveloppés de taffetas.

HORLOGES. — En 760, le pape Paul Ier envoyait à Pépin le Bref une horloge à rouages. Cela fut considéré comme une merveille unique... Et cependant les Anciens avaient connu les horloges à roues. Au IXe siècle (807), le calife Haroun-al-Raschild, fit présent à Charlemagne d'une horloge dont le mécanisme était admirable, au dire des historiens du temps.

Un pape né français, Gerbert, qui illustra le nom de Sylvestre II, inventa l'horloge à balancier (996).

Cette découverte alla de progrès en progrès. On ne vit plus que des horloges à contre-poids, à sonnerie. Celles de Courtrai, du Palais de Paris, du château de Montargis, de Berne, du château d'Anet, de Lyon, de Lunden, en Suède, et surtout de Strasbourg, tiennent le premier rang.

De l'horloge à la montre il n'y avait que la question de grandeur et de grosseur. Vers 1550, on se mit à porter l'heure dans sa poche. Dès Charles IX, on voyait des montres fort bien travaillées, petites, plates, en forme de glands, de coquilles et même dans des bagues. L'invention des montres à répétition est due à l'anglais Barlow.

I

IMPRIMERIE. — Trois villes se sont disputé l'honneur d'avoir, dans le XVe siècle, donné le jour à l'art de l'imprimerie : ce sont Harlem, Strasbourg et Mayence. Mais il est reconnu que Mayence seule possède les titres décisifs qui justifient une telle prétention. Ces titres sont les premiers essais typographiques, antérieurs à 1460, et auxquels se rattachent les noms de Jean Fust, de Pierre Schœffer et de Jean Gutemberg. Les dix premières villes de France où l'art typographique a été introduit, sont : Paris (1470); Strasbourg (1471); Lyon (1473); Angers (1477); Chablis (1478); Vienne (1478); Poitiers (1479); Caen (1480); Metz (1482); Troyes (1483).

L

LITHOGRAPHIE. — C'est l'art d'imprimer sur la pierre toutes sortes de dessins que l'on y a faits avec une encre ou un crayon préparés. La lithographie a été imaginée en 1800, par Aloys Sennefelder, chantre des chœurs du théâtre à Munich. Les résultats qu'on en a obtenus sont merveilleux.

LUNETTES. — Il y a fort longtemps que les yeux affaiblis ont recours à ces précieux verres qui grossissent les objets et protégent la vue. Un religieux, nommé Alexandre Spina, qui mourut en 1313, passe pour l'inventeur des besicles; le concurrent que lui donne l'histoire est Salvino degli Armati, qui vivait en 1285.

M

MÈTRE ou *mesure*. — Ce mot, qui est devenu la désignation de tout le système de mesure moderne, s'applique en désinence à une foule d'instruments particuliers qui ont été inventés pour mesurer les spécialités en tout genre.

MICROSCOPE. — Corneille Drebbel l'inventa en 1621. Le microscope à six lentilles, qui donne aux animaux une grosseur colossale et vous montre une puce aussi large qu'un éléphant, a été découvert en 1774, par Samuel Gottlieb Hoffmann, hanovrien.

MIROIRS. — On commence à faire mention des miroirs étamés, dans le XIIIe siècle. C'est à cette époque que les miroirs de glace soufflée ont été inventés par les Vénitiens. Les grandes glaces coulées n'ont été exécutées en France qu'en 1688, par Thevart.

O

ORGUES. — Il est de toute évidence que les Grecs connurent cet instrument, car Archimède et Vitruve en ont parlé. Les premières orgues qu'on vit en France furent apportées au roi Pépin, en 752, par les ambassadeurs de l'empereur Constantin. On l'a dit mille fois, et avec raison, il semble en écoutant les orgues qu'on entende le concert des anges.

P

PANORAMA. — Ce genre de spectacle très-ingénieux, dont le nom, tiré du grec, signifie : *Voir tout*, eut pour auteur, au dernier siècle, un M. Barker. De Londres, il fut introduit en France par l'américain Fulton, puis perfectionné par divers artistes. Figurez-vous un édifice circulaire sur les murs duquel est tendue intérieurement la toile d'un immense tableau, représentant soit une ville, soit une bataille, soit un paysage. Le tableau couvrant la totalité de la circonférence du mur, offre un horizon illimité à l'œil du spectateur, qui est placé sur une plate-forme au centre de l'édifice. La lumière descend d'en haut par une ouverture circulaire pratiquée dans le cône de la toiture et elle se répand uniformément sur toutes les parties du tableau. Un vaste parajour, élevé au dessus de la tête des visiteurs, amortit l'éclat de la lumière par son ton gris foncé, et en dérobant à la vue l'ouverture qui dispense le jour, il ajoute à l'effet de l'ensemble. Enfin, une toile également gris foncé et tendue en pente depuis les bords de la plate-forme jusqu'à l'extrémité inférieure du tableau en dérobe la fin, et donne l'idée d'une grande profondeur. Invention admirable, belle comme la nature qu'elle reproduit si fidèlement.

P

PAPIER. — Les Égyptiens firent d'un roseau nommé *papyrus*, le premier papier que l'homme ait employé. Au *papyrus* succéda, dans le ixe siècle, le papier de coton. Au xiie, les Allemands inventèrent le papier de chiffon. — Les Chinois en font avec l'écorce du bambou. Les Anglais créèrent le papier vélin au xviiie siècle. Depuis, on a fait du papier avec toute chose, avec de la paille, de l'écorce de tilleul, de l'ortie, du houblon, et je ne sais combien d'autres végétaux. C'est très-ingénieux, mais il n'en faut pas moins revenir au papier de chiffon.

PARATONNERRE. — Une des inventions les plus utiles à l'humanité. En 1757, le sage Franklin qui devait, comme on a dit, « ôter le sceptre des mains des tyrans, » arracha « la foudre aux cieux. » Il planta sur les toits cette tige de fer dont la pointe se met en rapport avec le tonnerre, tandis que l'extrémité opposée communique avec de l'eau où va s'éteindre le globe de feu. Que d'édifices précieux ont été sauvés de l'incendie par la découverte sublime de Franklin !

PHELLOPLASTIQUE. — Art de faire des ouvrages en liège, et surtout d'imiter les monuments anciens. Cet art a été inventé à Rome, par Auguste Rose.

PLUMES A ÉCRIRE. — Avant d'employer les plumes d'oie, usage qui ne remonte qu'au ve siècle, les hommes se servaient de roseaux pour écrire. L'Égypte et la Carie en fournissaient aux Romains. Tous les chefs-d'œuvre du passé, toutes les inspirations des Bossuet, des Corneille, des Racine ont passé par la plume d'oie : mais notre époque, qui économise le temps et ne se soucie plus d'employer le canif, a applaudi avec fougue à la plume d'acier, créée par l'anglais Wise.

PORCELAINE. — Depuis qu'il existe des Chinois, il y a de la porcelaine. Mais en dehors de la porcelaine chinoise, celle de Saxe a bien son prix : elle fut découverte en 1702, par le baron de Boetticher, chimiste de l'électeur Auguste. Le baron trouva ce précieux secret en cherchant une composition pour faire des creusets.

POUDRE A CANON. — Il en fut de même de cette matière, qui a produit tant de maux. Assurément, celui qui la trouva cherchait autre chose. Or, fut-ce Roger Bacon, moine anglais, né en 1216 ? fut-ce Berthold Schwartz, moine allemand, né en 1340 ? Les avis se partagent entre ces deux inventeurs. Dans l'incertitude, on a voulu encore gratifier les Chinois du mérite de la découverte : mais, franchement, ils ne sont pas dignes d'avoir inventé la poudre... à canon.

S

STATISTIQUE. — Description exacte d'un État sous les rapports de ses divisions, villes, habitants, forces, revenus, productions, etc. Le premier statisticien fut un professeur de Gœttingue nommé Achenwal (1763). C'est bien là, en effet, une science allemande.

STÉNOGRAPHIE. — Art d'écrire en signes pour saisir la parole au vol. Chez les Grecs on savait sténographier. Plutarque fait mention des signes dont Xénophon se servait pour suivre les discours précieux de Socrate. Tiron, affranchi de Cicéron, excellait dans cet art; de là vient la dénomination de *notes tironiennes*. Jules-César, Varron, Didymus le grammairien, l'empereur Titus, Cassien étaient sténographes.

SUCRE. — Sel essentiel, cristallisable, d'une saveur douce, contenue dans beaucoup de végétaux, mais particulièrement dans la plante qu'on nomme *canne à sucre*, et qui a été cultivée pour la première fois, au Brésil, par les Portugais.

On a prétendu que les Anciens n'avaient pas connu le sucre. Cependant Pline ne laisse pas de doute à cet égard, et il parle très-bien du sucre d'Arabie et de celui de l'Inde, qu'il juge meilleur.

La canne à sucre a été cultivée en Sicile, en 1148; elle a été plantée (ainsi que la vigne) à Madère, en 1419. On la cultivait aux îles Canaries, en 1503. Elle fut portée en Amérique, en 1610, par les Espagnols et les Portugais. Le procédé du raffinage du sucre fut inventé, en 1503, par un Vénitien.

T

TABAC. — La découverte du tabac eut lieu, en 1520, par les Espagnols, à Tabago, province du royaume de Yucatan. On prétend qu'ils l'avaient remarqué à Saint-Domingue, dès 1496. Jean Nicot, ambassadeur de François II, à la cour de Portugal, présenta cette plante au grand-prieur à son arrivée de Lisbonne, et à la reine Catherine de Médicis. Ils la firent appeler chacun de leur nom : *Nicotiane*,—*l'herbe au grand-prieur*,—*l'herbe à la reine*.— François Drake, le célèbre marin, l'introduisit en Angleterre en 1583; et Walter Rawlegh, ministre de Jacques Ier, l'y mit à la mode, bien que le roi fût ennemi déclaré du tabac, et eût même pris la peine de composer un ouvrage contre « l'usage détestable de fumer. » D'autres souverains, Amurat IV, empereur des Turcs, le grand-duc de Moscovie, le shah de Perse, défendirent le tabac sous les peines les plus sévères. Le tabac fit comme le café, et triompha des prohibitions et ordonnances; il triompha même d'une bulle du pape Urbain VIII, excommuniant tous ceux qui prendraient du tabac dans les églises.

Aujourd'hui, le gouvernement français tire du tabac un impôt considérable.

TÉLÉGRAPHE. — Ceux d'entre vous qui ne sont pas absolument des bambins ont pu voir, au haut de certaines tours, des machines en bois qui, parfois, faisaient manœuvrer en tous sens leurs longs bras aériens. C'était le télégraphe. A cette élévation, ces machines se renvoyaient, d'un bout du pays à l'autre, les dépêches importantes. Seulement, la belle invention que fit Chappe, en 1793, avait trop souvent à se défendre des nuages et du brouillard. De nos jours, on l'a remplacée victorieusement par la *télégraphie électrique*, une des merveilles contemporaines. Vous voyez ces fils qui s'allongent à côté de nos voies ferrées? Ce sont eux qui, par une secousse, portent la parole, la pensée à des distances inouïes, avec la rapidité de l'éclair lui-même. Déjà le chemin de fer avait abrégé les distances : la télégraphie électrique les a supprimées.

PAMPHILE.

RECETTE DE LONGUE VIE

Pour vivre dix fois dix,
Faut se lever à six,
Manger la soupe à dix,
Le soir souper à six,
Et se coucher à dix.

HENNET.

LES CHARADES EN ACTION

Beaucoup d'entre vous n'ont pas besoin qu'on leur apprenne ce que c'est que les *Charades en action*. Cependant, comme on est toujours censé parler pour instruire, e vous donnerai, mes chers et jeunes lecteurs, quelques petits détails à cet égard.

Il y a, à la campagne, des soirées où le froid et la pluie interdisent la promenade qui en est le suprême plaisir... Alors il faut chercher dans son esprit des ressources pour passer le temps en se récréant.

Une petite troupe se forme bien vite. On s'entend si aisément dans la jeunesse, surtout quand il s'agit de s'amuser !

On laisse au salon les grands parents, les amis, public naturel, et l'on s'en va mystérieusement, dans une autre pièce, arrêter le mot de la charade en action, c'est-à-dire de la petite comédie qu'on va improviser.

Il y a toujours un auteur en herbe plus ingénieux que les autres : celui-ci trouve le plan qui consiste en trois ou quatre scènes pour chaque partie de la charade.

Une fois ces parties terminées, on fera le *tout*.

Exemple : *Or*, métal précieux.
Ange, envoyé des cieux.
Le tout.... *Orange*, un fruit délicieux.

Mais les costumes ! voilà la grande affaire. Avec quelle ardeur on met au pillage tout ce qui se trouve dans la maison de vieux bonnets, de vieux chapeaux, de manteaux, de châles, etc.! Rien n'est dédaigné, pourvu qu'on puisse se déguiser. Au besoin, la femme de chambre prête un tablier ; le cuisinier, sa veste blanche et son casque à mèche ; les lunettes de la grand'mère sont utilisées ; la canne à bec de corbin du grand-papa jouera son rôle ; et si l'on découvre un shako de garde national, il ornera le chef d'un roi ou d'un maréchal de France.

Attention ! les trois coups sont frappés. Le spectacle commence. C'est là qu'il faut avoir la langue bien pendue et ne pas chercher ses répliques. Le public ne sifflera pas, mais il a le droit de ne point applaudir.

Je suppose que vous ayez choisi le mot de *Pierrot*. Il est fécond. Vous divisez et faites d'abord *Pierre*. Que de choses à imaginer à cet égard ! par exemple : *Pierre qui roule n'amasse pas mousse*. Ce proverbe vous donne la scène de l'*Enfant prodigue*, avec des manteaux, des barbes postiches, tout un attirail oriental.

Vient ensuite *Rôt*. Ici ce sera peut-être la querelle comique du rôtisseur avec le poëte affamé, ou le gascon aux expédients, qui a enlevé de l'étalage une belle pièce de rôti et l'a cachée sous sa houppelande. Les voisins s'en mêlent, les commères crient, les chiens aboient, la garde accourt et commence par bousculer le marchand parce qu'il fait plus de tapage que tout le monde.

J'arrive au *tout*. *Pierrot*, c'est le théâtre dans son extension la plus large ; Pierrot, ce type immortel de la paresse, du mensonge, de la ruse, de la gourmandise, du larcin et de la poltronnerie. Avec cela, quelque chose de bon enfant, de naïf, de convaincu, qui plaît et désarme. Il dort ; Cassandre veut le réveiller et n'y réussit qu'en agitant à ses oreilles une sonnette grosse comme une cloche. Une fois debout, va-t-il travailler ?

va-t-il exécuter les ordres de son maître ? Nullement, il bâillera une heure au nez du vénérable Cassandre, il se fera répéter vingt fois ses instructions, tout en s'amusant à attrapper des mouches. A peine en train de faire cuire le déjeuner, il avalera la moitié des provisions, il videra la plupart des bouteilles qu'il remplira d'eau ; venant à apercevoir son éternel ennemi Arlequin, il engagera avec lui un combat, à la suite duquel il prendra une fuite prudente. Après cela, que d'aventures ! Et les Enchanteurs, et les Fées qui s'arment les uns pour Pierrot, les autres pour Arlequin ! Je vous le répète, c'est un fonds inépuisable de comédie. A vous, jeunes imaginations, il appartient d'en tirer toutes les richesses.

Voulez-vous un autre mot, celui de *Charlatan*? — Encore un prétexte à travestissements. La première syllabe peut être le *Char* de la Fortune. Pour être dans la vérité de vos rôles, vous devez vous presser et même vous battre quelque peu autour de ce char : c'est celui où les hommes aspirent le plus à monter ; le conducteur n'a pas besoin d'y arborer le mot : *Complet* ; les places sont toujours retenues d'avance.

Pour le *La*, vous pouvez supposer une scène d'élèves de chant au Conservatoire : tous hurlent ce fameux *la* en présence de M. Auber qui s'est orné le chef de sa visière verte et qui s'endort, en sa qualité de juge, aux sons de cet harmonieux charivari !

Le *Temps* forme votre troisième partie. Il vous sera facile de vous arranger avec cet impitoyable dieu. Grâce au ciel, vous êtes encore de ses amis, et vous n'avez pas encore à compter ensemble.

Le *tout*, autrement dit *Charlatan*, favorisera celui d'entre vous qui jouit de la plus grande facilité d'élocution. S'il a un casque de pompier à sa disposition, il fera Mangin et annoncera des crayons : ou bien, il débitera l'élixir contre le mal de dents et s'engagera à extirper, *sans douleur*, au bruit de la grosse caisse, les molaires les plus tenaces.

Si vous désirez abréger et que parmi vous se trouve un *Charles*, celui-ci n'aura qu'à paraître seul, en tournant ses pouces de l'air ennuyé d'un homme qui attend quelqu'un ou quelque chose : ce qui se traduit par ce rébus : *Charles attend*.

Voilà, mes chers amis, le secret innocent des *Charades en action*. Faites-en aux heures de loisirs et dans les bonnes soirées de famille, pour entretenir la joie des parents et les saines traditions de la vieille gaieté française.

Sur ce, moi qui joue mes charades à moi seul et suis obligé de parler pour tous mes personnages, je vais rentrer dans ma baraque, et je vous salue de tout mon cœur.

GUIGNOL.

PROVERBES ET MAXIMES

Au moulin et aux enfants, il y a toujours quelque chose à refaire.

***

Quiconque fait route avec le loup doit porter un chien sous son manteau.

***

Fuir les gendarmes et rencontrer le brigadier.

***

Toute guenille veut entrer dans la lessive..

***

Les montagnes ne bougent pas, et les hommes marchent.

***

Qui vole l'habit d'autrui est bientôt nu.

***

Beaucoup de fumée, maigre rôti.

***

Les mouches n'entrent pas dans une bouche close.

Rédacteur en chef : M. ALFRED DES ESSARTS.
Propriétaire-Gérant : M. DUPRAY DE LA MAHÉRIE.

TABLE DES MATIÈRES

Causerie-Prologue, par Guignol, page 1. — *Causeries*, pages 43, 66. — *Causerie*, par Mme Guignol, page 99. — *Causerie*, par Guignol, page 168.

ROMANS ET NOUVELLES. — *Monsieur Mayeux*, par Jules Claretie, page 46. — *Chourra de Marseillan*, par Cénac-Moncaut, pages 62, 82. — *Les Vacances de la Fille du Major*, par E. Dionysis, pages 70, 104, 141, 173 et 235. — *Quatre francs et quatre sous*, par Mme Adèle Caldelar, page 26. — *Le Fils du Chanvrier*, par Jules Rostaing, pages 116, 149, 185 et 210. — *Mémoires d'une paire de Gants*, par Victor Luciennes, page 121. — *Le Chapeau du Président*, par Augustin Challamel, pages 161 et 225. — *Le Prisonnier de l'Alhambra*, par Ernest Fillonneau, page 196. — *Le Bonhomme Séraphin*, par Paul Malézieux, page 205.

THÉATRE DE GUIGNOL. — *Le Bonhomme Janvier*, par Emmanuel des Essarts, page 6 — *Le Naufrage d'Arlequin*, par Fantasio, page 33. — *Petit Paul et son Pantin*, page 119. — *La Jeunesse de Polichinelle*, par Fantasio, p. 129.

VOYAGES. — *Le Mont Saint-Michel*, par Edmond Texier, page 17. — *Les Vrais Robinsons*, par Ferdinand Denis, page 77.

POÉSIES. — *La Poupée qui parle*, par Alfred des Essarts, page 23. — *Ne touchez pas à l'Enfant*, par Amédée Pommier, page 31. — *Menneval*, par Albert Glatigny, page 31. — *Les Animaux en wagon*, par Antoine Carteret, page 54. — *Deux Pâquerettes*, par Théodore de Banville, page 58. — *Premier sourire du Printemps*, par Théophile Gautier, page 65. — *Les Ouvriers du bon Dieu*, par Mme Anaïs Ségalas, page 97. — *La Blessure de Cérès*, par Karl Daclin, page 115. — *Le Cerf-volant*, par J. ..., page 128. — *Le Vigneron et la Chenille*, par Timoléon Jaubert, page 148. — *La Cigale et la Fourmi*, par Mme de St-Projet, page 153. — *La Chanson de la Grand'Mère*, par Voitelain, page 183. — *La Vierge des Marais*, par Auguste Robert, page 193. — *Les Roses et le Centenaire*, par Alfred des Essarts, page 258.

BRIC-A-BRAC LITTÉRAIRE. — *Le Manant et le Rotisseur*, par Grozelier, page 88. — *Le petit Cantinier*, par Montouey, page 89. — *Le Curé judicieux* (Menagiana), page 89. — *La bonne Leçon*, par Panard, page 90.

Petit Dictionnaire des Origines et des Inventions, par Pamphile, pages 32, 55, 90, 189 et 260.

ARTICLES DIVERS. — *La Bataille*, par Palamède, page 25. — *Les trois Vernet*, par Alfred des Essarts, page 60. — *Le Perroquet incendié*, par Émile Deschamps, page 75. — *Réclamation en faveur des Chiens*, page 80. — *Les Lauréats de Poissy*, page 114. — *Le mois de Mai*, par Bernardin de Saint-Pierre, page 139. — *Le Levier d'Archimède*, page 140. — *Traits caractéristiques de quelques Peuples de l'Europe*, page 158. — *Épitaphe du Maréchal de Saxe*, pages 160. — *Enseignes nationales*, page 192. — *Exemples remarquables de vitesse*, page 204. — *Manies d'Auteurs*, page 210. — *Du chiffre titulaire de quelques Rois de France*, page 222. — *Guignol à la Comédie française*, par Charles Coligny, page 223. — *Curiosités historiques*, page 233. — *La Dot d'une jeune Fille russe*, page 233. — *Parallèle entre Paris et Saint-Odile*, par Paquerette, page 256. — *Copie textuelle d'un certificat délivré par un Maire de campagne*, page 259 — *Recette de longue vie*, page 267. — *Les Charades en action*, par Guignol, page 267.

SILHOUETTES PARISIENNES. — *Le Gandin*, par Alfred des Essarts, page 155.

Proverbes et Maximes, pages 16, 59, 85, 127, 159 et 270.

Correspondance, par I. S. Pater, page 92, et par Tommaso Lazzari, page 95.

FIN DE LA TABLE DES MATIÈRES.

Paris. — Typographie Dupray de la Mahérie, boulevard Bonne-Nouvelle, 26, (impasse des Filles-Dieu, 5.)—921.

www.ingramcontent.com/pod-product-compliance
Lightning Source LLC
Chambersburg PA
CBHW050641170426
43200CB00008B/1103